“十四五”高水平专业群优质教材建设项目
新时代新理念职业教育教材

轨道交通运营维保专业群

城市轨道交通站务技能训练

主　编　赵　越　杨艳杰　薛琳珊
副主编　朱丽蕊　刘　颖　石　琢
参编者　魏　雪　刘宇姝　梁淑晶　陈昕月
张雨堂　李　平　杜轶男　李梓瑞

北京交通大学出版社
·北京·

内 容 简 介

本书以城市轨道交通运营站务服务岗位工作任务为核心，按照学生的认知特点开展教学，将全书分为城市轨道交通票务服务技能训练、城市轨道交通客运服务技能训练、城市轨道交通行车运营技能训练、城市轨道交通综合运用技能训练4个项目。

本书语言简洁，案例丰富，内容深入浅出，图文并茂，逻辑性强，适合于城市轨道交通运营服务及相关专业师生作为教材使用，也可以供城市轨道交通相关管理人员和技术人员阅读参考。

图书在版编目（CIP）数据

城市轨道交通站务技能训练 / 赵越，杨艳杰，薛琳珊主编；朱丽蕊，刘颖，石琢副主编. —北京：北京交通大学出版社，2025.1

“十四五”高水平专业群优质教材建设项目　新时代新理念职业教育教材

ISBN 978-7-5121-5226-7

Ⅰ. ① 城…　Ⅱ. ① 赵…　② 杨…　③ 薛…　④ 朱…　⑤ 刘…　⑥ 石…　Ⅲ. ① 城市铁路－轨道交通－车站作业－职业教育－教材　Ⅳ. ① U239.5

中国国家版本馆 CIP 数据核字（2024）第 095509 号

城市轨道交通站务技能训练

CHENGSHI GUIDAO JIAOTONG ZHANWU JINENG XUNLIAN

责任编辑：李运文

出版发行：北京交通大学出版社　　电话：010-51686414　　http://www.bjtup.com.cn

地　　址：北京市海淀区高梁桥斜街 44 号　　邮编：100044

印 刷 者：艺堂印刷（天津）有限公司

经　　销：全国新华书店

开　　本：185 mm×260 mm　　印张：13.25　　字数：338 千字

版 印 次：2025 年 1 月第 1 版　　2025 年 1 月第 1 次印刷

定　　价：49.90 元

本书如有质量问题，请向北京交通大学出版社质监组反映。对您的意见和批评，我们表示欢迎和感谢。

投诉电话：010-51686043，51686008；传真：010-62225406；E-mail：press@bjtu.edu.cn。

前 言

城市轨道交通作为一种快速、大运量的交通系统，在全球范围内得到了广泛应用。在中国，城市轨道交通行业自 20 世纪 60 年代末开始发展，经历了从起步到调控再到建设高峰期的演变过程。截至 2023 年 12 月 31 日，31 个省（自治区、直辖市）和新疆生产建设兵团累计有 59 个城市（其中，盐城市为 2023 年度补充统计城市）投入运营城市轨道交通线路 11 232.65 km。其中，2023 年新增城市轨道交通运营城市 3 个，新增城市轨道交通运营线路 884.55 km。

随着城市轨道交通行业的发展，相关的就业岗位不断增加。其中，运营、维护、管理等岗位需要大量的专业人才。为满足城市发展对城市轨道交通行业专业人才的需求，城市轨道交通运营管理专业应运而生。在就业市场上，城市轨道交通行业岗位数量不断增加，相关岗位的薪资十分优越，待遇优厚，就业前景非常广阔。但通过多年就业情况跟踪，我们发现学生毕业后对相关岗位技能的综合运用能力较为欠缺，面对突发事件的应急能力有待提高。正是基于此，我们编写了本书。

本书以城市轨道交通运营站务服务岗位工作任务为核心，对标城市轨道交通运营服务专业“X”证书《城市轨道交通站务职业资格等级认证（初级）》的考核内容，融入了运营企业真实案例。按照学生的认知特点，本书分为城市轨道交通票务服务技能训练、城市轨道交通客运服务技能训练、城市轨道交通行车运营技能训练、城市轨道交通综合运用技能训练 4 个项目，紧紧围绕完成工作任务的需要来选取内容，并将其循序渐进地展开，既满足对学生职业能力的培养要求，同时又充分考虑中等职业教育对理论知识学习的需要，融合了职业技能等级资格证书对学历、技能和职业态度的考查内容。

本书内容能够切实提升课程思政育人实效，推进全员、全过程、全方位育人，通过信息化手段，通过模拟真实企业工作环境的实训，实施任务驱动式教学，使学生在有效掌握城市轨道交通运营服务职业技能的同时，提升学生对城市轨道交通运营理论知识的运用能力、分析问题能力和解决问题能力，培养学生具有“爱国情怀”

"民族使命感""社会责任感""职业归属感"，使学生养成"规范操作""精益求精""爱岗敬业""勇于创新""甘于奉献"的劳动精神和工匠精神，强化服务意识、规则意识、团队意识、忧患意识，为学生发展专门化方向的职业能力奠定基础，努力使学生成为德智体美劳全面发展的高素质劳动者和技能型人才。

本书以"一个根本""两种期望""三点要求""四项标准"进行课程教学总体设计，即以"立德树人"为根本思想，以"德才兼备、思行并重"为思政期待，以"价值引导、能力培养、知识传授"为总体要求，构建"服务意识暖人心、规则意识畅通行、团队意识稳运营、忧患意识保安全"的"暖""畅""稳""保"的学生课程思政育人标准，强化学生的职业素养，形成城市轨道交通运营专业特有的学生课程育人标准和育人特色。

本书是城市轨道交通运营技能的集结，共 4 个项目。其中，项目 1 由赵越编写，项目 2 由朱丽蕊编写，项目 3 由刘颖编写，项目 4 由石琢编写。

本书主编之一的薛琳珊为中国铁路沈阳局集团有限公司长春电务段高级工程师，参编者之一的杜轶男为中车长春轨道客车股份有限公司工程师，她们有力地提升了本书理论与实践相结合的水平。编者在此衷心感谢各位编审人员、专家、朋友的鼎力支持。

由于时间仓促，加之作者水平有限，书中难免存在疏漏和不当之处，敬请广大读者不吝赐教，以臻完善。

非常欢迎索取本书的相关教学资源。本书编辑的邮箱是 ywli@bjtu.edu.cn，QQ 是 85575131。

编　者

2024 年 4 月

数字视频资源索引

序号	视频资源名称	视频资源二维码	页码
43	子任务 3.3.2　列车运行图		121
44	子任务 3.3.4　车站行车基本要求和作业制度		124
45	子任务 3.3.5　车站信号控制系统认知		126
46	子任务 3.4.1　车站列车接发车作业		130
47	子任务 3.4.2　车站列车折返作业		132
48	子任务 3.5.1　手摇道岔		136
49	子任务 3.5.1　电话闭塞法		139
50	实训演练 3.1　城市轨道交通车站接车作业实训		144
51	实训演练 3.2　手信号显示作业实训		146
52	实训演练 3.4　人工排列进路作业实训		151
项目四　综合技能训练			
53	子任务 4.1.1　城市轨道交通（地铁）火灾基础知识		161
54	子任务 4.1.2　城市轨道交通（地铁）火灾应急处置		163
55	子任务 4.1.2　城市轨道交通（地铁）火灾应急处置案例（1）——站台 A 端着火		168
56	子任务 4.1.2　城市轨道交通（地铁）火灾应急处置案例（2）——站台 B 端扶梯着火		168
57	子任务 4.1.2　城市轨道交通（地铁）火灾应急处置案例（3）——站厅 B 端商铺着火		168
58	子任务 4.1.2　城市轨道交通（地铁）火灾应急处置案例（4）——站台 PIS 冒烟处置		168

序号	视频资源名称	视频资源二维码	页码
59	子任务 4.2.1-2　城市轨道交通乘客受伤基础知识及应急处理		171-172
60	子任务 4.3.1　城市轨道交通（地铁）大面积停电基础知识		176
61	子任务 4.3.2　城市轨道交通（地铁）大面积停电应急处置		179
62	子任务 4.3.2　城市轨道交通（地铁）大面积停电应急处置预案		180
63	子任务 4.3.3　城市轨道交通（地铁）大面积停电应急处置案例		182
64	子任务 4.4.1　城市轨道交通（地铁）恶劣天气基础知识		182
65	子任务 4.4.2　城市轨道交通（地铁）恶劣天气应急处置		185
66	子任务 4.5.1　城市轨道交通（地铁）社会安全基础知识		188
67	子任务 4.5.1　公共卫生安全事件应急措施-疫情下的地铁		188
68	子任务 4.5.2　城市轨道交通（地铁）社会安全应急处置		190
69	实训演练 4.1　故意纵火应急处置实训		195
70	实训演练 4.2　雨水倒灌（防汛）应急处置实训		197
71	实训演练 4.3　道岔设备故障应急处置实训		199
72	实训演练 4.4　屏蔽门故障应急处置		201
73	实训演练 4.4　屏蔽门单门故障实训		201
74	实训演练 4.4　屏蔽门多门故障实训		201
75	本书拓展的其他知识		

目录

项目 1
操作规范　始于执行　成于习惯
——票务服务技能训练

项目知识树

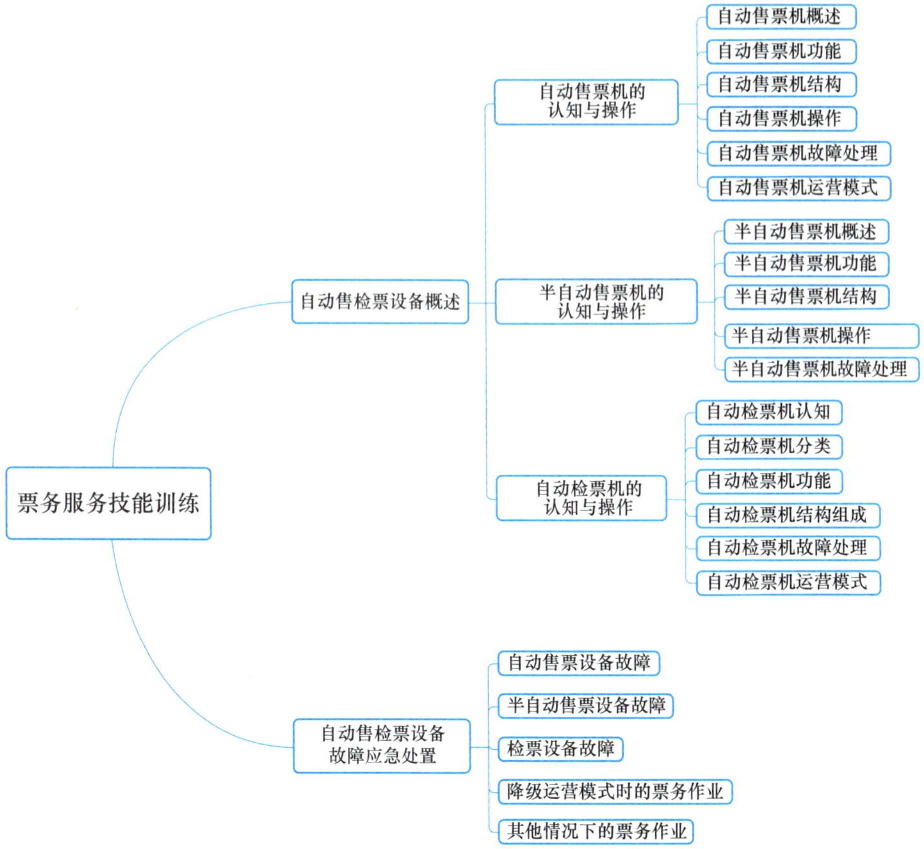

项目导入

城市轨道交通票务工作是轨道交通客运组织中一项重要的经济工作，是企业管理工作的组成部分。票务管理工作涉及面广，既有服务方面的，又有管理方面的，是运营生产活动中的重要环节。不仅如此，企业的社会效应来自服务质量，经济效益来自票款收入，所以有效、规范的票务工作直接影响地铁运营的方方面面。

当前，科学技术一直保持着高速发展，特别是电子计算机技术、信息技术发展十分迅猛，在其影响下，新技术、智能化在社会生活各个领域已经有了较大的渗透。城市轨道交通自动售检票系统将随着科学技术的发展，必然也采用新技术、智能化，这对地铁管理的支撑作用也将越来越大。

项目目标

1. 知识目标

（1）能掌握自动售检票设备功能和操作以及注意事项。

（2）能熟悉各种票务服务应填写的票据单。

（3）能明确各个岗位的岗位职责。

2. 技能目标

（1）能熟练识别自动售检票设备故障并进行初步处理。

（2）能熟练规范使用（半）自动售票机发售车票、对乘客的车票进行分析、处理。

（3）能熟练迅速回收闸机的车票。

（4）能正确保管、交接现金、票据。

（5）能迅速准确辨别假钞。

（6）能准确熟练地识别票务违章行为。

（7）能判断乘客乘车凭证的有效性，并根据证件性质进行指引、处理。

（8）能根据不同的情况（含应急）对持各类车票的乘客进行指引，并对票务事务进行处理。

3. 素养目标

（1）养成学生立足岗位，规范操作的职业意识。

（2）培养学生不甘落后、奋勇争先的奋斗精神。

（3）培养学生全局观和协作意识的职业道德。

（4）养成学生甘于奉献、爱岗敬业的工匠精神。

思政案例

始于执行　坚持不懈　成于习惯

中国铁路上海局集团有限公司宁波车务段（以下简称“宁波车务段”）票务员魏晗姝拥有“超强的大脑”，她可以记住所有宁波附近的车站，帮助旅客接续换乘；当直达车的车票卖完了，她会第一时间查询中间站是否有票，为旅客提供同车接续换乘方案。

作为 95 后，魏晗姝从事这项工作的时间不算长。2017 年底，大学刚毕业的她进入了宁波车务段宁波站，从事票务员工作。2023 年是她入职的第 6 个年头。凭借扎实的业务水平，她获得了 2023 年全国铁路第七届客运系统职业技能竞赛铁路票务员工种第一名的成绩。从“菜鸟”到“达人”，小小的售票窗口就是魏晗姝的主场和阵地。

2017 年，刚入职的魏晗姝就迎来了春运。“那段时间，售票大厅里每天都是大客流，面对着一张张急切想要买到回家车票的面孔，业务不熟练的魏晗姝常常会被排长队购票的旅客催促。”回忆起入职初期遇到的挑战，魏晗姝直言，彼时她一坐到售票窗口，压力便扑面而来，越急越容易出错，她也曾出现输错站名卖错票的情况。面对业务上的不足，她一有时间便在一旁学习师父们卖票的技巧，也会趁着吃饭的时间或工作间隙向他们请教跟旅客沟通的技巧。为了不再卖错车票，她还默记了全国铁路客运运价里程结算站示意图，在成千上万的站名、线名里搜索发音相似的站名，找到站与站之间的特点，记代码、摸规律，利用一切业余时间背、记、画、写。

凭着一股韧劲和孜孜不倦的努力，渐渐地，魏晗姝开始脱颖而出。因为过硬的业务知识，在售票过程中，她总是能为旅客提供更多、更优的出行方案，从而为旅客提供切实可行的方便。2021—2022 年，她连续两年取得宁波车务段职业技能竞赛客运票务员个人全能第一名，并被宁波车务段授予“技术能手”称号。

心在一艺，其艺必工；心在一职，其职必举。规范的操作流程，强大的执行力，慢慢地形成习惯；心系岗位，恪尽职守，用敬业诠释爱岗的真谛。

知识储备

任务 1.1　自动售检票设备概述

城市轨道交通自动售检票系统处理城市范围内众多轨道交通线路的售检票业

务，涉及路网业务、线路业务、车站处理、终端处理和车票媒介等方面的内容。根据业务和应用，城市轨道交通自动售检票系统采用五层架构，分别为城市轨道交通清分系统、线路中央计算机系统、车站计算机系统、车站终端设备和各种车票。

在城市轨道交通自动售检票系统的架构中，车站终端设备位于第四层，是直接为乘客提供售检票服务的设备。车站终端设备又分为售票类设备、检票类设备及验票类设备三种类型，主要包括自动售票机、半自动售票机、自动检票机及验票机等设备。

子任务 1.1.1　自动售票机的认知与操作

子任务 1.1.1 自动售票机认知以及开机、关机操作、添加票卡

随着科技、网络的不断发展，便捷、快速成为绝大多数人选择自动售票机购票的原因。对于轨道交通从业人员，怎样更好地提供售票服务？当出现问题时应如何快速有效地解决？下面就来学习这些内容。

1. 自动售票机概述

自动售票机（ticket vending machine，TVM）一般安装在车站非付费区最显眼的地方。乘客可以选择用纸币、硬币、移动支付工具，通过人机交互操作界面，自助完成购买不同票价的单程票或给充值卡进行充值等操作。为了保证自动售票机在运营期间能够处于正常服务状态，要求车站站务人员要熟悉其结构并能熟练操作自动售票机。

2. 自动售票机功能

自动售票机的功能包括以下几方面。

（1）接受乘客的购票选择，并在购票过程中给出提示及操作指导。

（2）可以接受乘客投入的现金（或充值卡、信用卡等其他付费介质）并自动完成识别，对无法识别的现金（或充值卡、信用卡）予以退还。

（3）自动计算乘客投入的现金数量及购票金额，自动找零。

（4）自动完成车票校验、车票发售及出票。

（5）对各部件的工作状态进行自动监测，并向车站计算机系统上报工作状态。

（6）接收车站计算机系统下发的参数和控制命令，并执行相应的操作。

（7）存储并上传交易信息。

（8）对本机接收的现金及对本机维护操作进行管理。

（9）有些地铁的自动售票机还具有对“一卡通”和“地铁专用充值卡”进行充值的功能。

3. 自动售票机结构

自动售票机结构如图 1-1、图 1-2 所示。

TVM（内部结构如图 1-3 所示），采用上下双开门形式，上门开启的最大角度为 85°，下门开启最大角度≥90°，门框上装有报警装置，遇到非法开门时会自动报警，维修人员不能直接接触到现金。

图 1-1　自动售票机外部构造

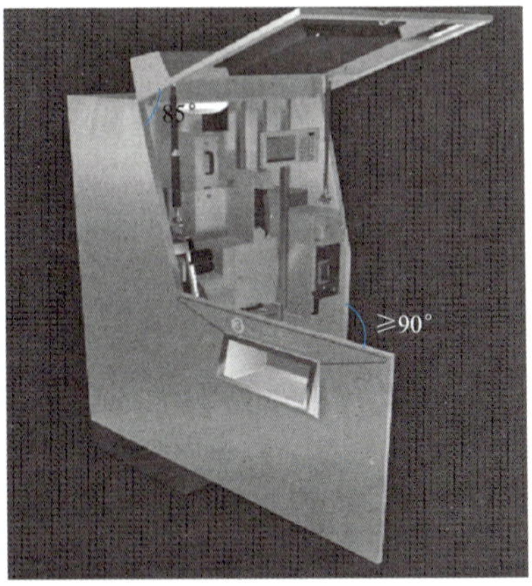

图 1-2　自动售票机开门

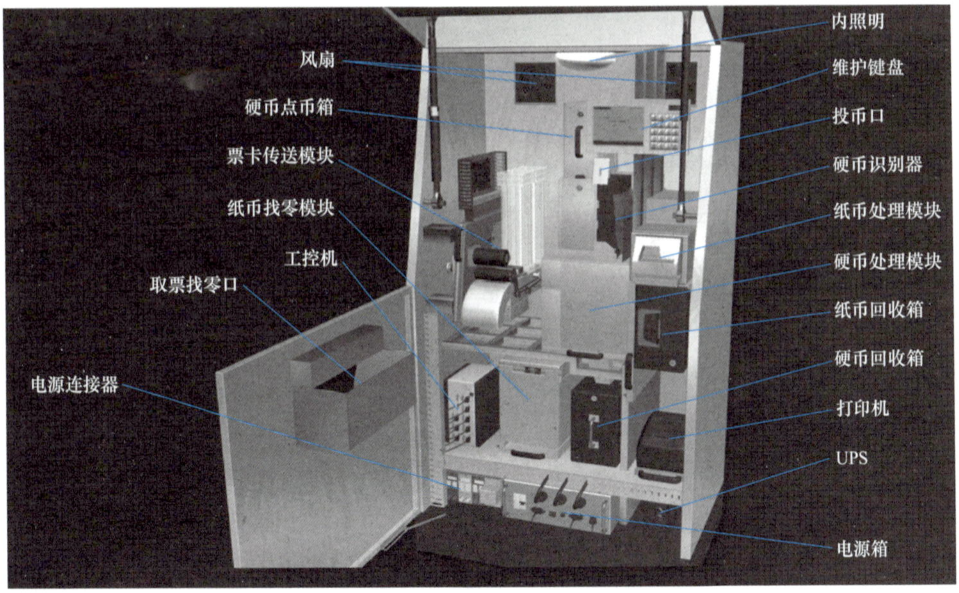

图 1-3　自动售票机内部结构

4. 自动售票机操作

新安装的自动售票机在初次启动之前，售票系统内的所有参数处于初始状态，在这种状态下，售票系统是不能正常工作的。为了使售票系统能够正常运行，需要对售票系统的运行参数重新进行设置。设置完成后，自动售票机即可正常工作。在正常工作期间，自动售票机的工作人员对自动售票机进行的操作主要包括硬币补充、单程票补充、钱箱更换、记录查询、故障判断等。一般自动售票机的工作模式有三种，分别是服务模式（in service）、暂停服务模式（out of service）、关闭服务模式（close）。上述三种模式可通过 TVM 或 SC 命令进行设置与切换。TVM 运行在相应工作模式时，在运行状态显示屏和乘客显示屏有明显的提示信息。

其中，各种服务模式又分为正常服务模式和降级服务模式。正常服务模式是指

TVM 处于正常状态，所有功能都能实现；当其中某个模块发生故障时，导致部分功能不能实现时，TVM 将自动降级运营，即为降级服务模式。具备售票、充值功能于一体的自动售票机根据实现功能不同又可分为“只收硬币”“只收纸币”“只充值”三种模式进行工作。

1）购票操作

通过乘客操作界面（如图 1–4 所示），乘客可按地图、线路、票价三种方式选择目的地进行购票操作。具体购票流程大致可归纳为：选择目的地—选择车票—购买数量—支付金额—取出车票—找零。

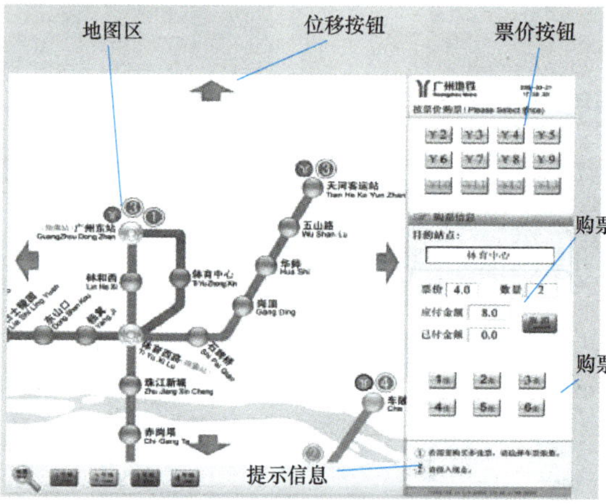

图 1–4　自动售票机购票界面

2）充值操作

通过乘客操作界面（如图 1–5 所示），乘客可按地图、线路、票价三种方式选择目的地进行购票操作。具体购票流程大致可归纳为：选择目的地—选择车票—购买数量—支付金额—取出车票—找零。

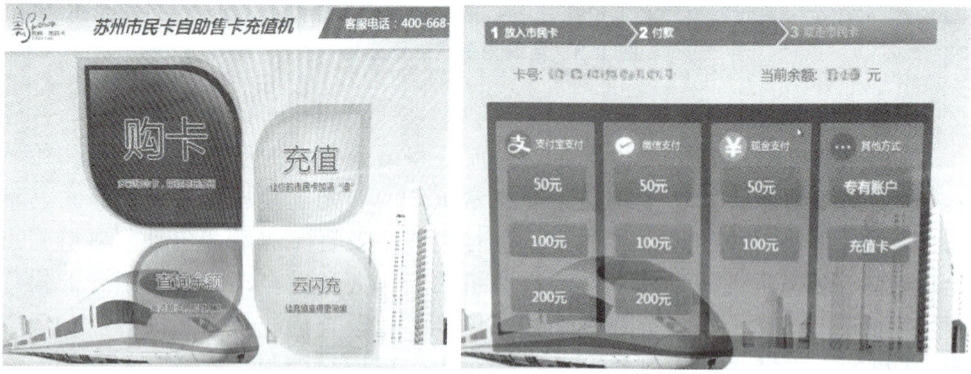

图 1–5　自动售票机操作按钮

3）自动售票机开机操作

自动售票机开机操作如下。

子任务 1.1.1
自动售票机开机操作

（1）开门。

打开侧门：将钥匙插入钥匙孔，转至开门位置，开门到位后由卡扣自动固定。

打开上门：打开侧门之后，向上拉起即可打开上门。

（2）电控开关启动。

将漏电保护开关向上拔起，按下 UPS 启动按钮；打开电源开关后，确认漏电保护开关未跳闸；等待各模块上电自检完毕（约 10 s）后，设备启动成功。

（3）工控机启动。

待各模块启动完毕后，按一下工控机开关，等待工控机启动。

（4）系统启动。

工控机正常启动，进入系统后会自动启动售票系统主程序，待主程序启动正常后自动进入运营模式，如图 1-6 所示。

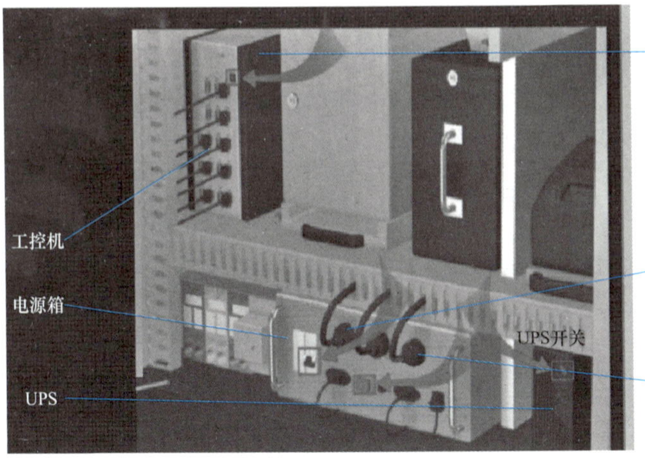

图 1-6　自动售票机按键示意

子任务 1.1.1
自动售票机关机操作

4）自动售票机关机操作

自动售票机关机操作如下。

① 如无异常情况，则登录后在“运营与结算”界面进行关机操作。

② 如在“运营与结算”界面不能正常执行或者有特殊情况，则按一下工控机开关，设备将自行关闭。

③ 确认工控机关闭后，再关闭电源开关。

④ 按下 UPS 的关闭开关，约 1 s 后松开，UPS 指示灯不再亮，表示 UPS 已被关闭。

⑤ 拔下漏电保护开关。

5）添加票卡

子任务 1.1.1
自动售票机添加票卡

添加票卡的流程如下。

① 打开机柜门。

② 按下卡扣拉出模块，如图 1-7 所示。

③ 拉开票箱固定卡销，取走空票箱，如图 1-8 所示。

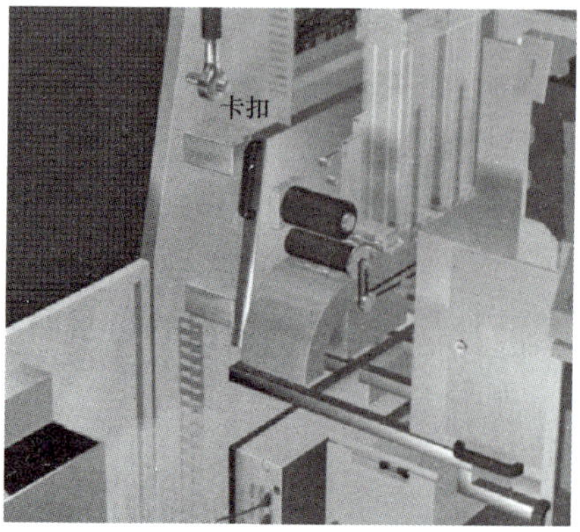

图 1-7　卡扣示意图

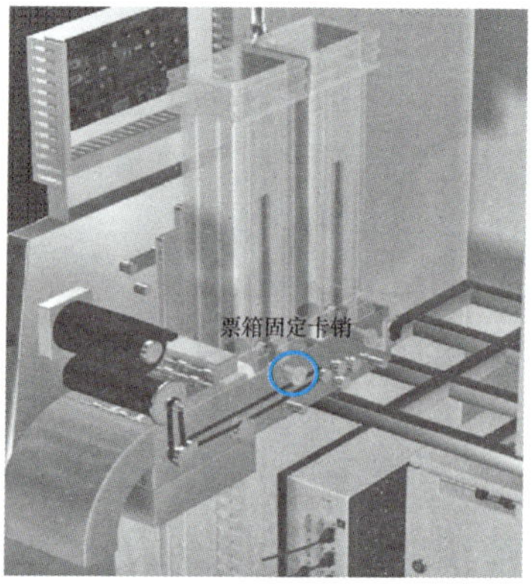

图 1-8　票箱固定卡销

④ 拉开卡销放入新票箱。放入新票箱时注意票箱正反位置，有线槽部分朝内。

6）纸币处理

纸币处理模块有纸币回收箱，带有运营时所有收入的纸币，如图 1-9 所示。

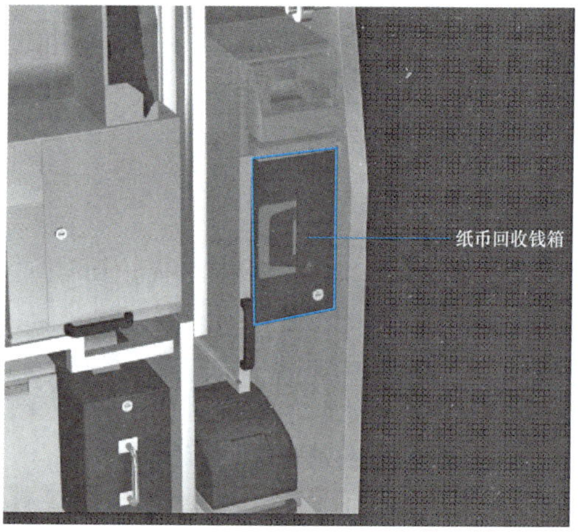

子任务 1.1.1
自动售票机纸币处理

图 1-9　纸币回收钱箱

① 在营收模式下，开启 A 锁（需旋转到位）后，拉住把手向外拉出，将钱箱抽出，如图 1-10（a）所示。

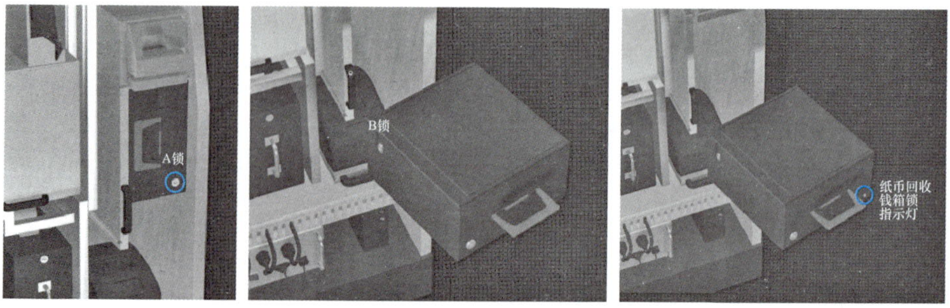

(a) 纸币回收钱箱 A 锁　(b) 纸币回收钱箱 B 锁　(c) 纸币回收钱箱锁指示灯

图 1-10　钱箱锁示意图

② 开启 B 锁，如图 1–10（b）所示，打开钱箱盖，回收票款。钱箱取出后，打印机会打印出箱内纸币金额。

③ 请确认钱箱锁指示灯为绿色。如钱箱锁指示灯不为绿色，请重复① ～③ 的步骤，如图 1–10（c）所示。

④ 将钱箱沿着导轨位置推入纸币识别模块。

⑤ 关闭 A 锁，将钱箱锁入纸币识别模块。

⑥ 确认钱箱锁指示灯为红色。

⑦ 拉动钱箱，确认钱箱锁住后，将钱箱把手贴紧钱箱箱体。

7）硬币回收

在执行清币命令后，所有硬币已汇拢到硬币回收钱箱中，可取出设备中所有硬币，如图 1–11 所示。

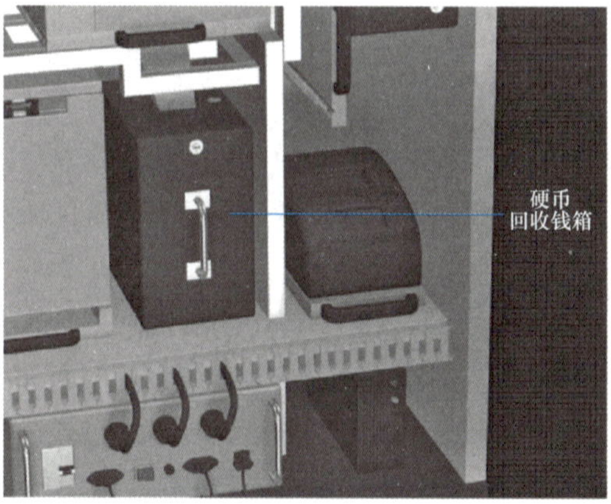

子任务 1.1.1
自动售票机硬币回收

图 1–11　硬币回收钱箱

① 在确认有权限操作钱箱后，打开 A 锁，从机构中将钱箱取出，取出钱箱时，打印机会打出箱内应有硬币数目、金额，如图 1–12（a）所示。

② 打开 B 锁，打开钱箱锁盖；此时，可以收取硬币。

③ 硬币回收完毕，关闭钱箱锁盖，关闭 B 锁，固定钱箱锁盖，如图 1–12（b）所示。

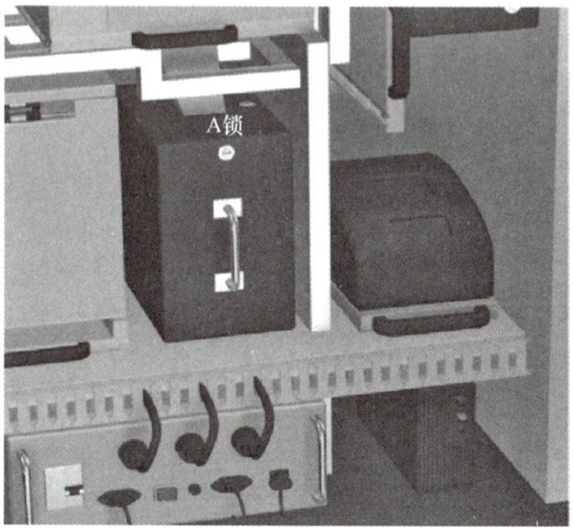

(a) 硬币回收钱箱 A 锁

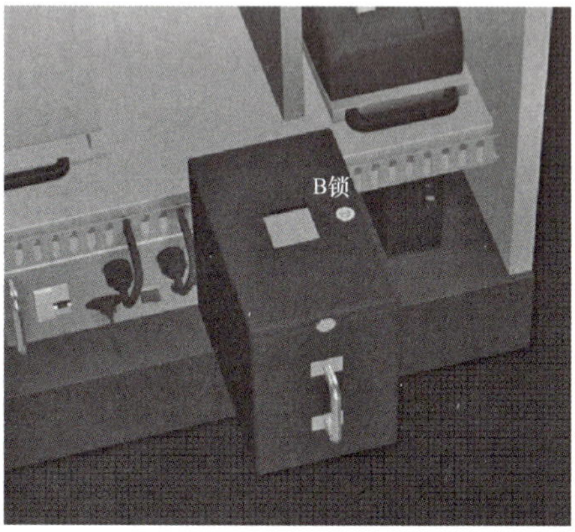

(b) 硬币回收钱箱 B 锁

图 1–12　硬币回收钱箱锁示意图

④ 放入回收箱支架，推送到底后关闭 A 锁。

⑤ 扶住把手，将钱箱向外拉动，如不能拉动，则钱箱已锁到位，可正常使用。

8）纸币找零

在纸币找零模块中，需要回收运营后剩余的纸币找零、不能找出的纸币，然后添加维持以后运营的纸币，用以明日运营，如图 1–13 所示。

子任务 1.1.1
自动售票机纸币找零

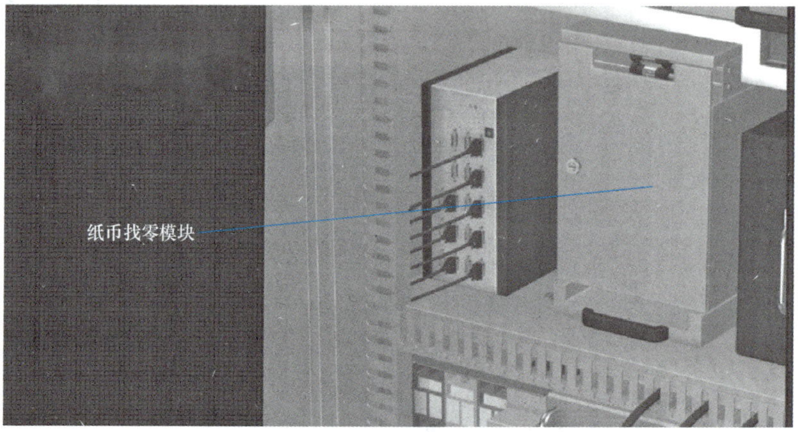

图 1–13　纸币找零模块

① 确认有权操作钱箱后，打开纸币找零外门锁。打开外门的同时，打印机会打出机构内剩余纸币找零数（包括废币箱内的货币金额），如图 1–14 所示。

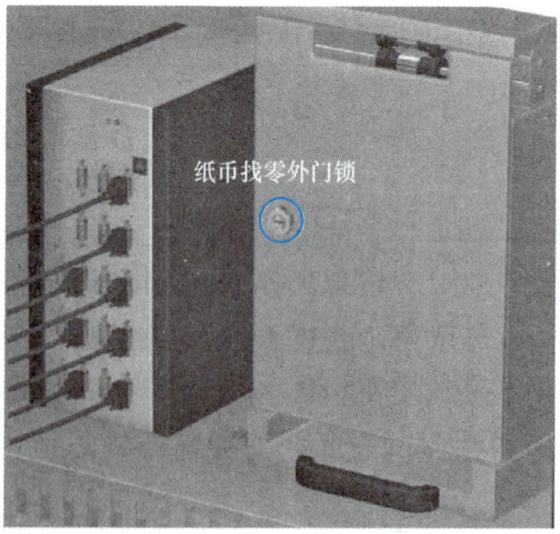

图 1–14　纸币找零外门锁

② 按下绿色按钮，取出废币回收箱，如图 1–15 所示。

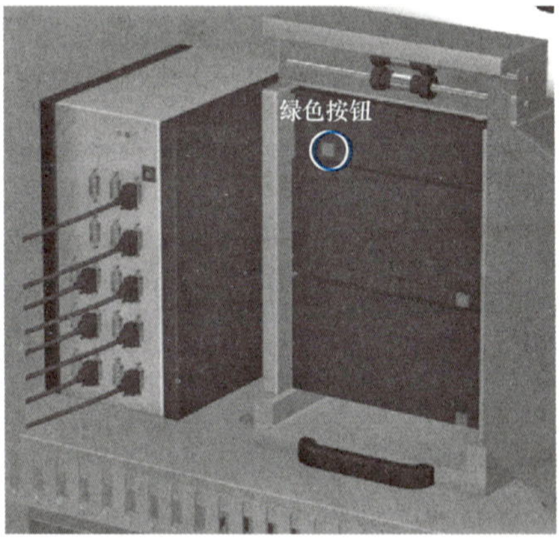

图 1-15　废币回收箱按钮

③ 打开废币箱锁，取出废币后关闭废币箱，并上锁，如图 1-16 所示。

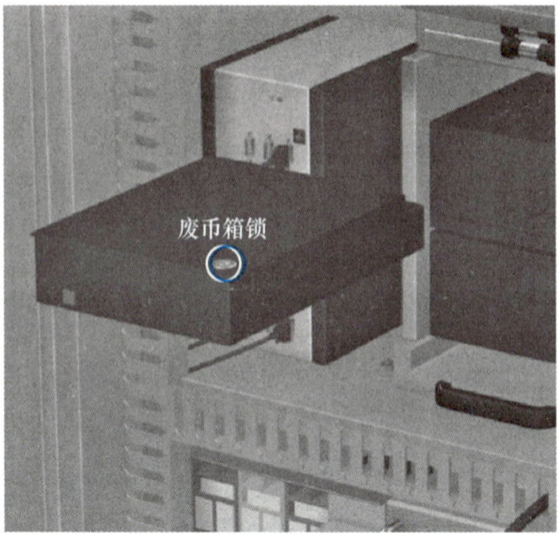

图 1-16　废币箱锁

④ 将废币回收箱放回纸币找零机构（注意：要将废币回收箱放到位，到位后有明显感觉）。

⑤ 按下绿色按钮，取出钱箱，如图 1-17 所示。

图 1-17　钱箱绿色按钮

⑥ 到达安全地点后打开钱箱锁，按下开箱按钮，打开钱箱翻盖，如图 1–18 所示。

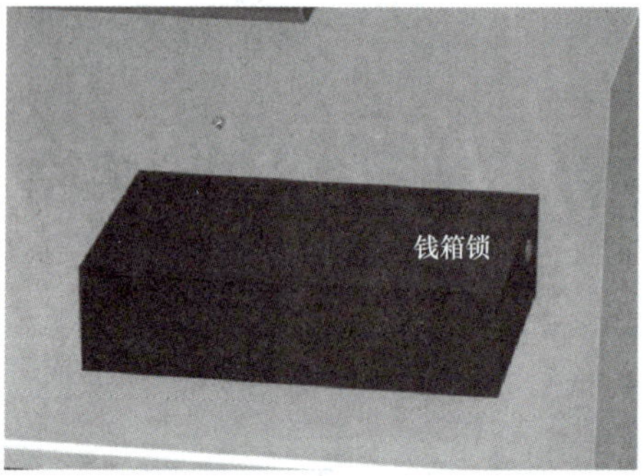

图 1–18　钱箱锁

⑦ 翻起纸币压板，回收多余纸币。回收完毕后，加入运营所需的纸币（纸币需经过整理，不能有折角、缺损）。

⑧ 压下纸币压板，盖上翻盖，关闭钱箱锁，如图 1–19 所示。

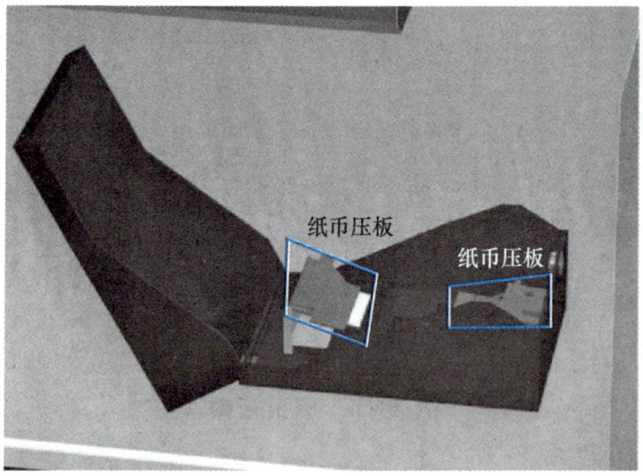

图 1–19　钱箱纸币压板

⑨ 使用专用工具对钱箱 RFID 芯片进行输入，输入其纸币数量（此操作需另外执行，在此不作说明）。

⑩ 回到设备上，认准方向将钱箱放入纸币找零机构（注意：要将钱箱放到位）。

⑪ 关闭纸币找零设备的外门。

9）硬币添加

① 登录设备并确认钱箱操作已授权后，打开点币箱挡板锁，如图 1–20 所示。

子任务 1.1.1
自动售票机硬币添加

图 1-20　点币箱挡板锁

② 从机构中取出点币箱，如图 1-21 所示。

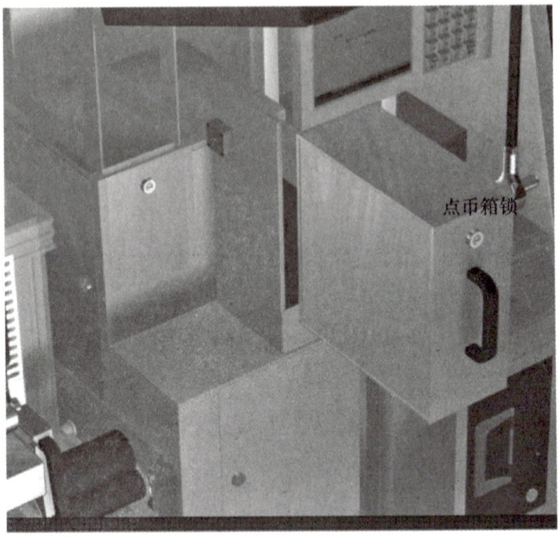

图 1-21　点币箱锁

③ 打开点币箱锁，翻开钱箱盖板，加入准备好的硬币（注意：不要倒入任何杂物）。

④ 关闭钱箱盖板，关闭点币箱锁。

⑤ 插入点币箱，锁闭挡板锁。在“运营与结算”界面下按“5”，选择“硬币找零加币”并耐心等待硬币自动计数加币。

10）自动售票机开站作业

自动售票机开站作业步骤如下。

（1）使用钥匙打开维护门。

（2）打开控制面板，输入用户名、密码，单击 Enter 键登录。

子任务 1.1.1
自动售票机开站作业

（3）安装 AB 票箱，步骤如下。
① 按压卡扣，拉出票卡模块。
② 在备品区找到 AB 票箱。
③ 拉动活塞，装入 AB 票箱。
④ 按压卡扣，推回票卡模块。
（4）安装硬币找零钱箱。步骤如下。
① 按压卡扣，拉出硬币模块。
② 使用钥匙打开硬币专用找零钱箱侧门。
③ 在备品区找到一元专用找零钱箱。
④ 装入一元专用找零钱箱。
⑤ 关闭硬币专用找零钱箱侧门，拔出钥匙。
⑥ 按压卡扣，推回硬币模块。
（5）安装五元、十元专用找零钱箱，步骤如下。
① 按压卡扣，拉出纸币模块。
② 在备品区找到五元、十元专用找零钱箱。
③ 装入五元、十元专用找零钱箱。
（6）安装纸币回收钱箱，步骤如下。
① 在备品区找到纸币回收钱箱。
② 装入纸币回收钱箱。
（7）完成以上两个步骤后，按压卡扣，推回纸币模块。
（8）安装硬币回收钱箱，步骤如下。
① 在备品区找到硬币回收钱箱。
② 装入硬币回收钱箱，使用钥匙上锁。
③ 拔出钥匙。
（9）使用操作面板输入数值。
① 输入一元硬币补币数，步骤如下。
a）在“主菜单”界面，选择运营服务。
b）在“运营服务”界面，选择补充一元硬币。
c）输入补币数量，按 F1 键加币，按 Esc 键退出。
② 输入补票数，步骤如下。
a）在“运营服务”界面，选择补充单程票 A。
b）输入补票数量，按 F1 键加票，按 Esc 键退出。
c）在“运营服务”界面，选择补充单程票 B。
d）输入补票数量，按 F1 键加票，按 Esc 键退出。
③ 输入五元纸币补币数，步骤如下。
a）在“运营服务”界面，选择补充五元纸币。
b）输入补币数量，按 F1 键加币，按 Esc 键退出。
④ 输入十元纸币补币数，步骤如下。

a）在“运营服务”界面，选择补充十元纸币。

b）输入补币数量，按F1键加币，按Esc键退出。

（10）回到“主菜单”界面，注销并退出。

（11）关闭维护门，拔出钥匙。

子任务 1.1.1
自动售票机关站作业

11）自动售票机关站作业

自动售票机（TVM）关站步骤如下。

（1）使用钥匙打开维护门。

（2）打开控制面板，输入用户名，密码，单击Enter键登录。

（3）在“主菜单”界面，选择下班盘点，查看后按Esc键退出。

（4）取出AB票箱，步骤如下。

① 按压卡扣，拉出票卡模块。

② 拉动活塞，取出AB票箱。

③ 按压卡扣，推回票卡模块。

（5）取出硬币找零钱箱，步骤如下。

① 按压卡扣，拉出硬币模块。

② 使用钥匙打开硬币专用找零钱箱侧门。

③ 取出一元专用找零钱箱。

④ 关闭硬币专用找零钱箱侧门，拔出钥匙。

⑤ 按压卡扣，推回硬币模块。

（6）取出五元、十元专用找零钱箱，步骤如下。

① 按压卡扣，拉出纸币模块。

② 使用钥匙，按压钥匙，取出五元、十元专用找零钱箱。

（7）取出纸币回收钱箱，步骤如下。

① 使用钥匙，取出纸币回收钱箱。

② 拔出钥匙。

（8）完成以上两个步骤后，按压卡扣，推回纸币模块。

（9）取出硬币回收钱箱，步骤如下。

① 使用钥匙解锁。

② 取出硬币回收钱箱。

③ 拔出钥匙。

（10）在“主菜单”界面，选择运营统计，查看后按Esc键退出。

（11）回到“主菜单”界面，注销并退出。

（12）关闭维护门，拔出钥匙。

5. 自动售票机故障处理

自动售票机（TVM）故障处理如表1-1所示。

子任务 1.1.1
自动售票机故障处理

表 1–1　自动售票机故障处理

序号	故障问题	原因分析	解决方法
1	开机无显示	① 无电源输入。 ② 部件连接异常	① 接通工控机电源。 ② 检查显示器连接线路
2	自动售票机屏幕显示“网络连接失败”	网络出现故障	① 检查系统服务器软件是否正常运行。 ② 检查自动售票机和服务器之间的网络连接是否正常
3	设备蓝屏、花屏	① 视频接口接触不良。 ② 工控机故障	① 检查接口线缆是否松动。 ② 如果故障由主控机导致，则需要更换主控单元
4	自动售票机显示“只收硬币”	① 纸币识别模块有卡币。 ② 纸币箱没有正确安装	① 检查纸币识别模块是否被堵塞并重新启动设备。 ② 正确安装纸币钱箱
5	自动售票机显示“无找零”	① 硬币识别模块没有放入找零硬币。 ② 硬币找零钱箱没有正确安装	① 补充找零硬币。 ② 正确安装硬币找零钱箱
6	自动售票机显示“只充值”	① 单程票发售模块没有放入车票。 ② 票箱没有正确安装	① 放入发售用车票。 ② 正确安装票箱
7	自动售票机显示“只发售”	充值卡读卡器发生故障或连接错误	① 检查连接线缆。 ② 联系厂家更换充值卡读卡器

6. 自动售票机运营模式

自动售票机（TVM）运营模式有以下几种。

1）正常服务模式

自动售票机处于正常服务模式时，能提供所有设计要求的服务，支付方式不受限制，此时状态显示器显示“正常服务”“欢迎使用自动售票机”等字样，如图 1–22 所示。

2）停止服务模式

自动售票机在发生故障、人为设置停止服务或者运营结束后，进入停止服务模式，状态显示器和触摸屏显示“暂停服务”等字样，如图 1–23 所示。

3）限制服务模式

当自动售票机内部各模块中任一模块状态不良而其他模块正常时，自动售票机会进入限制服务模式，只具备部分功能。限制服务模式主要有只售单程票模式、只收硬币模式、只收纸币模式、不找零模式、只充值模式等，如图 1–24 所示。

图 1-22　自动售票机正常服务模式

图 1-23　自动售票机暂停服务模式

图 1-24　自动售票机限制服务模式

子任务 1.1.2　半自动售票机的认知与操作

人工售票是指在地铁站的售票窗口由工作人员手动出售地铁车票的方式。人工售票效率低，每个窗口一般只有一名工作人员，乘客可能需要排队等待购票。随着技术的发展，现在乘客出行首选的购票方式为自动售票机、扫码过闸、人脸识别等方式。

子任务 1.1.2 半自动检票机认知

现在，虽然乘客出行乘坐地铁都会用自动售票机买票、一卡通、手机扫码支付、人脸识别支付等，但是如果遇到一个没有一卡通又不会操作扫码支付的乘客，这时候就显示出人工售票的必要性了。人工售票能够满足不会使用自动售票机或手机购票的乘客的需求，并且工作人员可以为其提供专业的服务。另外，对于异常卡的处理、退票等操作还需要人工来完成。所以，虽然人工售票利用率较低，但是，目前国内城市轨道交通企业仍然保留人工售票窗口。

1. 半自动售票机概述

半自动售票机（booking office machine，BOM）一般被安装在车站的付费区、非付费区以及付费区及非付费区之间，可实现地铁单程票、充值卡、各类特殊应急票及优惠票等轨道交通车票的发售、更新、充值、挂失/解挂、即时退款、非即时退款及查询等功能，如图 1-25 所示。

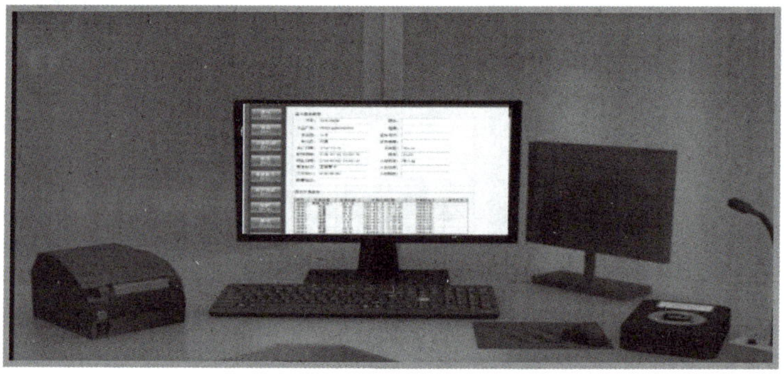

图 1-25　半自动售票厅一览图

2. 半自动售票机功能

半自动售票机具有以下功能。

（1）半自动售票机能处理系统的票务规则规定的所有车票。

（2）工作人员可以通过半自动售票机对车票进行分析、无效更新、发售、赋值、充值、替换、延期、退款、交易查询等处理。

（3）方便处理车站乘客投诉，对票务管理/行政收款进行记录。

（4）可以按照安装位置的不同而设置为不同操作类型，如单独为非付费区服务、单独为付费区服务、兼顾非付费区及付费区服务等。

（5）可打印有关车票及现金处理单据，以便需要的乘客使用。

（6）具备相应的安全措施防止非法使用，操作员需要登录自己的工号和密码才能操作通过车站局域网网络与车站计算机连接，并上传交易、现金、设备寄存器、状态等数据。

（7）具备自动快速发售单程票的单程票发售模块，只允许授权人员使用，并能记录相关人员的操作信息。

（8）对收益及车票处理进行记录，并且打印相应的单据，具备现金/收益管理功能。

3. 半自动售票机结构

半自动机售票机以主控单元为主，辅以车票读写器、操作员显示器、乘客端显示器、打印机、车票处理装置、电源模块等组成，如图 1-26 所示。

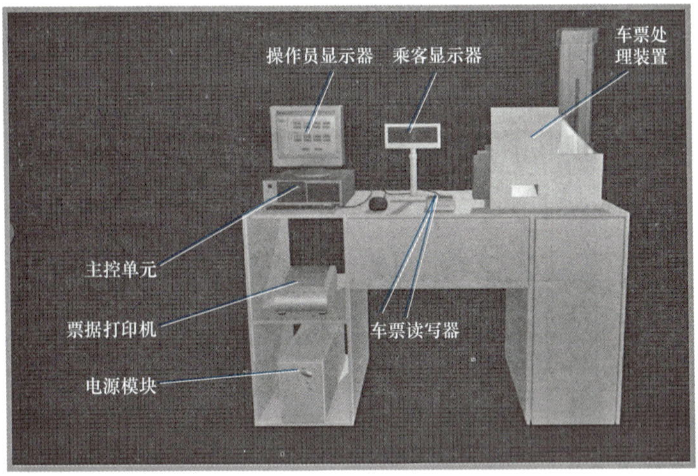

图 1–26　半自动机售票机结构示意图

1）主控单元

主控单元负责运行半自动售票机的控制软件，完成车票处理、数据通信、状态监控及故障检测等功能。主控单元是半自动售票机的核心控制模块，其主要参数满足相关要求，如图 1–27 所示。

图 1–27　半自动机售票机主控单元

2）操作人员显示器

操作显示器为操作人员提供实现人工售票、人工补票的各种功能操作显示界面。操作员显示器可采用 CRT 显示器或者 TFT–LCD 液晶显示屏，屏幕尺寸一般不小于 15 英寸（1 英寸=2.54 cm），如图 1–28 所示。

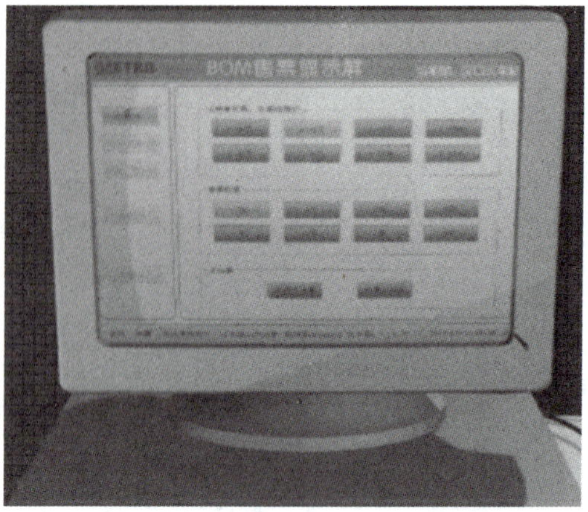

图 1-28　半自动机售票机操作显示器

3）车票处理装置

车票处理装置可用来完成单程票车票的自动发售功能，以提高人工发售车票的速度和效率。车票处理装置内的主要部件包括车票发卡装置、读写器、出票控制板等，与自动售票机中的模块基本类似，如图 1-29 所示。

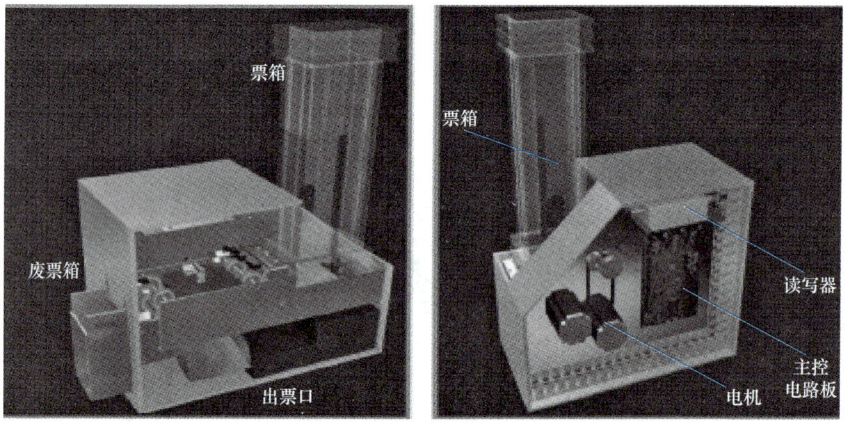

图 1-29　车票处理装置

4）乘客显示器

每套 BOM 配置 1 个或 2 个乘客操作显示器，分别安放在付费区、非付费区靠近窗口、方便乘客查看的地方，为乘客提供相关信息的显示，显示的形式为中文或英文信息，可以通过操作员选择来实现；并且带有一定的语音提示，如图 1-30 所示。

5）车票读写器

车票读写器成功地将射频识别技术和 IC 卡读写器技术结合起来，结束了无源（卡中无电源）和免接触这一难题，是电子器件领域的一大突破。车票在一定距离范围（通常为 5～10 mm）靠近读写器表面，通过无线电波的传递来完成数据的读写操作。

车票读写器用于对车票进行读、写、校验等处理。车票读写器要求可以同时处理单程票和充值卡。单程票与车票读写器之间完成一次交易所需时间应不大于200 ms。充值卡与车票读写器之间完成一次交易所需时间应不大于300 ms，如图1–31所示。

图1–30　乘客显示器

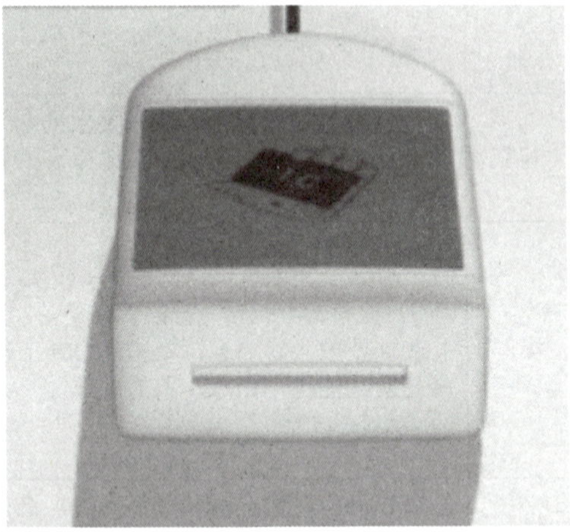

图1–31　车票读写器

4. 半自动售票机操作

1）半自动售票机登录

系统开机操作完成之后，自动进行硬件设备和系统软件的检测。工作人员通过系统界面可以看到当前系统的状态是否正常。票务员登录后可以进行日常的票务业务处理。系统维护人员登录后可以进行系统维护业务处理，如图1–32所示。

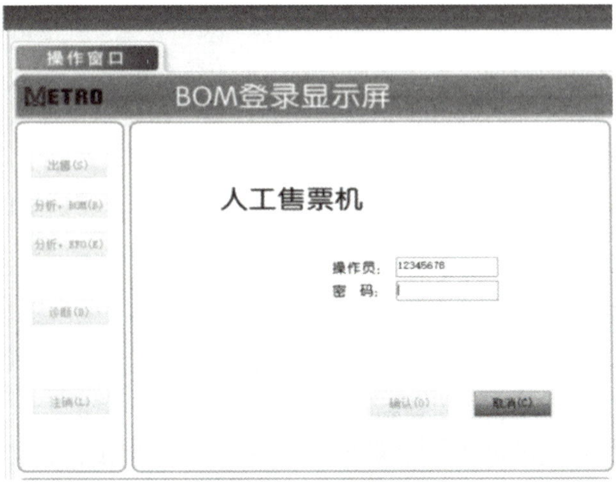

图1–32　系统界面

进入系统之后，操作人员用自己专属的账号和密码进行登录认证成功后，可以进入界面进行相关的票务作业。

售票时，票务员需遵守“一收、二唱、三操作、四找零”的作业程序，如表 1–2 所示。

表 1–2 “一收、二唱、三操作、四找零”的作业程序

步骤	作业内容	操作规范
一收	收取乘客购票的票款	收取票款：面带微笑，面向乘客，先向乘客问好，再接过乘客的票款
二唱	向乘客确认收款金额以及要求的购票张数、车票类型，若未听清楚乘客的要求，应主动礼貌地询问	唱票：向乘客说明“收您××元”，并重复乘客要求的购票张数和车票类型
三操作	① 检验钞票真伪，若钞票有异常，应礼貌地要求乘客更换；② 在 BOM 上选择相应功能键，完成车票的处理	售卡操作：操作完毕后五指合拢，手掌朝向乘客显示器请乘客确认，告知乘客“余额××元，请确认”
		充值操作：操作完毕后五指合拢，手掌朝向乘客显示器请乘客确认，告知乘客“充值××元，请确认”
四找零	清楚说出找零金额和车票张数，将车票和应找零钱一起礼貌地交给乘客	找零：将零钱和车票交予乘客时，告知乘客“找您××元，请确认”

2）单程票售票作业

在操作界面上选择【售票】，单击【单程票】，可以选择修改单程票类型。单程票分为“普通单程票”“优惠单程票”“免费单程票”，工作人员售票时选择相应票价、张数、线路名称、车站。如果选择了车站，车票票价会自动显示，选择票价等信息及输入收款完成后，乘客端显示器显示相应的售票信息和找零信息，操作员单击【确认售票】按钮，发卡模块开始发售车票。“普通单程票”“优惠单程票”“免费单程票”的发售方式相同。具体步骤如下。

第一步：进入售票界面，单击界面上的【单程票】按钮。

第二步：在单程票上选择相应的轨道交通线路、出站站点及车票数量。当确定出站点后，系统会自动匹配票价。

第三步：单击确认键，界面会显示相应的车票信息和找零信息。

第四步：单击【出票】按钮，发卡模块发售本次车票。

第五步：单击【票据打印】按钮，系统即打印本次发售信息。

3）充值卡售票作业

第一步：进入售票界面，单击界面上的【充值卡】按钮。

第二步：输入充值卡首次充值金额。

第三步：将未赋值的充值卡放置读卡器感应区，此时读卡器会先对充值卡的有效性进行校验。

第四步：单击【确定】按钮，操作界面显示售卡信息，提示“售卡成功”。

4）充值卡充值作业

第一步：进入售票界面，单击界面上的【充值】按钮。

第二步：将充值卡放置读卡器感应区，此时显示充值卡的相关信息，包括卡内余额。

第三步：输入乘客要求的充值金额，在弹出的对话框中选择【确定】。

第四步：请乘客确认卡内余额。

第五步：单击【确定】按钮，完成充值操作。

5）单程票退款

第一步：进入售票界面，单击界面上的【退票退款】按钮。

第二步：将单程票卡放置读卡器感应区。

第三步：系统读取票卡信息，进行数据校验，验证车票是否符合退票规定。

第四步：根据系统提示如果可退，为乘客办理退票退款，如果不可退款则告知乘客不可退款的原因。

第五步：单击【确定】按钮，完成单程票退款操作。

6）补票处理

第一步：进入售票界面，单击界面上的【补票】按钮。

第二步：选择票价等信息，输入收款金额。

第三步：单击软键盘【确定】按钮。

第四步：请乘客确认售票信息。

第五步：单击【确定】按钮，操作界面显示售卡信息，提示“售卡成功”。

第六步：单击【票据打印】按钮，即打印本次发售信息。

7）常见票务问题

常见票务问题如表 1-3 所示。

表 1-3　常见票务问题

常见票务问题	处理方法
车票过期	① 单程票：回收车票，请乘客重新购票。 ② 一卡通：请乘客到一卡通公司网点处理，并请乘客重新购票。 ③ 计次票或定期票：请乘客重新购票
车票超时	① 单程票：向乘客收取超时补款金额，按要求保留处理单据或填写乘客事务处理单，然后更新车票进站时间。 ② 一卡通：通过收取超时补款金额后更新车票入站时间，按要求保留处理单据或填写乘客事务处理单。 ③ 计次票：扣除 1 次乘车次数，并进行数据更新，按要求保留处理单据或填写乘客事务处理单。 ④ 定期票：免费对车票进行数据更新
车票超程	① 单程票：需要乘客补交超程车费，然后更新数据，并按要求保留处理单据或填写乘客事务处理单。 ② 计次票：需要乘客补交超程车费，并按要求保留处理单据或填写乘客事务处理单。 ③ 定期票：需要乘客补交超程车费，并按要求保留处理单据或填写乘客事务处理单

续表

常见票务问题	处理方法
车票既超时又超程	① 单程票：向乘客收取超时、超程补款金额后，更新车票进站时间及车票余额，按要求保留处理单据或填写乘客事务处理单。 ② 计次票：扣除 1 次乘车次数及补交超区段车费，并发售一张付费出站票，按要求保留处理单据或填写乘客事务处理单。 ③ 定期票：需要乘客补交超区段车费，并发售一张付费出站票，按要求保留处理单据或填写乘客事务处理单
车票进站次序错误（非付费区）	① 单程票：通过 BOM 分析后，若上次进站是本站，且进站时间在规定时间内，则予以免费更新进站信息；若进站时间超过规定时间，则回收原票，并请乘客重新购票。 ② 一卡通：若为当日进站，则需按票种扣除进站车站至本站的车费后更新车票；若为非当日进站，则需按票种最低票价支付上次票款。 ③ 计次票：需扣除 1 次乘车次数，更新数据。 ④ 定期票：免费为乘客更新数据
车票出站次序错误（付费区）	① 单程票：在付费区内无法读取进站信息，通过 BOM 分析后，免费为乘客更新车票。 ② 一卡通：根据乘客反映的进站车站名免费对车票进行数据更新。 ③ 计次票或定期票：若乘客反映的进站车站名在有效区段内，则免费对车票进行数据更新；若乘客反映的进站车站名不在有效区段内，则需补买出站票，按要求保留处理单据或填写乘客事务处理单
乘客一人持多张单程票进站	① 通过 BOM 分析后，若车票车费总额与所乘车费相符或高于所乘车费，则回收车票，填写乘客事务处理单，发售一张免费出站票。 ② 通过 BOM 分析后，若车票车费总额不足所乘车费，则回收车票，填写乘客事务处理单，发售一张付费出站票
一卡通在出闸时显示已有出站标记	① 通过 BOM 分析后，若上次出站是本站且出站时间在规定时间内的，予以发放免费出站票，须填写乘客事务处理单。 ② 通过 BOM 分析后，若上次出站是本站且超过规定时间的，根据乘客反映的进站车站免费对车票进行数据更新
一卡通在出闸时显示非当日进站标记	通过 BOM 分析后，显示上次进站为非当日进站标记，扣取最低车费后，询问乘客的本次乘车地点，更新车票进站标志
经 BOM 分析，无法读取信息的无效票	① 单程票：回收车票，填写乘客事务处理单。若在非付费区，则返还乘客等值车资，并请乘客另购车票；若在付费区，则发放一张免费出站票给乘客。 ② 一卡通：若在非付费区，则请乘客另购车票；若在付费区，则按规定收取需补交的票款，填写乘客事务处理单，并给乘客发放一张免费出站票。 ③ 计次票或定期票：若在非付费区，则请乘客另购车票，并提示乘客该票需到票卡发行公司进行处理：如果票卡为本公司发行，则回收此票，并填写乘客事务处理单；若在付费区，则按规定收取需补交的票款后，给乘客发放一张免费出站票
非本日进站单程票及回收状态的单程票	① 若在非付费区，则按规定回收，并让乘客重新购票进站。 ② 若在付费区，则需填写乘客事务处理单，按规定回收车票，并让乘客补交付费以购买出站票

续表

常见票务问题	处理方法
付费区一卡通余额不足	告知乘客一卡通余额不足，若无法办理充值，则扣除余额，并让乘客补交不足金额，然后更新一卡通信息，让乘客刷卡出站。若可以办理充值，则询问乘客是否进行充值：若是，为乘客办理充值；若否，根据车票进站信息发售付费出站票，并更新一卡通进站信息
无票出站	① 若乘客遗失车票，则告知乘客需补交车票工本费，并按最高单程票价补交票款，同时填写乘客事务处理单，并告知乘客若在规定时间内找回车票，可持车票到处理车站退回出站票票款及车票工本费，超过规定时间则不予处理。 ② 若在付费区内乘客反映单程票在出闸时被他人误用，则填写乘客事务处理单，并发放免费出站票。 ③ 若为无票乘车，则按最高单程票价补收票款；对于不了解地铁票务政策的乘客，也可酌情为其补售付费出站票
违规使用优惠票	① 非付费区：让乘客重新购票。 ② 付费区：按最高单程票价补收票款，将优惠票退还乘客
设备卡币、卡票	① 通知客运值班员到现场处理。 ② 若需退还票款，则从备用金款项中支付给乘客，并填写乘客事务处理单
黑名单票卡	① 非付费区：告知乘客此票为黑名单票卡，需重新购票进站。 ② 付费区：告知乘客此票为黑名单票卡，并让乘客补购本站最高单程票价出站票

5. 半自动售票机故障处理

半自动售票机故障处理如表 1-4 所示。

表 1-4　半自动售票机故障处理

序号	故障问题	原因分析	解决方法
1	无法正常充值	充值卡读卡器没有正确连接	正确连接充值卡读卡器
2	屏幕显示“网络连接失败”	网络出现故障	① 检查半自动售票机和服务器之间的网络连接是否正常。 ② 检查系统服务器软件是否正常运行
3	乘客端显示器无显示	乘客端显示器电源没有打开或者连接错误	① 打开乘客端显示器电源。 ② 检查线缆连接
4	不能打印凭条	① 打印机电源没有打开。 ② 打印纸已经用尽	① 打开打印机电源。 ② 正确安装打印纸

续表

序号	故障问题	原因分析	解决方法
5	无法发售单程票	① 单程票发售模块内没有放入车票。 ② 票箱没有正确安装	① 放入发售用车票。 ② 正确安装票箱
6	启用后显示“暂停服务”	维修门没有关上	检查维修门并将维修门全部关紧上锁
7	乘客端显示器不能正常显示	① 工控机没有开机。 ② 显示器处于关闭状态	① 打开工控机电源。 ② 打开显示器电源

子任务 1.1.3　自动检票机的认知与操作

子任务 1.1.3
自动票机认知与运营模式

1. 自动检票机认知

自动检票机（automatic gate，AG），又称闸机，安装于车站站厅层付费区与非付费区的交界处（如图 1–33 所示），用于实现乘客自助进出站检票。为了保证自动检票机在运营期间能够处于正常服务状态，站务人员要熟悉其结构并能熟练操作，如图 1–34 所示。

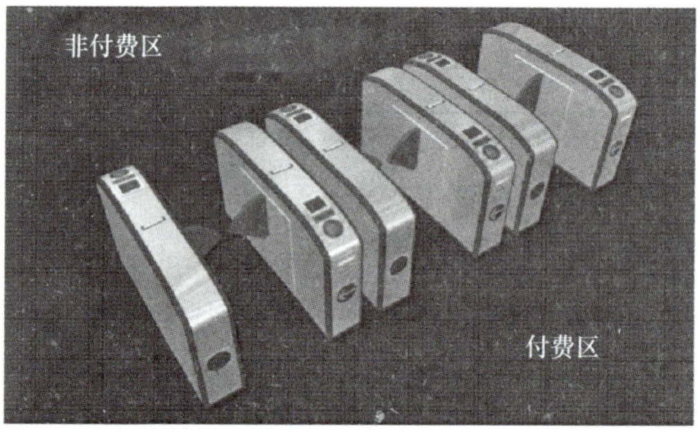

图 1–33　位置示意图

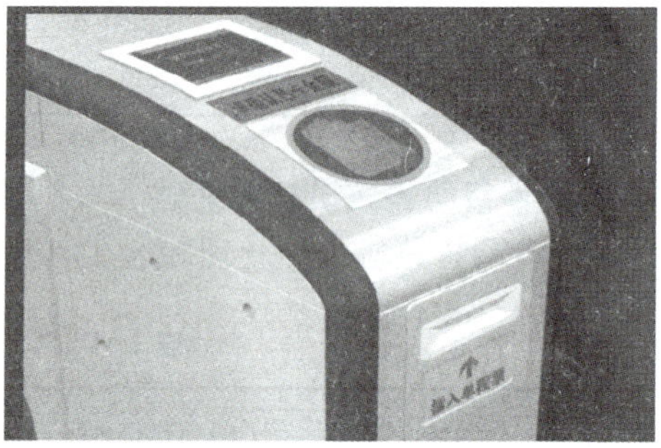

图 1–34　自动检票机

2. 自动检票机分类

1）按功能分类

按功能，可将自动检票机划分为进站检票机、出站检票机和双向检票机三种。只在非付费区安装车票读写器的检票机称为进站检票机，只在付费区安装车票读写器的检票机称为出站检票机，在非付费区和付费区均装有车票读写器的检票机称为双向检票机。双向检票机可以根据需要变换为进站检票机或者出站检票机。

2）按通道宽度分类

按通道宽度，可将自动检票机划分为普通检票机和宽通道检票机两种类型。在城市轨道交通自动售检票系统中，一个通行通道由两台自动检票机组成，按照人体右手持票的习惯，一般将通行方向右侧的自动检票机设定为主机；对应地，将其左侧的自动检票机设定为从机。存在多个通道时，中间的自动检票机既是主机又是从机，如图 1–35 所示。

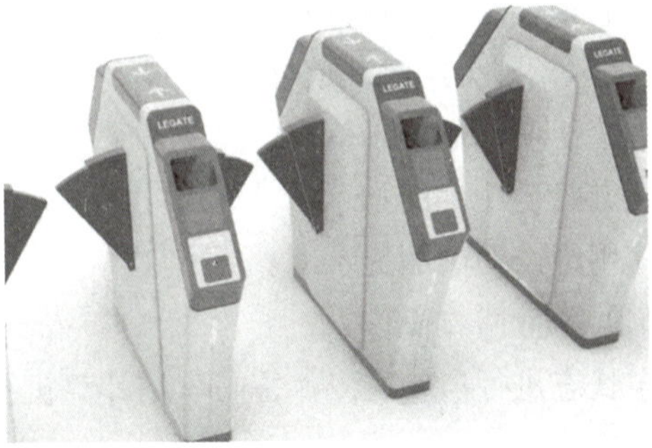

图 1–35　多个检票机

3）按阻挡装置分类

按阻挡装置的类型，可将自动检票机划分为三杆式检票机和门式检票机。

（1）三杆式检票机。三杆式检票机（如图 1–36 所示）可以有效避免多人进出检票机通道的问题，但是携带物体尤其是大型物体的乘客在通过时会十分不便，且其在客流高峰期很容易造成拥堵。因此，现在的轨道交通系统中更倾向于使用门式自动检票机。

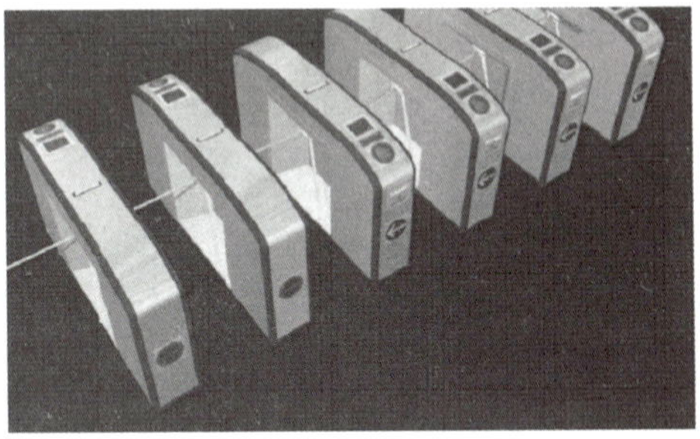

图 1–36　三杆式检票机

（2）门式检票机。门式检票机又可分为拍打门式检票机（如图 1–37 所示）和扇门式检票机（如图 1–38 所示）。

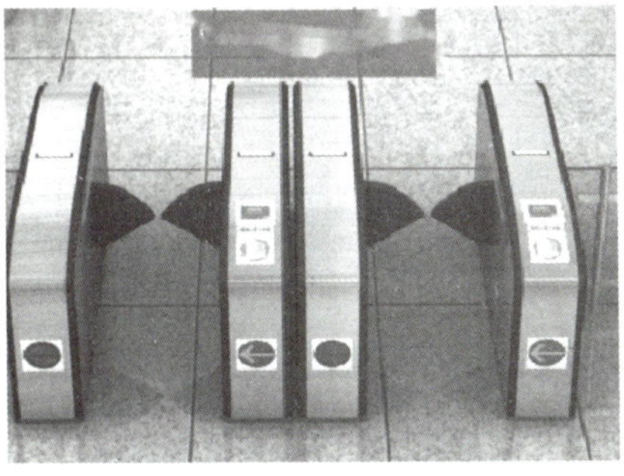

图 1–37　拍打门式检票机

图 1–38　扇门式检票机

3. 自动检票机功能

自动检票机的功能如下。

① 自动对车票进行有效性检验。对持有效车票的乘客，在进行相应处理后对其放行；对持无效车票的乘客，则拒绝对其放行。

② 对车票处理结果给出明确的提示信息。

③ 对通道的通行状态给出明确的指示。

④ 对特殊车票的使用给出明确的提示。

⑤ 对需要回收的车票执行回收操作。

⑥ 对各部件的工作状态进行自动监测，并向车站计算机系统上报各部件的工作状态。

⑦ 接收车站计算机系统下发的参数和控制命令并执行相应的操作。

⑧ 存储并上传交易信息。

⑨ 接收紧急按钮信息并控制设备的操作。

4. 自动检票机结构组成

自动检票机主要由乘客端显示器、方向指示器、警示灯和语音扬声器、通道阻挡装置、维护面板/移动维护终端接口、主控单元电源模块等组成，如图 1–39 所示。

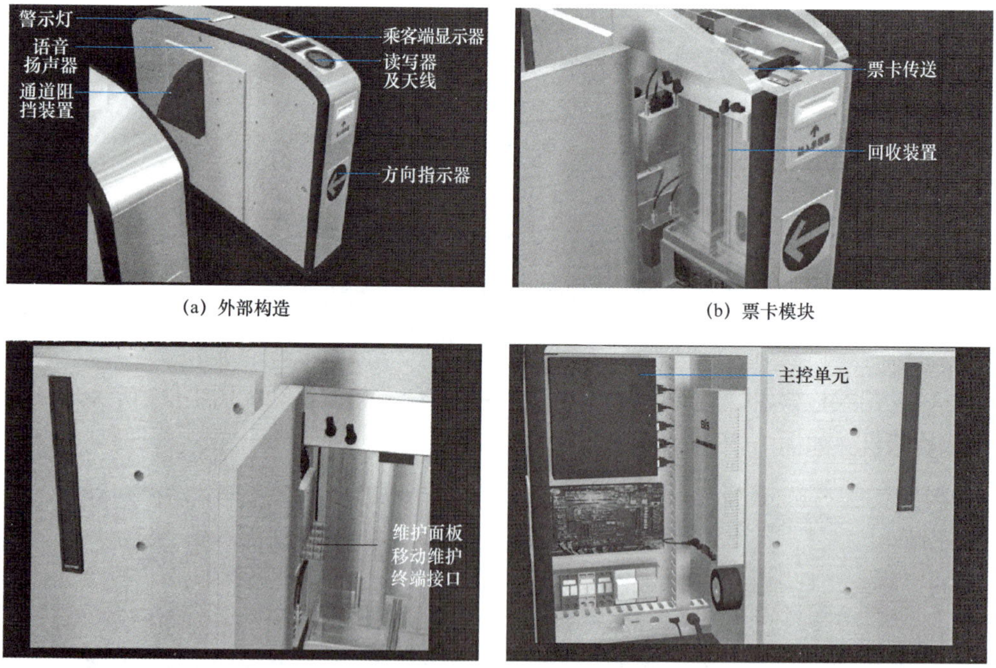

(a) 外部构造　(b) 票卡模块

(c) 维护面板　(d) 主控单元

图 1–39　自动检票机结构

1）主控单元

自动检票机的主控单元（ECU）负责运行控制软件，完成车票处理、数据通信、状态监控及故障检测等功能。主控单元采用低功耗的嵌入式工业级计算机。主控单元的设计模块化，满足物理上和功能上的互换性要求，如图 1-40 所示。

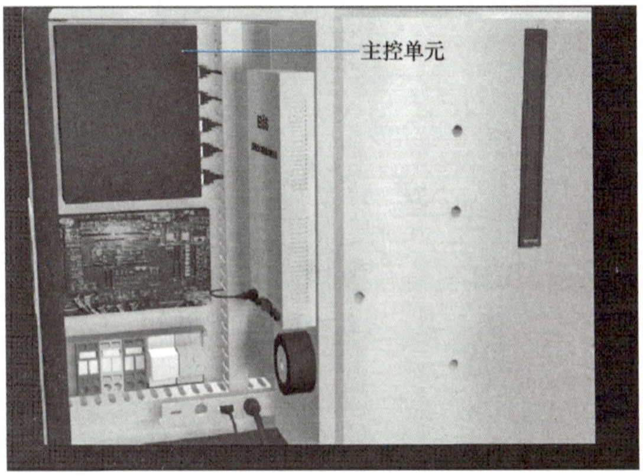

图 1-40　自动检票机的主控单元

2）读写器

检票机一般采用三合一的读写器，只要安装有相应的 SAM 卡，检票机就能对票卡进行读写操作。双向检票机安装有 3 个读写器，分别为进站端读写器、出站单程票读写器和出站交通卡读写器，如图 1-41 所示。

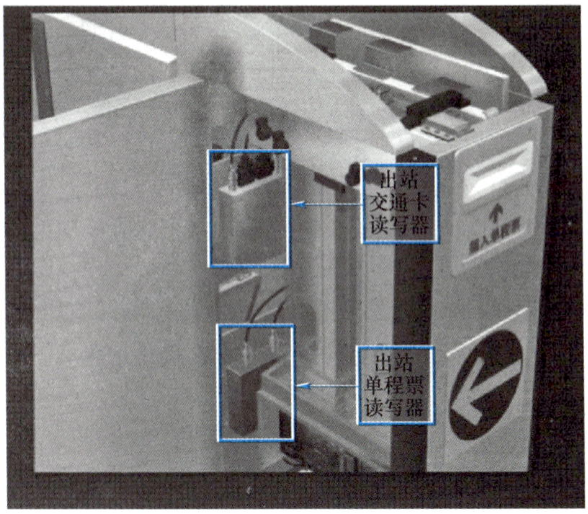

图 1-41　自动检票机读写器

3）回收模块

出站检票机（三杆）、双向检票机都设置有回收模块，回收模块设置在检票机出口端，用于回收系统指定的车票。回收模块的结构如图 1-42 所示。

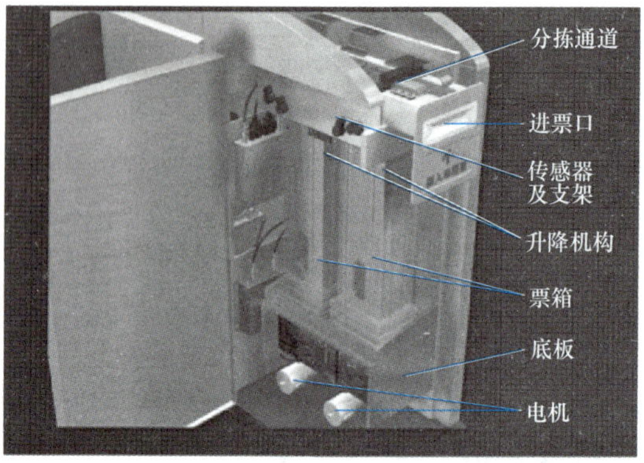

图 1-42　自动检票机回收模块

4）乘客端显示器

乘客端显示器应安装在检票机上表面，遵照良好的人体工程学设计，其安装位置不妨碍乘客及其携带行李的通行。双向检票机的两端安装有两个同样的乘客端显示器供两个方向的乘客查看。

乘客端显示器采用 TFT 液晶屏，以实现高可靠性、高效性和高亮度。在高架和地面车站可适当调高显示屏的亮度。在显示器上显示的信息能在各种光线直射下及大于 130° 视角下清晰可见，如图 1-43 所示。

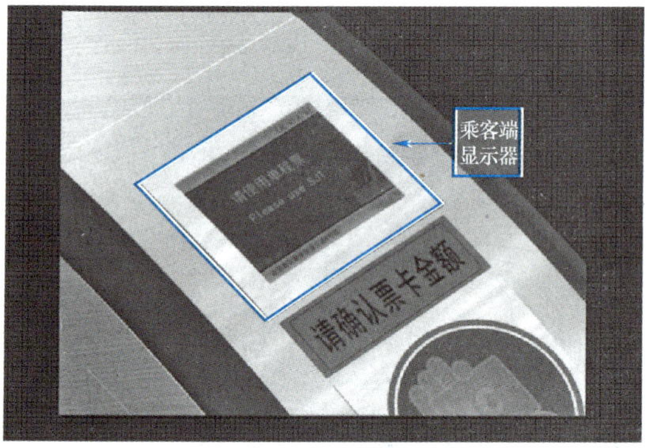

图 1-43　自动检票机的乘客端显示器

5）方向指示器

方向指示器分别安装在检票机两端的前面板上，用于指示该通道允许/禁止通行。其信息采用国际通用的标志显示，如用绿色 45° 箭头指向通行通道以表示"通行"，用红色横线表示"禁止通行"。"通行"及"禁止通行"信息是互斥的，两种信息标志不能同时显示。

方向指示器用于检票机允许或禁止通行的远距离提示。它采用高亮度发光二极管，亮度是普通 LED 的 3 倍以上，使用寿命亦大幅度延长；同时可保证在任何光照情况下都清晰可辨，在正常环境下可运行 10 万 h，大大减少了日常维护工作。显示标志能在 15 m 的距离外被清晰辨识其显示信息，如图 1-44 所示。

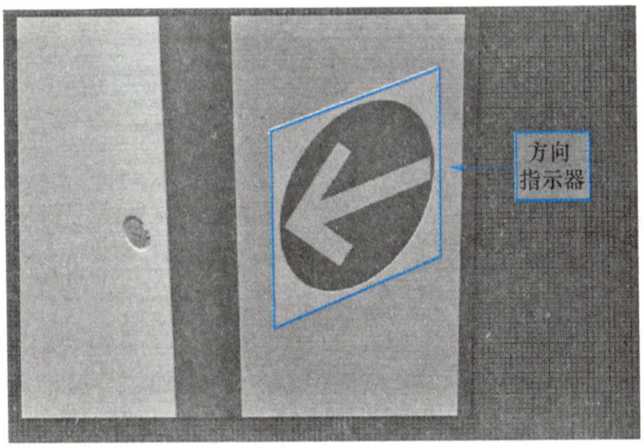

图 1–44　自动检票机方向指示器

6）警示灯和语音扬声器

在检票机的顶部安装有红色、绿色的警示灯，可独立或组合显示，可设置闪烁或不闪烁。警示灯采用超高亮发光二极管，亮度是普通 LED 的 3 倍以上，使用寿命亦大幅度延长，正常环境下可运行 10 万 h，免去了日常维护工作。

检票机配置有语音扬声器，语音扬声器可根据需要播报音频内容。语音扬声器可模仿蜂鸣器，可模拟多种不同的警示声音，包括短促单音、短促两声、长声等。

对特殊车票（如员工票等）的使用具有灯光提示功能，对黑名单车票具有声光警告功能，对敬老卡等优惠票卡具有语音提示功能。语音提示功能可选择开启或关闭，如图 1–45 所示。

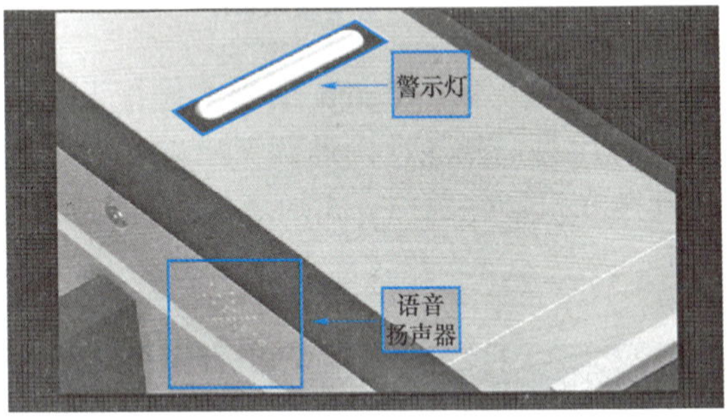

图 1–45　自动检票机警示灯和语音扬声器

7）通道传感装置

在扇门开关区域内，设有安全传感器。当监测到有障碍物遮挡安全传感器时，扇门会维持开启状态，如图 1–46 所示。

一般情况下，在宽通道检票机的一个完整通道内安装有 18 对通行识别传感器、4 对安全传感器，传感器的分布如图所示。在扇门开关区域内（又称为安全区域）设有监测传感器（称为安全传感器），当安全传感器检测到有障碍物时，扇门将维持打开状态，以防止对障碍物造成伤害，同时检票机发出报警提示。如果非授权人试图尾随或从反方向进入通道，传感器会探测到并关闭通道，以阻挡非授权人，同时发出报警提示。

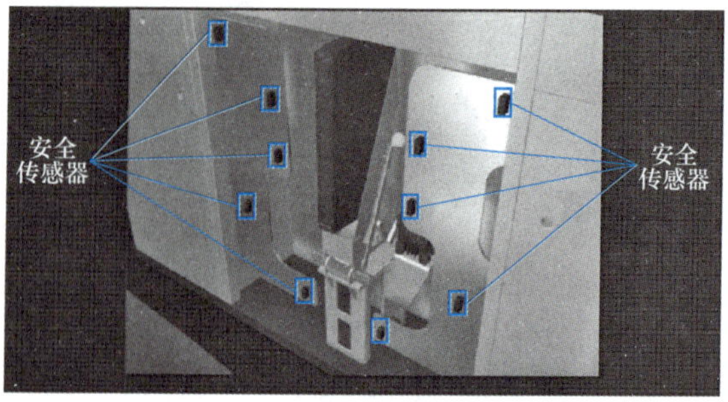

图 1-46　扇门开关区域安全传感器

检票机执行扇门开关动作时，若有乘客进入安全区，扇门会立即停止动作，如图 1-47 所示。

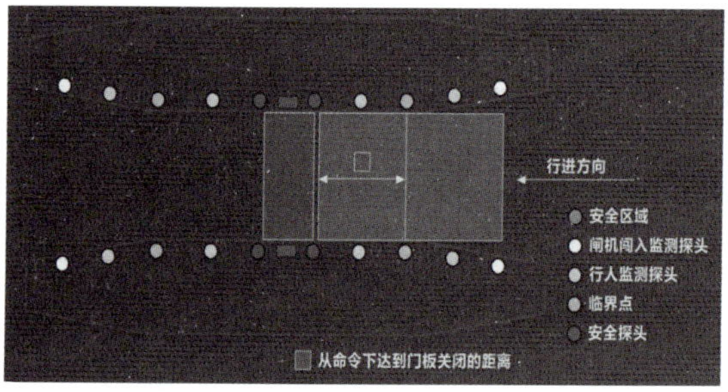

图 1-47　安全区示意图

宽通道检票机能够对间距大于 200 mm 的乘客进行识别。检票机将有效刷卡数量与乘客通过数量进行比对，就能准确地判断出乘客的尾随情况：当尾随情况发生时，检票机将进行声光报警并关门。宽通道检票机对尾随的判断，如图 1-48 所示。

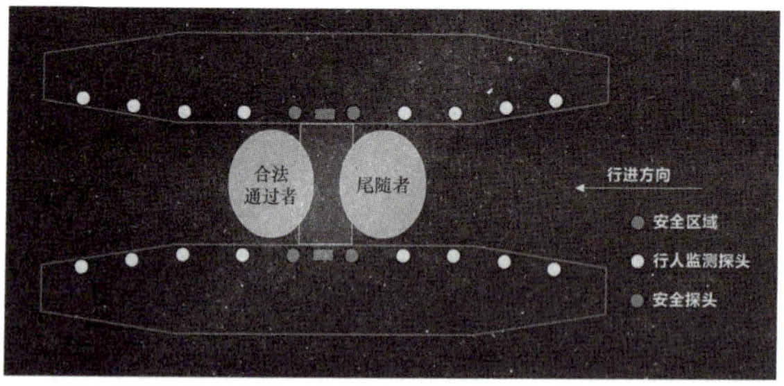

图 1-48　宽通道检票机对尾随的判断示意图

8）通道阻挡装置

宽通道检票机采用扇门式阻挡机构。扇门式检票机安装有可靠性极高的红外传感器对乘客的通行情况进行监控，多组传感器的配合使用可以判断乘客的通过方向、人数，并结合车票的检查结果，从而决定阻挡门的开启或关闭，如图 1-49 所示。

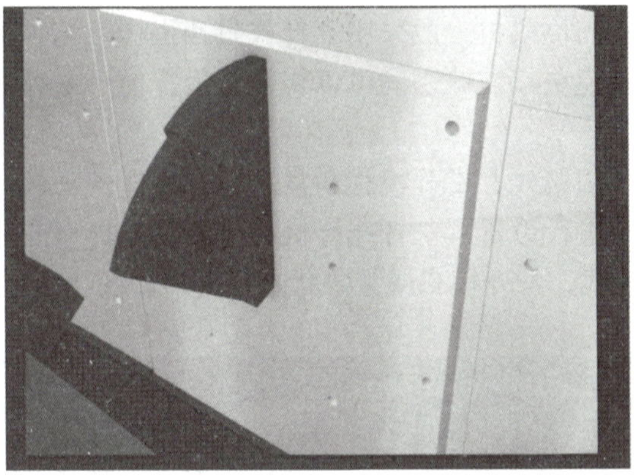

图 1-49　宽通道检票机扇门式阻挡机构

在紧急状态或断电情况下，扇门会自动打开，此时扇门能够完全收缩到检票机箱体内，乘客可以无障碍地通过检票机，如图 1-50 所示。

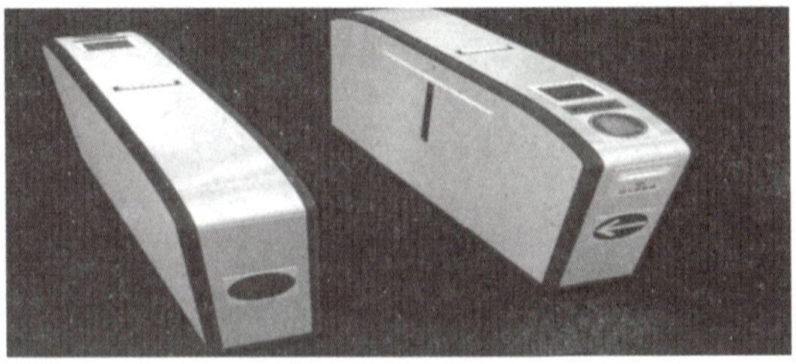

图 1-50　扇门敞开

扇门可通过参数设置为常开或常闭状态。在常开状态下，检票机的服务模式将保持开放状态，当接收到无效车票或乘客试图无票通过时，扇门会自动关闭；检票机若处于暂停服务状态时，扇门关闭，如图 1-51 所示。

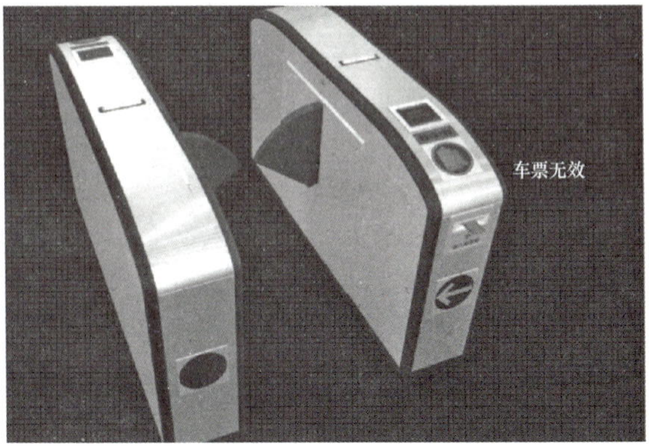

图 1-51　车票无效扇门状态

在常闭状态下，无论检票机处于服务模式还是暂停服务模式，扇门均处于关闭状态。检票机处于服务模式时，当接收了一张有效车票后，扇门打开，供乘客通过；在乘客通过后，扇门将关闭。

进站、出站和双向检票机一般采用三杆式阻挡机构，这种检票机采用相同的三杆机构及相应的控制模块，彼此之间可以相互更换，便于系统运营维护。三杆机构的转杆能双向转动。

三杆机构具有常闭模式、常开模式和紧急状态模式。三杆机构各种模式的切换可以通过检票机软件进行设置。三杆执行机构应能使转杆双向转动，并可通过软件将机构设定为常闭模式、常开模式或紧急状态模式，如图 1–52 所示。

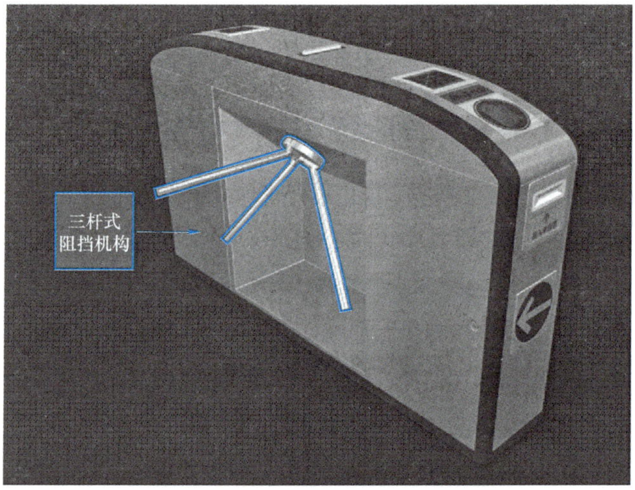

图 1–52　三杆式阻挡机构

9）维护键盘

维护键盘安装在检票机内部，方便维护人员进行设备维护、故障诊断及参数设置等操作。维护人员可输入维护代码进行相关操作，如图 1–53 所示。

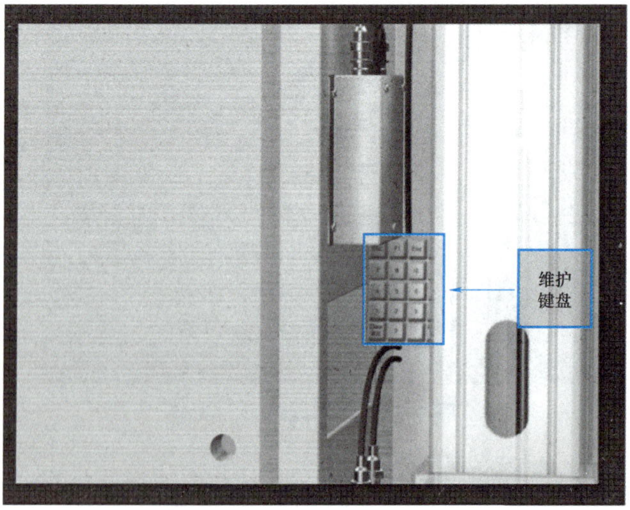

图 1–53　自动检票机维护键盘

维护面板功能显示按照菜单化设计，便于操作员快速操作。维护面板具有 0～9 共 10 个数字键及 12 个功能键（如图 1–54 所示），各功能键可通过软件定义其含义。当维护人员输入 1 个数字后，以该数字开头的维护代码将在显示屏显示出来，便于维护人员操作。检票机维护界面提示信息，如图 1–54 所示。

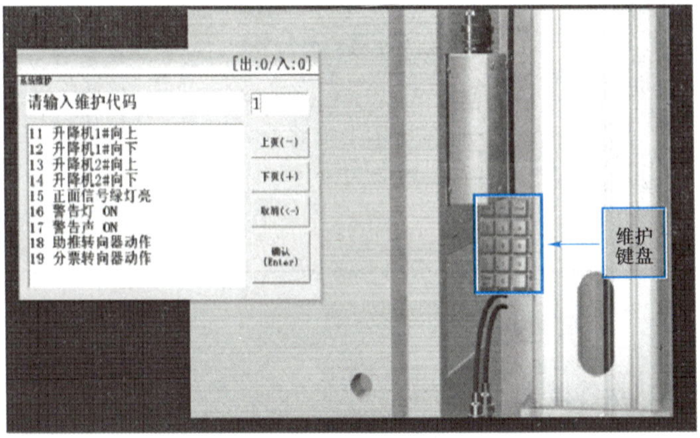

图 1–54　自动检票机维护面板

10）主电源

主电源部分由电源箱、两个开关电源盒、环形变压器、电源开关、保险丝座组成，在过压及短路情况下可保护受电部件不受大电流冲击。电源模块的进线端设置总电源开关和漏电保护器，进线端配有放电管与滤波器便于操作维护。

5. 自动检票机故障处理

自动检票机（AG）故障处理如表 1–5 所示。

表 1–5　自动检票机（AG）故障处理

序号	故障问题	故障分析	解决方法
1	卡票： 卡票是指单程票在经出站检票机单程票回收系统导入相应的票箱过程中被卡在某个位置的情形	因车票存在变形、过厚等问题，导致车票不能顺利导入票箱，卡在某个位置的现象。发生卡票后，检票机将无法再接收单程票，但能正常处理充值卡。卡票通常发生在投票口及票箱顶部的传送带区域	（1）打开维修门，拉出车票回收模块。 （2）确认卡票位置，从卡票位置离左手边最近的绿色转盘开始，按照出卡方向旋转，依次旋转各转盘，直至票卡移动至方便取出的位置
2	进出闸模块异常	进出闸模块异常通常表现为两种情况： 一种是可以验票，但显示异常，不能显示票价、余额等信息，闸门能正常开启、关闭。 另一种是不能验票，闸门不能正常开启、关闭	重新启动闸机；若仍不能正常工作，需要联系专业维修人员进行处理

续表

序号	故障问题	故障分析	解决方法
3	设备未初始化： 自动检票机每次开机启动后，首先进行设备自检，此时乘客显示器右下角显示“04”	自检完成后乘客显示器上显示“请使用车票”，设备正常运营。若自检过程中发现有故障，自检结束后乘客显示器上将会显示相应故障代码。若检票机一直处于自检状态，乘客显示器上将会始终显示“ 04”，这表明设备发生故障	（1）检查 ECU（电子控制单元）中所有接插件是否松动。 （2）检查网络通信插头、检票机与车站计算机之间的通信电缆连接是否完好，检票机与车站计算机之间通信是否正常。 （3）用笔记本电子计算机连接 ECU 将数据清空，重新下载参数

子任务 1.1.3
自动检票机运营模式

6. 自动检票机运营模式

自动检票机（AG）的运营模式如表 1-6 所示。

表 1-6　自动检票机（AG）的运营模式

序号	自动检票机（AG）的运营模式	
1	（1）正常模式。 检票机在正常模式下，方向指示器显示“允许通行”标志，乘客显示器显示正常使用的相关信息，检票机可以正常处理检票、放行等操作	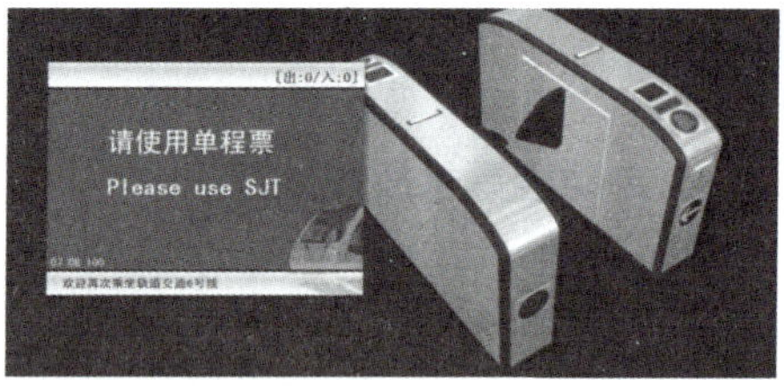
	① 出站操作。 出站检验车票有效时，在车票上写入相关出站信息，扣除相应的车费或乘次，并对写入的数据进行校验，然后释放通道阻挡装置，让乘客通行；当检验到车票无效时，锁闭通道阻挡装置，禁止乘客通行，乘客可持车票到人工补票处进行车票分析，根据不同情况对车票进行更新或替换处理。检票机可按系统参数设置回收单程票	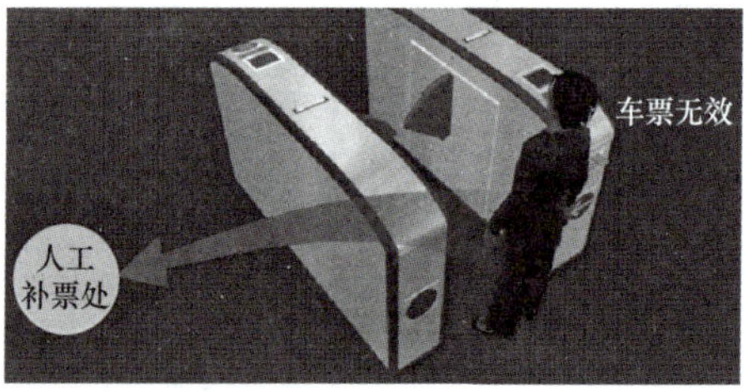
	② 进站操作。 检票机检验到车票有效时，在车票上写入相关进站信息，并对写入的数据进行校验，然后释放通道阻挡装置，让乘客通行；当检验到车票无效时，锁闭通道阻挡装置，乘客可持车票到人工售票处进行车票分析，票务员根据不同情况对车票进行更新或替换处理	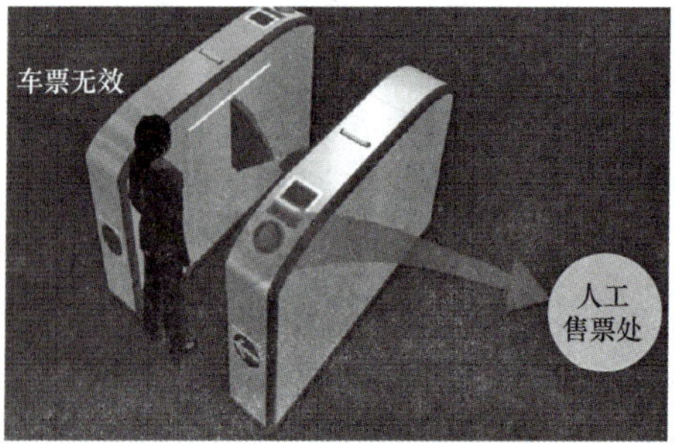

续表

<table>
<tr><th>序号</th><th colspan="2">自动检票机（AG）的运营模式</th></tr>
<tr><td rowspan="4">2</td><td>（2）降级模式。
检票机只能够接受来自 LCC、SC 下达的降级运行模式命令，并进入相应的运行模式。在网络环境良好的情况下，中央级降级运行模式设置完成后，所有检票机将在 10 s 内进入响应状态，车站级降级运行模式设置后，该车站所有检票机能在 2 s 内进入响应状态</td><td>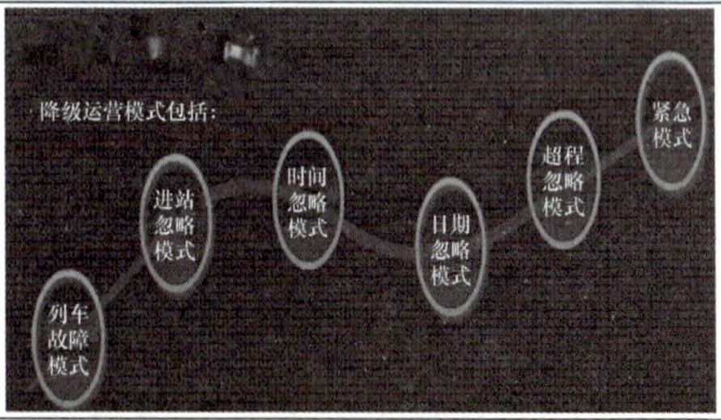
</td></tr>
<tr><td>① 列车故障模式。
列车发生故障使得部分车站暂时中止运营服务时，在暂停服务的车站，自动售检票系统所采用的运营模式即为列车故障模式。
在列车故障模式下，已购买单程票而尚未进入付费区的乘客可以在一段时间段内继续使用该车票，乘坐符合该票票值的车程，时间段参数将通过中央电子计算机进行设置。已进入付费区的乘客，在通过出站检票机出站时，出站检票机将更新车票内进出站信息，并且不收其他费用</td><td>
</td></tr>
<tr><td>② 进站忽略模式。
这种模式是为了尽快疏散在某车站进站乘客，允许乘客不通过进站检票机验票直接进入车站。系统将某车站设置为“进站忽略模式”时，允许乘客使用一张未记录进站信息的车票能在其他车站通过出站检票机出站。
中央电子计算机系统或者车站电子计算机系统可以设置成对本线某个车站的车票实行免检：在这种情况下，所有未编写进站信息的车票，系统均自动认为由该指定车站进站的车票，出站检票机将自动扣除相应的车费，其他处理与正常模式相同，对所有车站的车票实行免检：在这种情况下，进出站检票机对所有车票都不检查进出站信息，单程票将被自动回收，并且不检查票值；充值卡将被扣除最短程车费</td><td>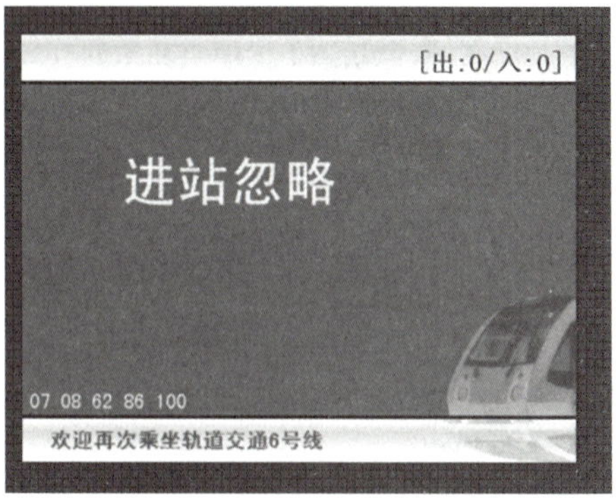
</td></tr>
<tr><td>③ 时间忽略模式。
如果由于运营线路方面的原因引起列车延误，造成乘客进站后在付费区内停留的时间超过系统设置的乘车时间，为使旅客能正常离开车站，系统将设置为“时间忽略模式”。在这种情况下，出站检票机将不检查车票上的进站时间信息，但是仍然检查车票的票值，所有的车票按正常方式扣款。
再者，如设备时钟出现故障，出站检票系统会自动免除对车票在时间方面的检查</td><td>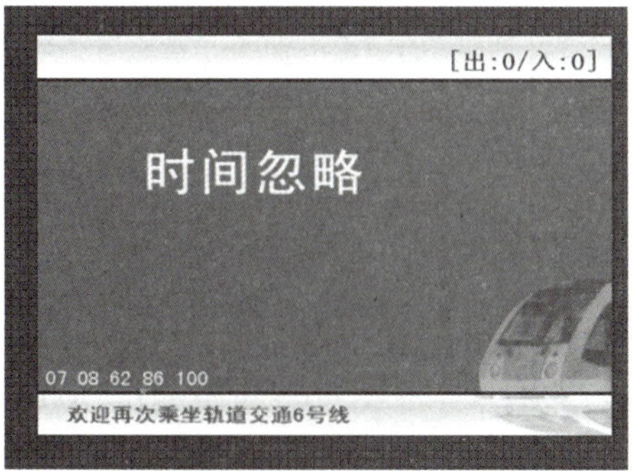
</td></tr>
</table>

续表

序号	自动检票机（AG）的运营模式	
	④ 日期忽略模式。 由于运营管理的原因导致车票过期，系统将设置为“日期忽略模式”，在此模式下，进出站检票机将允许过期的车票继续使用	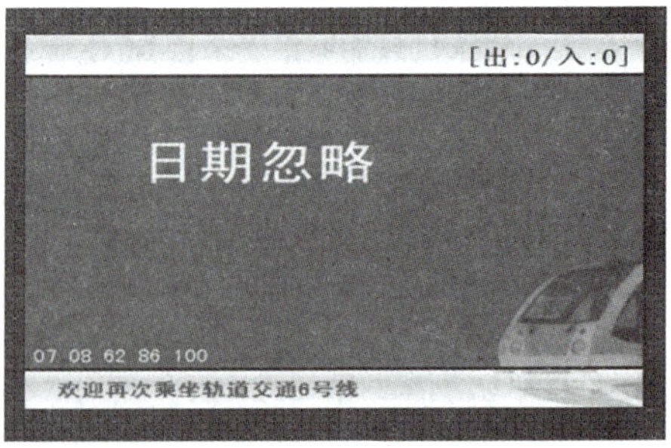
	⑤ 超程忽略模式。 如果某个车站因为事故或者故障而临时关闭，导致列车只能越过该车站后才停车，在这种情况下，系统将把该前方站设置为“超程忽略模式”。乘客在被设置为“超程忽略模式”的车站出站时，出站检票机将不追究原来到该临时关闭车站单程票的超程票值而直接回收单程票，对于充值卡则只扣除到该临时关闭站的车费	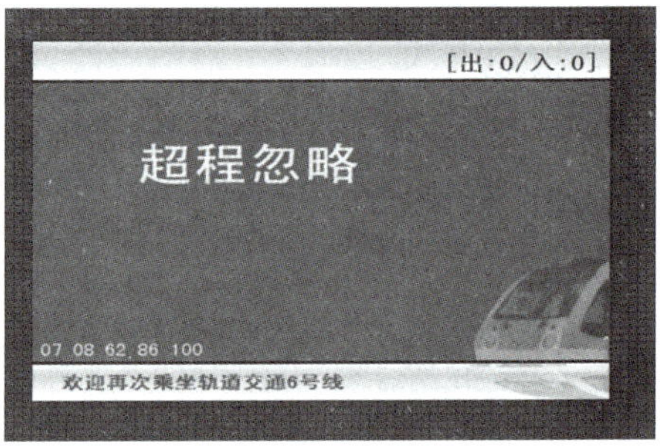
2	⑥ 紧急模式。 在紧急状态下，中央和车站管理人员可控制中央电子计算机和车站电子计算机，使某一个车站内所有自动售检票系统的终端设备工作于“紧急模式”。 紧急模式也可通过设在各个车控室的紧急按钮来控制。紧急按钮箱一般处于锁闭状态，平时需用钥匙打开。相对按钮位置的门上应装有机玻璃，在紧急状态下管理人员也可敲坏门上的有机玻璃使用紧急按钮。 在紧急模式下，所有检票机三杆落下，乘客不需要使用车票就可以方便地离开车站。 在系统设置为紧急模式时，该车站内的进站检票机都显示“禁止进入”；同时所有的自动检票机、验票机、增值机等都自动退出服务。 车站电子计算机系统能将被设置为紧急模式的有关信息传送给中央电子计算机系统，并由中央电子计算机系统向其他车站和轨道交通清分系统、其他线路的中央电子计算机发布信息，允许在紧急模式下未被处理的车票在一段时间内仍可继续使用	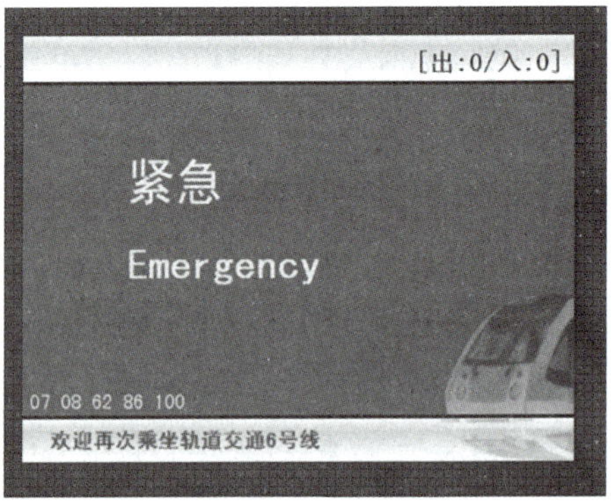

续表

<table>
<tr><th>序号</th><th colspan="2">自动检票机（AG）的运营模式</th></tr>
<tr><td>3</td><td>（3）维护模式。
打开检票机维修门或通过维护键盘可进入维护模式，此时禁止检票，乘客端显示器显示维护信息，通道阻挡装置关闭，方向指示器显示“禁止通行”标志。维护人员可通过维护键盘或维护终端对检票机进行故障检测、寄存器查询、模块测试和参数配置等操作</td><td>
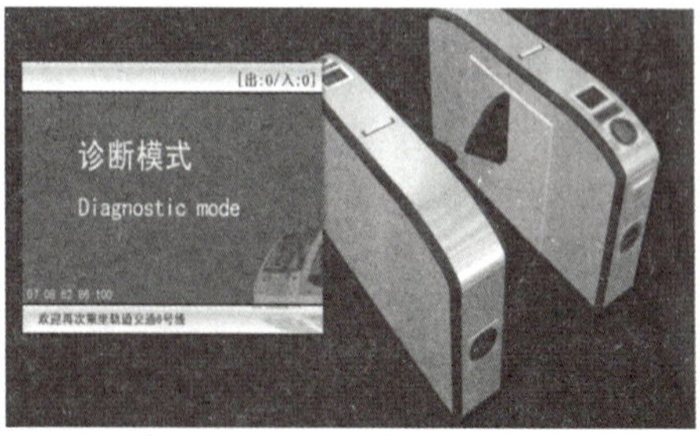

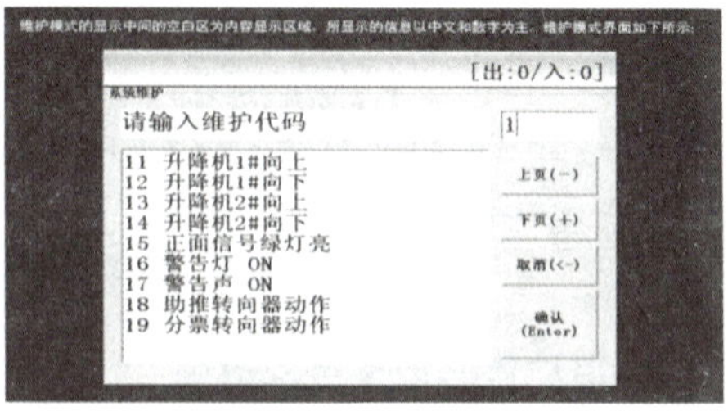

</td></tr>
<tr><td>4</td><td>（4）关闭模式。
检票机在关闭模式下，不进行进站或出站检票，乘客端显示器显示“关闭服务”标志，方向显示器显示“禁止”标示，三杆锁住、宽通道检票机扇门关闭。在关闭模式下，检票机仍然保存与车站电子计算机系统的通信连接状态，可通过车站电子计算机取消或开启“关闭模式”</td><td>
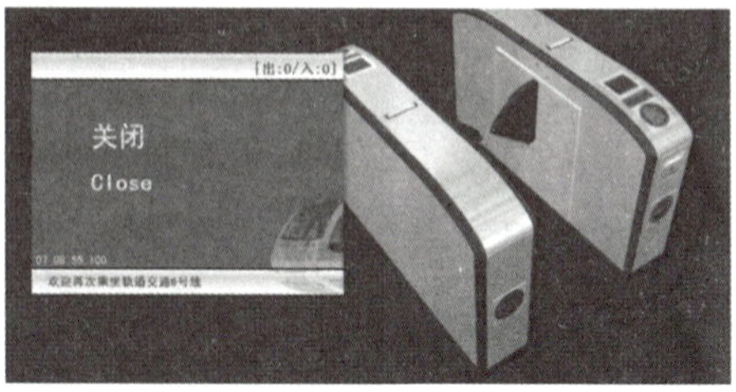

</td></tr>
</table>

任务 1.2　自动售检票设备故障应急处置

子任务 1.2.1
自动售检票设备
故障应急处置

子任务 1.2.1　自动售票设备故障

1. 部分自动售票设备故障或能力不足的处理

当站内部分自动售票设备（TVM）出现故障时，若为职责范围内的故障情况，客运值班员可进行简单故障处理；若非职责范围内或无法处理的设备故障，客运值班员及时向相关部门报修，并做好报修记录，同时客运值班员在故障 TVM 前摆放“设备故障，暂停使用”的提示牌，站务人员到站厅做好对乘客的引导工作。

TVM 能力不足是指当车站出现突发大客流等特殊情况时，由于现有的 TVM 数量有限，不能满足乘客的购票需要，导致出现大量乘客在车站非付费区滞留并等候购票的情况，如图 1-55 所示。

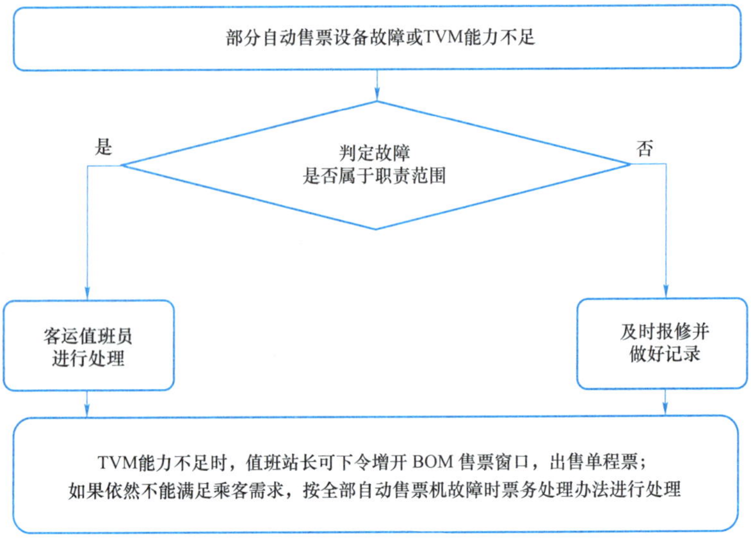

图 1–55　部分自动售票设备（TVM）故障处理

2. 自动售票设备全部故障

当车站的 TVM 全部故障时，客运值班员或者站务人员应立即通知值班站长，向相关维修部门报修，做好报修记录；站务人员到站厅做好对乘客的疏导工作。

自动售票机全部故障时，值班站长安排票务员在半自动售票机上出售单程票；根据客流情况，当半自动售票机售票不能满足乘客购票需求时，值班站长需要报告站长以确定是否出售预制票或纸票，并报告控制中心行车调度员，由行车调度员通知其他车站做好给乘客检票的准备工作；同时安排站务人员引导持纸票的乘客从边门进站；在设备恢复正常或客流得到有效缓解后，车站恢复正常运作，由值班站长决定停止售卖纸票并上报控制中心行车调度员，如图 1–56 所示。

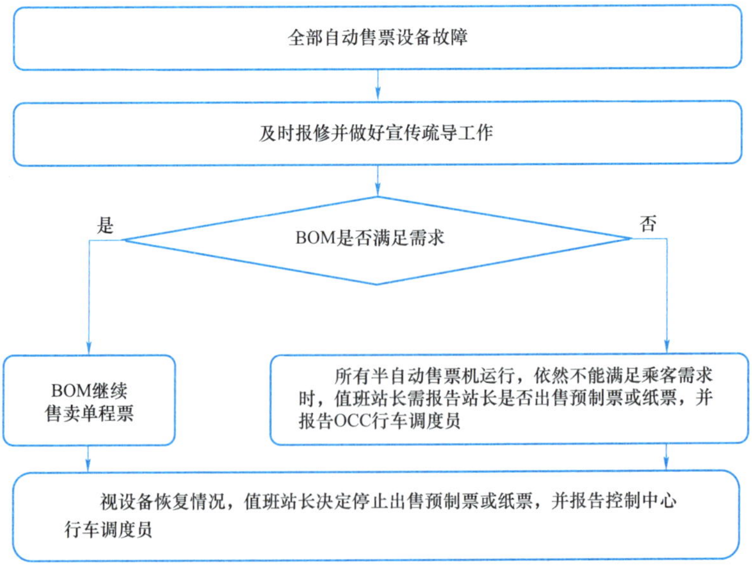

图 1–56　全部自动售票设备（TVM）故障处理

子任务 1.2.2　半自动售票设备故障

1. 部分半自动售票设备故障

若只有部分半自动售票设备（BOM）发生故障，票务员应立即报告值班站长或客运值班员，值班站长或客运值班员根据客流情况，指示启用未发生故障的BOM，并做好相应的记录；同时，通知维修人员进行故障处理并做好报修记录。在维修期间，票务员在售票窗口摆放“设备故障，暂停服务”提示牌，同时，客运值班员安排站务人员引导乘客至TVM购票、充值或到其他票务处（即半自动售票机正常的票务处）办理相关票务业务，如图1-57所示。

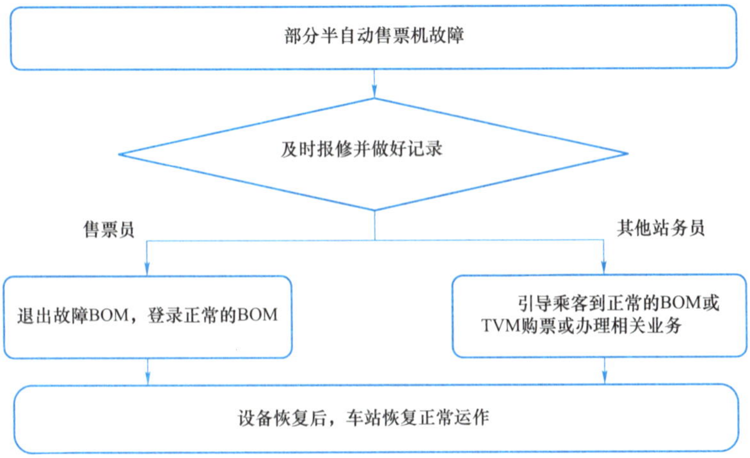

图1-57　部分半自动售票设备（BOM）故障处理

2. 全部半自动售票设备故障

当全部半自动售票机故障时，对于乘客票务处理需视乘客是否在付费区选择处理办法，如图1-58所示。

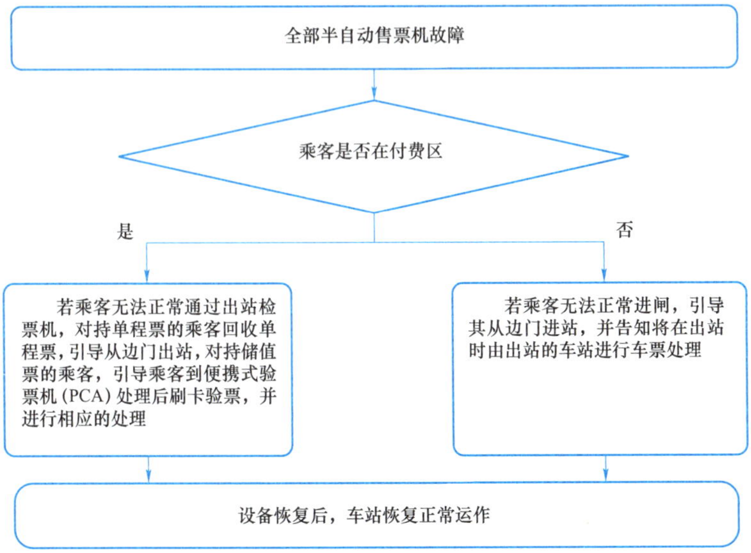

图1-58　全部半自动售票设备（BOM）故障处理

当全部半自动售票机发生故障，乘客在非付费区时，站务人员应引导其从边门进站，并告知乘客将在出站时由出站的车站进行车票处理。

当全部半自动售票机发生故障且乘客在付费区时，对持单程票的乘客，由站务人员回收其单程票并引导其从边门出站。

3. 全部售票类设备故障

当车站发生自动售票机和半自动售票机全部故障时，无法出售单程票，乘客所持车票也不能在半自动售票机上进行分析、处理操作。此时，值班站长应立即将车站现场运营处置情况上报给中心站站长，并由中心站站长逐级上报给运营公司，由中心站站长根据客流情况下令发售预制票，如图 1–59 所示。

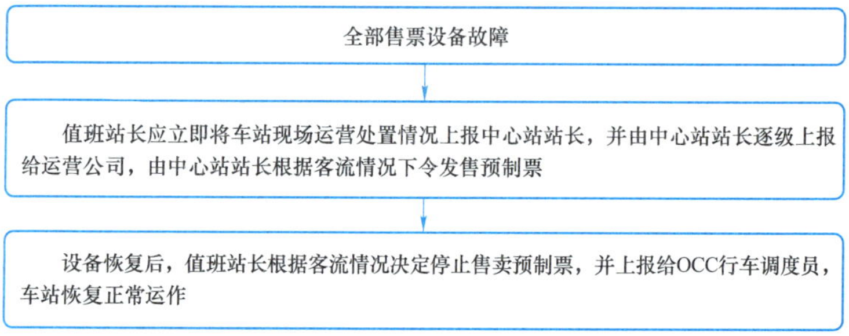

图 1–59　全部售票类设备故障处理

子任务 1.2.3　检票设备故障

1. 部分检票类设备故障

（1）部分进站闸机故障。

值班站长可视客流情况，下令暂缓或减少售票窗口；如有需要，可适当关闭站内自动售票设备及售票窗口，以减小车站进站压力。

（2）部分出站闸机故障。

在车站条件允许的情况下，可打开故障闸机通道，组织持回收类车票的乘客出站，人工回收车票，同时宣传引导持非回收类票卡乘客刷卡出站。

2. 全部检票类设备故障

（1）全部进站闸机故障发生时的票务处置。

故障发生在本站时，必须及时安排人员引导持票的乘客通过边门进站，同时报告控制中心行车调度员，由行车调度员通知其他车站做好给乘客更新车票的准备工作，在设备恢复正常或进闸客流得到有效缓解后车站恢复正常运作，行车调度员及时将情况上报给控制中心行车调度员。

作为受影响的车站，在接到行车调度员通知后，安排票务员做好乘客车票更新工作，引导乘客在更新车票后通过出闸机正常出站，如图 1–60 所示。

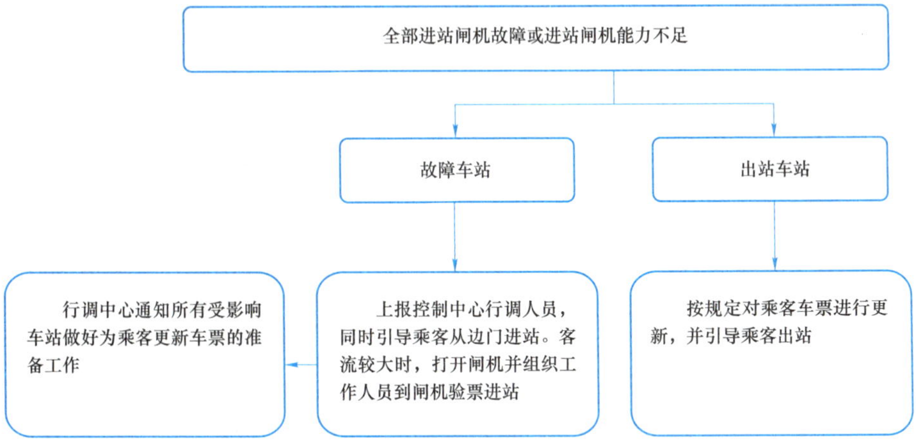

图 1-60　全部进站闸机故障处理

（2）全部出站闸机故障发生时的票务处置。

值班站长及时报告控制中心行车调度员，通知票务员及站厅巡岗引导乘客从边门出站，对持单程票的乘客，回收其单程票并记入当天站存；对持充值卡的乘客，告知其本次车费在下次乘车时到票务处扣除。设备恢复正常或出闸客流得到有效缓解后，车站恢复正常运作，并上报给控制中心行车调度员，如图 1-61 所示。

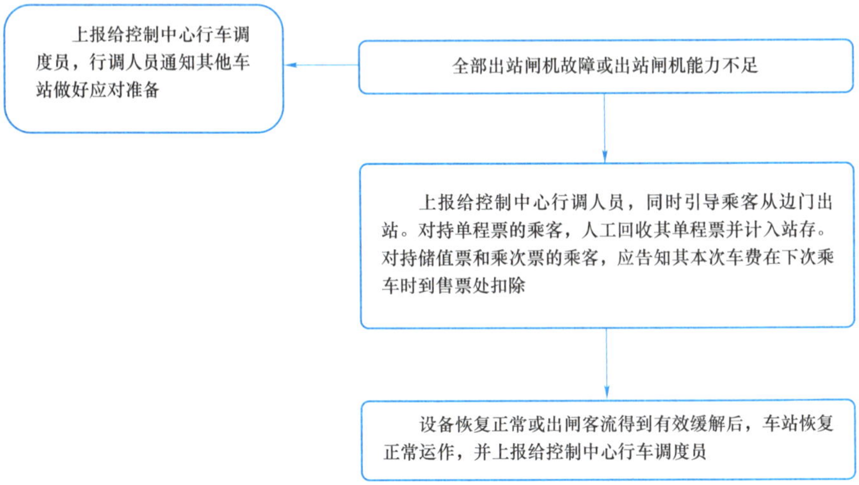

图 1-61　全部出站闸机故障处理

子任务 1.2.4　降级运营模式时的票务作业

1. 城市轨道交通列车故障模式

当城市轨道交通列车出现运营故障而使部分车站暂时中止运营服务时，暂停服务的车站需根据相关规定通过中央电子计算机系统、车站电子计算机系统将车站终端设备设置为“运营故障模式”，由值班站长在车站电子计算机上进行设置。

2. 进、出站免检模式

当车站的进站闸机全部故障无法立即修复，或由于车站出现突发大客流、进闸机能力不足、大量乘客在非付费区聚集并等候进站的情况时，可以允许乘客不通过进站闸机直接进入付费区。为便于此部分乘客正常离开车站，值班站长需要在车站电子计算机上设置“进、出站次序免检模式”，允许乘客使用一张未编写进站信息的车票出闸。

3. 紧急放行模式

当车站出现危及乘客生命财产安全、需要及时疏散乘客出站的紧急情况时，车站值班员或值班站长需立即通过车站电子计算机或车站控制室内的紧急按钮设置“紧急放行模式”。在该模式下，所有自动售票设备停止售票、充值业务，半自动售票机仍可正常运作，但操作员显示器上显示“紧急状态”的信息。所有检票机扇门全部打开，以保证乘客无阻碍地离开付费区。

同时，检票机的乘客端显示器显示紧急信息，所有进站检票机方向指示器闪烁显示“禁止通行”标志，所有出站检票机方向指示器闪烁显示“通行”标志。

子任务 1.2.5　其他情况下的票务作业

1. 城市轨道交通列车晚点的票务处理

（1）对非付费区已购票的乘客要求退票时的处理。

车站根据现场情况办理即时退票，或告知乘客可在 7 日之内到任意车站持该票退票。

（2）对从出现延误的列车上下来的导致车票超时乘客的票务处理。

对持单程票的乘客，车站工作人员应引导乘客从边门出站，并对单程票进行人工回收，汇入当日站存车票，填写车站车票库存日报表。

对持充值卡的乘客，车站工作人员应引导乘客到车站票务中心进行免费超时更新，填写乘客事务处理表，引导乘客从闸机出站。

（3）付费区本站进站乘客要求取消乘车时的处理。

对持单程票的乘客，车站工作人员应引导乘客从边门出站，车站根据现场情况办理即时退票，或告知乘客可在 7 日之内到任意车站持该票退票。

对持充值卡的乘客，车站工作人员应引导乘客从边门出站，车站根据现场情况免费更新充值卡，或告知乘客可在 7 日之内到任意车站免费更新。

（4）免费更新时的处理。

车站人员需确认车票的上次使用日期与列车晚点日期相同，且在 7 日之内填写乘客事务处理表，为乘客免费更新车票。

（5）受影响单程票在 7 日内退票的处理。

乘客持受影响的单程票办理退票时，车站人员需确认车票的上次使用日期与列车晚点日期相同，且在 7 日之内回收车票，并填写特殊车票退款记录表，退还相应金额。

2. 城市轨道交通列车越站的票务处理

（1）单程票超程。

若因列车越站导致乘客单程票超程，车站人员应引导乘客从边门出站，人工回收单程票并汇入当日站存车票，填写车站车票库存日报表。

（2）充值卡余额不足。

若因列车越站导致乘客充值卡余额不足，车站人员应在 BOM 上以现金形式收取进站车站到越站车站的车费并更新车票，并引导乘客从边门出站。

3. 城市轨道交通运营故障需要清客时的票务处理

（1）对持单程票的乘客：车站人员引导乘客从边门出站，单程票不回收，并根据现场情况办理即时退票，或告知乘客可在 7 日内到任意地铁车站持该票退票。

（2）对持充值卡的乘客：车站人员引导乘客从边门出站，并根据现场情况办理即时免费更新充值卡，或告知乘客可在 7 日内到任意地铁车站免费更新。

实训演练

实训演练 1.1
售票技能实训

实训演练 1.1 售票技能实训

实训演练 1.1.1 售票技能实训任务书

实训名称	售票、票卡分析实训	组　别	
班级		学生姓名	
学习领域	票务日常工作处理		
学习情景	地铁车站售票		
任务场景			
情景 1	地点：地铁理想站。 人物：票务员、乘客。 背景：2024 年 1 月 10 日 12 点 35 分，乘客张丽在卫星广场站想乘坐地铁去火车站，于是到售票窗口买票		
情景 1 演练	票务员：“女士，您好！” 乘客：“火车站！”乘客递进窗口 5 元钱。 票务员双手接过乘客的钱，说道：“好的，女士，一张到地铁火车站站的车票，收您 5 元，票价 3 元，找您 2 元，请您核对信息和零钱。” 乘客接过票卡和找零，说道：“没问题！” 票务员：“请您慢走，再见！” 乘客点头致意		
情景 2	地点：地铁理想站。 人物：票务员、乘客。 背景：2024 年 1 月 11 日 16 点整，乘客李杨在卫星广场站想去吉林大路参加同学婚礼，但是不知道怎样坐车，于是到自动售票处咨询买票坐车，但票务员发现李杨出示的现金显示异常		
情景 2 演练	票务员：“女士，您好！” 乘客：“我想去吉林大路五环国际酒店，我咋走啊？” 票务员：“女士，您好，您是要到吉林大路吗？” 乘客：“对！” 票务员：“好的，女士，您需要乘坐地铁 1 号线到解放大路站，再转乘地铁 2 号线到吉林大路站下车，票价 3 元。” 乘客：“那给我来一张吧！”乘客递进窗口 10 元钱。 票务员双手接过乘客的钱，说道：“好的，女士，收您 10 元。对不起，请您换一张钞票，好吗？” 乘客：“为啥啊？” 票务员：“女士，对不起，您这张钞票显示异常。请您换一张钞票，好吗？” 乘客：“给你！” 票务员双手接过乘客的钱，说道：“好的，女士，收您 10 元。一张到吉林大路站的车票，收您 3 元，找您 7 元，请您核对信息！” 乘客：（接过票卡和找零）“嗯！” 票务员：“请您慢走，再见！”		
情景 3	地点：地铁理想站。 人物：票务员、乘客、站厅值班员。 背景：2024 年 1 月 12 日 12 点 35 分，乘客高敏在卫星广场站想出站，但她无法出闸，态度焦躁		

续表

<table>
<tr><th colspan="2">任务场景</th></tr>
<tr><td>情景 3 演练</td><td>票务员：“女士，您好！”
乘客：“怎么回事，我投了票，可我出不去？！”
站厅值班员：“别着急，让我帮你看看吧！”
站厅值班员：“这张票已失效，请到客服中心办理，请您跟我来！”
票务员：“女士，对不起，让你久等了，您的车票已超程，请您按规定补交超程车费 1 元。”
乘客：“好吧！”
票务员双手接过乘客的 1 元钱，说道：“好的，女士！”
票务员：“请您慢走，再见！”
乘客：点头致意</td></tr>
<tr><td>情景 4</td><td>地点：地铁理想站。
人物：票务员、乘客、站厅值班员。
背景：2024 年 1 月 13 日 12 点 35 分，乘客刘丽在卫星广场站想进站乘车，但无法进站，态度焦躁</td></tr>
<tr><td>情景 4 演练</td><td>站厅值班员：“女士，您好，请问有什么需要我帮助吗？”
乘客：“怎么回事，我咋进不去了？”
站厅值班员：“别着急，让我帮你看看吧！”
站厅值班员：“这张票已失效，请到客服中心办理，请您跟我来！”
票务员：“女士，对不起，单程票只能当天并在购票站乘坐地铁使用。您的车票已经过期，按规定这张车票需回收。假如您需要搭乘地铁，请您重新购买一张票。”
乘客：“好吧！”
乘客：“到火车站！”然后递进窗口 5 元钱。
票务员双手接过乘客的钱，说道：“好的，女士，一张到地铁火车站站的车票，收您 5 元，票价 3 元，找您 2 元，请您核对信息和零钱。”
乘客接过票卡和找零，说道：“没问题。”
票务员：“请您慢走，再见！”
乘客点头致意</td></tr>
</table>

完成本次任务后，归纳总结你应掌握的售票技巧。

<table>
<tr><th colspan="3">得分项</th><th>得分</th></tr>
<tr><td colspan="3">完成本次任务后，你对自己的评分（满分 10 分）</td><td></td></tr>
<tr><td colspan="3">小组互评：（小组讨论后给出最终得分）（满分 10 分）</td><td></td></tr>
<tr><td colspan="3">评分标准（满分 40 分）如下。
1. 参与小组讨论情况良好（满分 10 分）。
2. 服务过程标准规范（满分 10 分）。
3. 设备操作、功能、原理掌握良好（满分 10 分）。
4. 任务完成良好（满分 10 分）</td><td></td></tr>
<tr><td colspan="3">教师评价——评分标准（满分 40 分）如下。
1. 出勤（满分 8 分）。
2. 安全（满分 8 分）。
3. 纪律（满分 8 分）。
4. 职业素养（满分 8 分）。
5. 任务完成情况（满分 4 分）。
6. 归纳总结（满分 4 分）</td><td></td></tr>
<tr><td>自评</td><td>小组互评</td><td>教师评价</td><td>总分</td></tr>
<tr><td></td><td></td><td></td><td></td></tr>
</table>

实训演练 1.1.2　售票技能实训评分表

序号	作业程序	作业内容	配分	评分标准	扣分
1. 岗前准备	仪容仪表	上岗前发饰保持整洁，长发女员工须将头发挽于发网内。 统一穿着工作制服，佩戴领带（领结），不卷袖挽裤。 当班时要精神饱满，避免出现疲态	6 分	扣分标准： （1）发型不整洁，扣 1 分。 （2）发色浮夸，扣 1 分。 （3）未统一着装，扣 1 分。 （4）面容不干净，扣 1 分。 （5）妆容浮夸，扣 1 分。 （6）精神状态不佳，扣 1 分	
	准备工作	放置服务牌，即把本人服务牌插入牌座，置于窗口旁且乘客容易看见的位置。 把现金、车票放置在收银箱内，硬币可放置在硬币盘内	10 分	（1）未放置工牌，扣 3 分。 （2）乘客看不见工牌，扣 2 分。 （3）未准备现金、车票和硬币，扣 3 分。 （4）未将现金、车票和硬币放到指定位置，扣 2 分	
2. 售票作业	文明用语	熟练使用十字文明用语，如“您好”“请”“谢谢”“对不起”“再见”	10 分	未使用文明用语，扣 10 分	
	一收	面带微笑，正视乘客，口说“您好”，双手接过乘客的钱、票	14 分	（1）未面带微笑，扣 2 分。 （2）未说“您好”，扣 2 分。 （3）未双手接票，扣 2 分。 （4）未收钱，扣 6 分	
	二唱	通过验钞机和人工确认现金真伪，把钱放在桌面。 操作完毕后五指合拢，手掌指向 BOM 显示器并请乘客确认，口说“一张到×××的单程票，票价××元，请确认！”	20 分	（1）未验钞，扣 5 分。 （2）未唱票，扣 10 分。 （3）未指向乘客端显示器，扣 5 分。 （4）未使用文明用语，扣 5 分	
	三操作	登录界面，售卖单程票	20 分	（1）未用自己账号密码登录界面，扣 10 分。 （2）售票错误，扣 10 分	
	四找零	双手给乘客找零和票，口说“收您××元，找您××元，请确认！”与乘客礼貌告别，口说“请慢走！”	20 分	（1）未和乘客确认，扣 10 分。 （2）未礼貌告别，扣 10 分	
合计			100 分		

实训演练 1.2　客运服务岗位工作人员交接班作业实训

实训演练 1.2
票务员岗位职责

实训演练 1.2.1　客运服务岗位工作人员交接班作业实训任务书

实训名称	使用自动售票机作业实训	组　别	
班级		学生姓名	
学习领域	车站日常工作处理		
学习情景			
任务场景			
情景 1	地点：地铁理想站。 人物：票务员、客运值班员。 背景：2024 年 1 月 17 日 12 点 35 分，票务员小赵开始了元气满满的一天工作		
情景 1 演练	（1）准备。 ① 提前 10 min 到车站更换制服、整理着装，确保仪容仪表符合要求。 ② 开交接班会，到车控室进行台账签字、文件学习等工作，了解当天工作注意事项和有关重要通知内容。 ③ 换班时间点前，提前到车站票务室向票款员领取单程票、充值卡、备用现金、发票、票款包等工作用品，清点清楚后，在相应台账上签字确认。 （2）上岗。 由车站值班员及以上岗位的人员护送至相应的客服中心，并监督交接班作业，接班人不得单独携带票款包前往客服中心，以防造成票卡或现金遗失。 （3）交接。 ① 到岗后将票款包按规定位置摆放，对票务相关备品、设施设备、客服中心卫生、重要交接事项信息进行交接。检查站厅及设备周围的移动服务牌的摆放位置及客服中心（票亭）内设备的状态、数量，确保运营时能正常使用，发现来历不明的现金、车票，立即报告值班站长或车站值班员。 ② 交接人查看“班次报告”后注销 BOM，接班人登录 BOM（确认成功登录为本人账号）；填写并检查台账，包括交接班记录本、单程票使用记录本、特殊人员进出登记本等。 ③ 若发现异常，双方及时上报。 （4）汇报。 ① 完成交接后，小赵上报给车控室交接情况：“车控室××：××，××端客服××换××，票务备品齐全：BOM 已注销，交接完毕。” ② 完成交接相关台账并登记、签字。 （5）交接班后。 ① 交接完毕后，交接人（下班）将票卡、现金放入票款包中，由值班员及以上岗位人员护送至车站票务室。接班人员锁闭客服中心大门，开始当天的票务工作。 ② 交接班完毕后，若发现异常，按“交者不清，接者负责”的办法进行处置		
情景 2	地点：地铁理想站。 人物：票务员、客运值班员。 背景：2024 年 1 月 18 日 12 点 35 分，票务员小张开始班中交接班作业		

续表

<table>
<tr><th colspan="2">任务场景</th></tr>
<tr><td>情景2演练</td><td>（1）准备。
服务岗位工作人员提前领取票款备品，放至客服中心。
根据人员配置及换岗休息时间安排进行班中交接作业。根据班前会的工作安排，一般涉及客服岗位作业的相关人员应在接班前完成领取票款备品的步骤，并在值班员及以上岗位人员护送下将票款包放置于客服中心的单独抽屉内并锁好，钥匙自行保管。
（2）交接。
客服岗位的工作人员在班中交接休息时，无须再次至编码室领取票款包，可根据换岗时间安排按时到岗交接。
① 客服岗位工作人员到岗后将票款包按规定摆放在相应位置，对票务相关备品、设施设备、客服中心卫生、重要交接事项信息进行交接。检查站厅及设备周围的移动服务牌的摆放位置及客服中心（票亭）内设备的状态、数量，确保运营时能正常使用，发现来历不明的现金、车票，立即报告值班站长或车站值班员。
② 交接人查看“班次报告”后注销 BOM，接班人登录 BOM（确认本人账号成功登录）；填写并检查台账，包括交接班记录本、单程票使用记录本、特殊人员进出登记本等。
（3）确认。
打开放置票款包的抽屉，查看并确认票款是否齐全等；确认交接人已将票款包放置在指定抽屉并锁好，交接人已带走钥匙。
（4）汇报。
① 完成交接后，向车控室上报交接情况：“车控室××：××，××端客服××换××，票务备品齐全：BOM 已注销，交接完毕。”
② 完成交接相关台账并登记、签字。
（5）交接班后。
① 交接完毕后，交接人（下班）将票卡、现金放入票款包中，由值班员及以上岗位人员护送至车站票务室。接班人员锁闭客服中心大门，开始当天的票务工作。
② 交接班完毕后，若发现异常，按“交者不清，接者负责”的办法进行处置</td></tr>
</table>

完成本次任务后，归纳总结你应掌握的客运服务岗位技巧。

<table>
<tr><th colspan="3">得分项目</th><th>得分</th></tr>
<tr><td colspan="3">完成本次任务后，你对自己的评分（满分 10 分）</td><td></td></tr>
<tr><td colspan="3">小组互评：（小组讨论后给出最终得分）（满分 10 分）</td><td></td></tr>
<tr><td colspan="3">评分标准（满分 40 分）如下。
（1）参与小组讨论情况良好（满分 5 分）。
（2）服务过程标准规范（满分 5 分）。
（3）设备操作、功能、原理掌握良好（满分 5 分）。
（4）任务完成良好（满分 5 分）。
（5）实训报告填写完整、清晰（满分 5 分）。
（6）内容回答正确（满分 5 分）。
（7）归纳总结并提炼（满分 10 分）</td><td></td></tr>
<tr><td colspan="3">教师评价——评分标准（满分 40 分）如下。
（1）出勤（满分 8 分）。
（2）安全（满分 8 分）。
（3）纪律（满分 8 分）。
（4）职业素养（满分 8 分）。
（5）任务完成情况（满分 4 分）。
（6）归纳总结（满分 4 分）</td><td></td></tr>
<tr><td>自评</td><td>小组互评</td><td>教师评价</td><td>总分</td></tr>
<tr><td></td><td></td><td></td><td></td></tr>
</table>

实训演练 1.2.2 客运服务岗位工作人员交接班作业实训任务评分表

序号	作业程序	作业内容	配分	评分标准	扣分
1.上岗接班	仪容仪表	（1）客运服务岗位工作人员在上岗前发饰保持整洁，长发女员工须将头发挽于发网内。 （2）统一穿着工作制服，佩戴领带（领结），不卷袖挽裤。 （3）当班时要精神饱满，避免出现疲态	10 分	（1）发型不整洁，扣 1 分。 （2）发色浮夸，扣 1 分。 （3）未统一着装，扣 1 分。 （4）面容不干净，扣 1 分。 （5）妆容浮夸，扣 1 分。 （6）精神状态不佳，扣 1 分	
	准备工作	（1）客运服务岗位工作人员交接班作业时，提前 10 min 到车站更换制服、整理着装，确保仪容仪表符合要求。 （2）开完交接班会议，到车控室进行台账签字、文件学习等，了解当天工作注意事项和有关重要通知的内容。 （3）换班时间点前，提前到车站票务室向票款员领取单程票、充值卡、备用现金、发票、票款包等工作用品，清点清楚后在相应台账上签字确认	30 分	（1）未提前到岗，扣 10 分。 （2）未开交接班会议，扣 5 分。 （3）未签字，扣 5 分。 （4）未领取物品，扣 5 分，少一项扣 1 分。 （5）未在台账签字，扣 5 分	
	上岗	车站值班员及以上岗位的人员护送接班人至相应的客服中心，并监督交接班作业；接班人不得单独携带票款包前往客服中心，以防造成票卡或现金遗失	10 分	单独前往，扣 10 分	
	交接	（1）接班人到岗后将票款包在规定位置摆放，对票务相关备品、设施设备、客服中心卫生、重要交接事项信息进行交接。检查站厅及设备周围的移动服务牌是否摆放在规定的位置及客服中心（票亭）内设备的状态、数量，确保运营时能正常使用，发现来历不明的现金、车票，立即报告值班站长或车站值班员。 （2）交接人查看“班次报告”后注销 BOM，接班人登录 BOM（确认成功登录本人账号）；填写并检查台账，包括交接班记录本、单程票使用记录本、特殊人员进出登记本等	20 分	（1）未检查工具和设备，扣 5 分。 （2）未按指定位置摆放，扣 5 分。 （3）未登录本人账号，扣 5 分。 （4）未填写相应台账，扣 5 分，少一项扣 2 分	

续表

序号	作业程序	作业内容	配分	评分标准	扣分
1.上岗接班	汇报	（1）接班人完成交接后，将交接情况上报给车控室：“车控室××：××，××端客服××换××，票务备品齐全：BOM已注销，交接完毕。” （2）完成交接相关台账登记、签字	15分	（1）未向车控室报告，扣5分。 （2）未登记签字，扣10分	
	交接班后	（1）交接完毕后，交接人（下班）将票卡、现金放入票款包中，由值班员及以上岗位人员护送至车站票务室。接班人员锁闭客服中心大门，开始当天的票务工作。 （2）交接班完毕后，若发现异常，按“交者不清，接者负责”的办法进行处置	15分	（1）单独送票卡现金，扣10分。 （2）未锁闭大门，扣5分	
2.班中接班	仪容仪表	（1）客运服务岗位工作人员在上岗前，保持发饰整洁，长发女员工须将头发挽于发网内。 （2）统一穿着工作制服，佩戴领带（领结），不卷袖挽裤。 （3）当班时要精神饱满，避免出现疲态	10分	（1）发型不整洁，扣1分。 （2）发色浮夸，扣1分。 （3）未统一着装，扣1分。 （4）面容不干净，扣1分。 （5）妆容浮夸，扣1分。 （6）精神状态不佳，扣1分	
	准备工作	（1）接班人提前10 min到车站更换制服、整理着装，确保仪容仪表符合要求。 （2）开完交接班会议，接班人到车控室进行台账签字、文件学习等工作，了解当天工作注意事项和有关重要通知的内容。 （3）换班时间点前，接班人提前到车站票务室向票款员领取单程票、充值卡、备用现金、发票、票款包等工作用品，清点清楚后，在相应台账上签字确认	30分	（1）未提前到岗，扣10分。 （2）未开会，扣5分。 （3）未签字，扣5分。 （4）未领取物品，扣5分，少一项扣1分。 （5）未在台账签字，扣5分	

续表

序号	作业程序	作业内容	配分	评分标准	扣分
2. 班中接班	交接	（1）接班人到岗后将票款包在规定位置摆放，对票务相关备品、设施设备、客服中心卫生、重要交接事项信息进行交接。检查站厅及设备周围的移动服务牌的摆放位置及客服中心（票亭）内设备的状态、数量，确保运营时能正常使用；发现来历不明的现金、车票，立即报告值班站长或车站值班员。 （2）交接人查看“班次报告”后注销 BOM，接班人登录 BOM（确认成功登录为本人账号）；接班人填写并检查台账，包括交接班记录本、单程票使用记录本、特殊人员进出登记本等	20 分	（1）未检查工具和设备，扣 5 分。 （2）未按指定位置摆放，扣 5 分。 （3）未登录本人账号，扣 5 分。 （4）未填写相应台账，扣 5 分，少填一项扣 2 分	
	确认	（1）接班人打开放置票款包抽屉，查看并确认票款是否齐全等。 （2）确认交岗者已将票款包放置在指定抽屉并将抽屉锁好，已将钥匙带走	20 分	（1）未确认票款，扣 10 分。 （2）未确认钥匙，扣 10 分	
	汇报	（1）完成交接后，交接人上报车控室交接情况：“车控室××：××，××端客服××换××，票务备品齐全；BOM 已注销，交接完毕。” （2）完成相关台账的交接登记、签字	20 分	（1）未向车控室报告，扣 10 分。 （2）未登记签字，扣 10 分	
合计			200 分		

实训演练 1.3　自动售票机技能实训

实训演练 1.3
自动售票机开关站

实训演练 1.3.1　自动售票机技能实训任务书

实训名称	自动售票机开站关站作业实训	组　别	
班级		学生姓名	
学习领域	地铁站内日常运营作业		
学习情景	自动售票机开站关站作业		
任务场景			
情景 1	地点：地铁理想站。 人物：票务员、客运值班员。 背景：地铁车站运营开始。		
情景 1 演练	操作步骤如下。 （1）使用钥匙打开维护门。 （2）打开控制面板，输入用户名，密码，单击 Enter 键登录。 （3）安装 AB 票箱。 （4）安装硬币找零钱箱。 （5）安装五元、十元专用找零钱箱。 （6）安装纸币回收钱箱。 （7）安装硬币回收钱箱。 （8）使用操作面板输入数值。 （9）回到“主菜单”界面，注销并退出。 （10）关闭维护门，拔出钥匙。 （11）确认设备情况。 请写出具体操作步骤。		

续表

任务场景	
情景 2	地点：地铁理想站。 人物：票务员、客运值班员。 背景：地铁车站运营结束。
情景 2 演练	操作步骤如下。 （1）使用钥匙打开维护门。 （2）打开控制面板，输入用户名，密码，单击 Enter 键登录。 （3）在“主菜单”界面，选择下班盘点，查看后按 Esc 键退出。 （4）取出 AB 票箱。 （5）取出硬币找零钱箱。 （6）取出五元、十元专用找零钱箱。 （7）取出纸币回收钱箱。 （8）完成（6）（7）两个步骤后，按压卡扣，推回纸币模块。 （9）取出硬币回收钱箱。 （10）在“主菜单”界面，选择运营统计，查看后按 Esc 键退出。 （11）回到“主菜单”界面，注销并退出。 （12）关闭维护门，拔出钥匙。 （13）确认设备情况。 请写出具体操作步骤。

续表

完成本次任务后，归纳总结你应掌握的自动售票机操作技巧。

得分项目	得分
完成本次任务后，你对自己的评分（满分 10 分）	
小组互评：（小组讨论后给出最终得分）（满分 10 分）	
评分标准（满分 40 分）如下。 （1）参与小组讨论情况（满分 10 分）。 （2）服务过程标准规范（满分 10 分）。 （3）设备操作、功能、原理掌握良好（满分 10 分）。 （4）任务完成良好（满分 10 分）	
教师评价——评分标准（满分 40 分）如下。 （1）出勤（满分 8 分）。 （2）安全（满分 8 分）。 （3）纪律（满分 8 分）。 （4）职业素养（满分 8 分）。 （5）任务完成情况（满分 4 分）。 （6）归纳总结（满分 4 分）	

自评	小组互评	教师评价	总分

实训演练 1.3.2　自动售票机开站技能实训任务评分表 1

序号	作业程序	作业内容	配分	评分标准	扣分
1	形象礼仪	客运服务岗位工作人员发型干净整洁，发色不浮夸，统一着装和鞋子，面容干净，精神好	5 分	（1）发型不整洁，扣 1 分。 （2）发色浮夸，扣 1 分。 （3）未统一着装，扣 1 分。 （4）面容不干净，妆容浮夸，扣 1 分。 （5）精神状态不佳，扣 1 分	
2	打开 TVM 维护门	使用 TVM 维护门钥匙（1 号）打开 TVM 维护门下门，拉开上门	5 分	未打开维护门，扣 5 分	
3	补充单程票	客运服务岗位工作人员将装满单程票的票箱 A、B 装入 TVM，并在维护面板上输入补票数。 （1）按压蓝色解锁按钮，拉出发卡模块。 （2）装入 A 票箱：拉动 A 票箱下面的卡扣，将装好单程票的票箱放在 A 卡槽内，松开票箱卡扣，使其自动复位。 （3）装入 B 票箱：拉动 B 票箱下面的卡扣，将装好单程票的票箱放在 B 卡槽内，松开票箱卡扣，使其自动复位。 （4）按压蓝色解锁按钮，推回发卡模块。 （5）输入补票数。 ① 在维护面板输入账号 123456、密码 123456 后，单击【Enter】登录。 ② 在“主菜单”中，选择【1 运营服务】。 ③ 在“运营服务”界面，选【2 补充单程票 A】。 ④ 输入补票数 600，按【F1】加票。 ⑤ 按【Esc】返回到“运营服务”界面，选择【4 补充单程票 B】。 ⑥ 输入补票数 600，按【F1】加票	25 分	未安装 A 票箱到位，扣 5 分	
				未安装 B 票箱到位，扣 5 分	
				（1）未输入 A 票箱补票数，或补票数错误，扣 5 分。 （2）未输入 B 票箱补票数，或补票数错误，扣 5 分	

续表

序号	作业程序	作业内容	配分	评分标准	扣分
4	补充	按压蓝色解锁按钮，拉出硬币模块	15 分		
5	装入硬币回收钱箱并上锁	（1）装入硬币回收钱箱。 （2）上锁。步骤如下。 ① 使用硬币回收钱箱硬币入口封门钥匙（4 号）将硬币入口封门锁锁到位。 ② 拔出钥匙	15 分	未装入或未装到位，扣 5 分	
				① 未将硬币入口封门锁锁到位，扣 3 分。 ② 未拔出钥匙，扣 2 分。 ③ 配分 5 分	
6	注销退出	（1）注销退出。步骤如下。 ① 按 Esc 返回到主菜单。 ② 选择注销退出，选择 1 确定。 （2）关上并锁闭 TVM 维护门（先关上门，再关下门）。 （3）拔出钥匙	15 分	未注销退出，扣 5 分	
				未关闭维护门，扣 3 分	
				未拔出钥匙，扣 2 分	
7	确认 TVM 设备正常	查看 TVM 运营状态显示器显示【服务中】，乘客显示器（触摸屏）处于正常服务模式。 （1）手指：TVM 运营状态显示器、乘客显示器。 （2）口呼：设备正常	15 分	（1）若设备未处于正常服务模式，而进行手指、口呼，扣 10 分。 （2）未进行手指或手指位置错误，每处扣 2.5 分，总分 5 分。 （3）未进行口呼或口呼内容错误，扣 5 分	
合计			100 分		

实训演练 1.3.3　自动售票机关站技能实训任务评分表 2

序号	作业程序	作业内容	配分	评分标准	扣分
1	下班盘点	（1）使用 TVM 维护门钥匙（1 号）打开 TVM 维护门下门和上门。 （2）进入下班盘点： ① 在维护面板输入账号 123456、密码 123456 后，按 Enter 键登录。 ② 在“主菜单”中，选择【5 下班盘点】	10 分	未打开维护门，扣 5 分	
				未进行下班盘点，扣 5 分	
2	取出票箱	（1）按压蓝色解锁按钮，拉出发卡模块。 （2）取出 2 个票箱。步骤如下。 ① 取出 A 票箱：拉动 A 票箱下面的卡扣，取出 A 票箱。 ② 取出 B 票箱：拉动 B 票箱下面的卡扣，取出 B 票箱。 （3）按压蓝色解锁按钮，推回发卡模块	10 分	（1）未取出 A 票箱，扣 5 分。 （2）未取出 B 票箱，扣 5 分	
3	取出 1 元专用找零钱箱	（1）按压蓝色解锁按钮，拉出硬币模块。 （2）取出 1 元专用找零钱箱。步骤如下。 ① 使用硬币专用找零钱箱侧门钥匙（2 号）打开专用找零钱箱侧门。 ② 取出 1 元专用找零钱箱 A。 ③ 锁上专用找零钱箱侧门，拔出钥匙。 （3）按压蓝色解锁按钮，推回硬币模块	20 分	（1）未取出 1 元专用找零钱箱，扣 8 分。 （2）未锁上侧门，扣 8 分。 （3）未拔出钥匙，扣 4 分	

续表

序号	作业程序	作业内容	配分	评分标准	扣分
4	取出纸币钱箱	（1）按压蓝色解锁按钮，拉出纸币模块。 （2）取出 5 元、10 元纸币找零钱箱。 ① 使用纸币钱箱安全钥匙（6 号）打开纸币找零钱箱安全锁。 ② 取出 5 元纸币找零钱箱。 ③ 取出 10 元纸币找零钱箱。 （3）取出纸币回收钱箱。 ① 使用纸币钱箱安全钥匙（6 号）打开纸币回收钱箱安全锁。 ② 取出纸币回收钱箱。 （4）拔出钥匙。 （5）按压蓝色解锁按钮，推回纸币模块	20 分	（1）未取出 5 元纸币找零钱箱，扣 6 分。 （2）未取出 10 元纸币找零钱箱，扣 6 分。 （3）总配分 12 分	
				未取出纸币回收钱箱，扣 6 分	
				未拔出钥匙，扣 2 分	
5	取出硬币回收钱箱	（1）取出硬币回收钱箱：使用硬币回收钱箱硬币入口封门钥匙（4 号）解锁硬币入口封门锁，拉出硬币回收钱箱。 （2）拔出钥匙	10 分	未取出硬币回收钱箱，扣 6 分	
				未拔出钥匙，扣 2 分	
6	运营统计	进入运营统计： （1）按 Esc 键返回到主菜单。 （2）选择 4 运营统计，确认单程票、硬币、纸币数量清零	10 分	未通过运营统计确认单程票、硬币、纸币数量清零，扣 10 分	
7	注销退出	（1）注销退出。步骤如下。 ① 按 Esc 键返回到主菜单。 ② 选择注销退出，选择确定。 （2）关上并锁闭 TVM 维护门（先关上门，再关下门）。 （3）拔出钥匙	10 分	未注销退出，扣 4 分	
				未关闭维护门，扣 4 分	
				未拔出钥匙，扣 2 分	
8	关闭 TVM 设备	查看 TVM 运营状态显示器显示“结束运营”，乘客端显示器（触摸屏）显示结束运营。 （1）手指：TVM 运营状态显示器、乘客端显示器。 （2）口呼：结束运营	10 分	（1）若设备未处于结束运营模式，而进行手指、口呼，扣 10 分。 （2）未进行手指或手指位置错误，每处扣 2.5 分，配分共 5 分。 （3）未进行口呼或口呼内容错误，扣 5 分	
合计			100 分		

实训演练 1.4　售检票设备故障处理实训

实训演练 1.4
自动售检票系统
（AFC）故障处理

实训演练 1.4.1　售检票设备故障处理实训任务书

实训名称	售检票设备故障处理	组　别	
班级		学生姓名	
学习领域	票务异常工作处理		
学习情景			
任务场景			
情景 1	地点：地铁理想站。 人物：厅巡岗、行车值班员、值班站长、客运值班员、客服中心岗。 背景：2024 年 1 月 20 日 12 点 35 分，乘客张丽在卫星广场站想坐地铁去火车站，发现自动售票机全部故障		
情景 1 演练	（1）发现故障。 厅巡岗：接到乘客告知后，立即赶到现场查看，发现 TVM 全部故障，立即汇报给行车值班员。 行车值班员：接到故障报告后汇报给值班站长，向运营控制中心（operations control center，OCC）调度员报请设备维修。 值班站长：接到故障报告后至现场了解情况，安排做好信息上报工作。 （2）现场处置。 厅巡岗：打开边门检票，引导纸质车票乘客进站。 行车值班员：播放引导广播，通过 CCTV 监控客流。报告 OCC 预制单程票售卖时间及客流情况。 值班站长：安排员工组织引导乘客进出站，做好安全保护，通知客运值班员、客服中心售卖预付值单程票。组织 BOM 出售单程票。组织售卖预制单程票。组织站厅客流引导，根据客流情况开设临时售票厅，售卖预制单程票。 客运值班员：接到值班站长的指令后，到票务室配备预制单程票和票款，做好对乘客的服务工作，配合值班站长做好乘客引导工作及防护设置，配合维修。 客服中心岗：开启 BOM 出售单程票。接到值班站长通知后，售卖预制票或纸票。 （3）恢复运营。 厅巡岗：接到设备恢复通知后，停止边门检票，恢复正常的乘客服务工作。 行车值班员：接到值班站长设备恢复通知后，向 OCC 报告停止售卖预制单程票或纸票。向 OCC 报告设备恢复，根据 OCC 命令恢复正常服务。 值班站长：接到客运值班员设备恢复汇报后，通知客服中心岗停止售卖预制单程票或纸票。 客运值班员：检查设备，确认设备，恢复后汇报给值班站长，撤销安全保护。 客服中心岗：接到值班站长停止售卖预制单程票或纸票的通知后，停止售卖预制单程票或纸票，正常处理票务工作和乘客服务工作		
情景 2	地点：地铁理想站。 人物：厅巡岗、行车值班员、值班站长、客运值班员、客服中心岗。 背景：2024 年 1 月 21 日 12 点 35 分，乘客张丽在卫星广场站想坐地铁去火车站，发现人工售票机全部故障		

续表

任务场景	
情景 2 演练	（1）发现故障。 客服中心岗：发现 BOM 故障立即报告行车值班员、客运值班员。 行车值班员：接到故障报告后，汇报给值班站长并向 OCC 调度报修设备，必要时申请实行相应的降级运营模式。 值班站长：接到故障报告后至现场了解情况，安排行车值班员做好信息上报工作。 客运值班员：接到客服中心岗 BOM 故障的报告，配合做好对乘客的服务工作，配合值班站长做好乘客引导工作及防护设置，配合维修。 （2）现场处置。 客服中心岗：引导乘客到自助设备上办理车票充值查询，引导需要办理充值卡车票、更新业务的乘客购买使用单程票或使用其他电子检票设备进站乘车。协助客运值班员组织乘客进出站，做好解释工作，并配合进行设备维修。 行车值班员：播放引导广播，通过 CCTV 监控客流。做好与 OCC、车站各岗位之间的信息传递。 值班站长：安排员工组织引导乘客进出站，做好安全保护。安排各岗位工作，做好站厅客流引导及对乘客的解释工作。 客运值班员：打开边门，在边门处引导在非付费区无法正常进站的乘客从边门进站，对在付费区无法出站的乘客回收单程票，并引导乘客从边门出站，告知持充值卡的乘客到出闸车站办理充值卡相关业务或在下次乘车时办理，并对乘客做好解释工作。 （3）恢复运营。 客服中心岗：接到设备恢复通知后，恢复正常乘客服务工作。 行车值班员：向 OCC 报告设备恢复，根据 OCC 命令恢复正常服务。 值班站长：通知各岗位终止应急预案，并监控各岗位到岗情况及设备运行情况。 客运值班员：撤销安全保护
情景 3	地点：地铁理想站。 人物：票务员、乘客、站厅值班员。 背景：2024 年 1 月 22 日 12 点 35 分，乘客张丽在卫星广场站想出站，但她无法进站，经工作人员查看，经发现进站闸机全部故障
情景 3 演练	（1）发现故障。 厅巡岗：接到乘客告知后，立即到现场查看，发现进站闸机全部故障，立即汇报给行车值班员、客运值班员。 行车值班员：接到故障报告后，报告值班站长并向 OCC 调度报修设备，必要时申请实行相应的降级运营模式。 值班站长：接到故障报告后至现场了解情况，安排做好信息上报工作。 客运值班员：接到厅巡岗进站闸机全部故障的报告，配合做好乘客的服务工作，配合维修。 （2）现场处置。 厅巡岗：打开边门，引导乘客从边门进站，做好服务解释工作，配合进行设备维修工作。 行车值班员：播放引导广播，通过 CCTV 监控客流。做好与 OCC、车站各岗位之间的信息传递。 值班站长：安排员工组织引导乘客进出站，做好安全保护。安排各岗位工作，做好站厅客流引导及对乘客的解释工作。 客运值班员：打开边门，在边门处做好乘客进站引导及防护设置，告知使用充值卡的乘客在出闸车站办理车票更新后出站，做好对乘客的解释及服务工作。 （3）恢复运营。 厅巡岗：报告行车值班员，告知客运值班员进站闸机恢复正常，正常处理票务工作和乘客服务工作。 行车值班员：向 OCC 报告设备恢复，根据 OCC 命令恢复正常服务。 值班站长：通知各岗位终止应急预案，监控各岗位到岗情况及设备运行情况。 客运值班员：撤销安全保护

续表

任务场景	
情景 4	地点：地铁理想站。 人物：票务员、乘客。 背景：2024 年 1 月 23 日 12 点 35 分，乘客张丽在卫星广场站进站乘车，但无法出站，厅巡岗正好经过，经检查发现所有出站闸机出现故障
情景 4 演练	（1）发现故障。 厅巡岗：发现出站闸机全部故障，立即汇报行车值班员、客运值班员。 行车值班员：接到故障报告后，报告值班站长，向 OCC 调度报修设备。 值班站长：接到故障报告后至现场了解情况，安排做好信息上报工作。 客运值班员：接到厅巡岗出站闸机全部故障的报告，配合做好乘客的服务工作，配合维修。 （2）现场处置。 厅巡岗：打开边门，引导乘客边门出站，对持充值卡的乘客做好服务解释工作，配合进行设备维修工作。 行车值班员：播放引导广播，通过 CCTV 监控客流。做好与 OCC、车站各岗位工作人员之间的信息传递。 值班站长：安排员工组织引导乘客进出站，做好安全保护。安排各岗位工作人员工作，做好站厅客流引导及对乘客的解释工作。 客运值班员：打开边门，在边门处做好乘客出站的引导工作及防护设置，告知使用充值卡的乘客下次乘车在客服中心办理充值卡更新，做好对乘客的解释服务工作。 （3）恢复运营。 厅巡岗：报告行车值班员、客运值班员进站闸机恢复正常，正常处理票务工作和乘客服务工作。 行车值班员：向 OCC 报告设备恢复，根据 OCC 命令恢复正常服务。 值班站长：通知各岗位终止应急预案，监控各岗位到岗情况及设备运行情况。 客运值班员：撤销安全保护

完成本次任务后，归纳总结你应掌握的行车技巧。

得分项目	得分
完成本次任务后，你对自己的评分（满分 10 分）	
小组互评：（小组讨论后给出最终得分）（满分 10 分）	
评分标准（满分 40 分）如下。 （1）参与小组讨论情况良好（满分 10 分）。 （2）服务过程标准规范（满分 10 分）。 （3）设备操作、功能、原理掌握良好（满分 10 分）。 （4）任务完成良好（满分 10 分）	
教师评价——评分标准（满分 40 分）如下。 （1）出勤（满分 8 分）。 （2）安全（满分 8 分）。 （3）纪律（满分 8 分）。 （4）职业素养（满分 8 分）。 （5）任务完成情况（满分 4 分）。 （6）归纳总结（满分 4 分）	

自评	小组互评	教师评价	总分

实训演练 1.4.2　售检票设备故障技能实训任务评分表

序号	作业程序	作业内容	配分	评分标准	扣分
上岗接班	仪容仪表	（1）客运服务岗位工作人员在上岗前保持发饰整洁，长发女员工须将头发挽于发网内。 （2）统一穿着工作制服，佩戴领带（领结），不卷袖挽裤。 （3）当班时要精神饱满，避免出现疲态	10 分	（1）发型不整洁，扣 1 分。 （2）发色浮夸，扣 1 分。 （3）未统一着装，扣 1 分。 （4）面容不干净，扣 1 分。 （5）妆容浮夸，扣 1 分。 （6）精神状态不佳，扣 1 分	
	发现故障	（1）厅巡岗：发现出站闸机全部故障，立即汇报给行车值班员、客运值班员。 （2）行车值班员：接到故障报告后，报告值班站长并向 OCC 调度报修设备。 （3）值班站长：接到故障报告后到现场了解情况，安排做好信息上报工作。 （4）客运值班员：接到厅巡岗出站闸机全部故障的报告	10 分	每缺一项汇报扣 3 分，扣完为止	
	现场处置	（1）厅巡岗：引导乘客出站，做好解释，配合维修。 （2）行车值班员：播放引导广播，通过 CCTV 监控客流。做好与 OCC、车站各岗位之间的信息传递。 （3）值班站长：安排员工组织引导乘客进出站，做好安全保护；安排各岗位工作，做好站厅客流引导及乘客解释工作。 （4）客运值班员：做好对乘客的引导，做好对乘客的解释服务工作	40 分	每个岗位 10 分，缺少一项操作扣 4 分，扣完为止	
	恢复运营	（1）厅巡岗：报告行车值班员、客运值班员进站闸机恢复正常，可以正常处理票务工作和乘客服务工作。 （2）行车值班员：向 OCC 报告设备恢复，根据 OCC 命令恢复正常服务。 （3）值班站长：通知各岗位终止应急预案，监控各岗位到岗情况及设备运行情况。 （4）客运值班员：撤销安全保护	20 分	每个岗位 10 分，缺少一项操作扣 4 分，扣完为止	
合计			100 分		

项目自测

一、填空题

1. 根据阻挡类型，可将自动检票机分为________、__________和__________。

2. 台账的填写必须遵循________、_______、________、_______的原则。

3. 自动售票机的三种运营管理模式包括________、__________和__________。

4. 当全部半自动售票机发生故障，乘客在非付费区时，__________________，并告知乘客在_________________进行车票处理。

二、判断题

1. 通道方向指示器安装在自动检票机两端的面板上，由表示“通道可用”的绿色指示灯和“通道不可用”的红色指示灯组成，使乘客可以在远处依据该指示器选择通道。(　　)

2.“已进站”是指车票在进站闸机刷卡后的状态，已被写入了进站码等进站信息。该状态的车票可以进行退票。(　　)

3. 如果乘客的到站超过付费的车站，乘客出站时在出口闸机会遭拒收车票。(　　)

三、选择题（单项或多项）

1. 乘客购票后，将所持车票送入闸机检票口，车票经（　　）无误后，闸机开放，乘客通过闸机进入付费区。

A. 检票　B. 安检　C. 购票　D. 验证

2. 自动售检票设备钥匙应由（　　）指定人员进行逐级管理。

A. 经营主任　B. 车站站长　C. 客运值班员　D. 行车值班员

3. 城市轨道交通自动售检票系统架构的参考模型包括五个层次：① 线路层。② 车站层。③ 终端层。④ 路网层。⑤ 车票层。从第一层到第五层正确的排序是(　　)。

A. ⑤①②③④　B. ⑤③②①④　C. ⑤②①③④　D. ⑤①④③②

4. 为乘客提供售票、咨询、商业等服务的区域属于（　　）。

A. 付费区　B. 非付费区　C. 设备区　D. 站台

5. 售检票系统的运营模式有（　　）。

A. 正常运营模式　B. 列车故障运营模式

C. 高峰/非高峰运营模式　D. 超时、超程运营模式

E. 大客流、紧急运营模式

四、问答题

简述票务员“一收、二唱、三操作、四找零”的作业程序。

项目 2

暖心服务　始于责任　归于情怀
——城市轨道交通客运服务技能训练

项目知识树

- 城市轨道交通客运服务技能训练
  - 知识储备
    - 城市轨道交通车站管理组织结构
    - 城市轨道交通车站各岗位工作职责
      - 站区长（中心站站长）岗位职责
      - 值班站长的岗位职责
      - 行车值班员岗位职责
      - 客运值班员岗位职责
      - 站务岗岗位职责
    - 城市轨道交通车站日常客流组织
      - 进站客流组织
      - 出站客流组织
      - 换乘客流组织
    - 城市轨道交通车站特殊情况下的客流组织
      - 大客流情况下的客流组织
      - 隔离情况下的客流组织
      - 疏散情况下的客流组织
      - 清客情况下的客流组织
    - 城市轨道交通车站日常管理作业
      - 城市轨道交通车站开站作业
      - 城市轨道交通车站关站作业
      - 清客作业
    - 城市轨道交通车站特殊管理作业
      - 乘客物品掉落轨道处置作业
      - 乘客遗失物品处置作业
      - 城市轨道交通列车清客作业（特殊情况下）
  - 演练实训
    - 城市轨道交通车站值班员岗位工作职责实训
    - 城市轨道交通车站大客流组织实训
    - 城市轨道交通特大客流组织实训
    - 城市轨道交通车站开站作业实训
    - 城市轨道交通列车清客（正常情况下）作业实训
    - 城市轨道交通乘客物品遗失处置实训

项目导入

城市轨道交通客运服务是指在城市轨道交通系统内，城市轨道交通运营企业为实现乘客安全、准时、快捷、方便、经济、舒适和文明乘车而直接开展的服务工作。城市轨道交通客运服务作为城市服务业的重要组成部分，不仅在城市交通服务行业中发挥着巨大作用，同时也成为一个城市服务业的重要标志，将城市的面貌和城市服务水平展现在全国及全世界市民及游客面前。

项目目标

1. 知识目标

（1）能掌握城市轨道交通车站管理组织结构。

（2）能掌握城市轨道交通车站各岗位工作职责。

（3）能掌握车站客流组织办法。

2. 技能目标

（1）能描述城市轨道交通车站管理组织结构。

（2）能掌握值班站长、行车值班员、客运值班员、票务员、站厅站务员、站台站务员、安全员等岗位的作业流程。

（3）能完成车站基础管理工作和日常管理工作。

（4）能完成客流的组织工作。

3. 素养目标

（1）培养学生遵守职业道德，养成诚信、敬业、负责的职业态度。

（2）培养学生以乘客为中心的服务理念，养成细心、耐心、热心的服务意识。

（3）培养学生的团队合作精神，养成团结协作、协同配合的合作意识。

思政案例

抢救生命　分秒必争

“有乘客晕倒了！”青岛地铁错埠岭站站台岗杨雪滢发现站台中部一名女乘客晕倒，一场与生命的竞速便展开了。

2024 年 7 月 14 日 13 时 52 分，一名女乘客突然倒在了青岛地铁错埠岭站的站台上，随后这名女乘客口吐白沫并陷入无呼吸、无意识的状态。当天的值班站长刘吉祥接到站台岗杨雪滢的呼叫后立即赶到现场，同时，车站也响起了寻医广播。刘吉祥一边通知车站控制室拨打“120”急救电话，一边确认女乘客是否符合使用心肺复苏及 AED 设备条件。当确定符合救治条件后，他便对女乘客开始了第一轮胸外按

图 2-1　刘吉祥跪地施救

压的抢救。

13 时 55 分，根据 AED 除颤提示，刘吉祥松开因为按压而轻微颤抖的双手，示意在场的人散开，电击的提示音响起后，晕倒的女乘客身体出现猛烈的起伏。“眼睛动了！”值班员韩越在一旁惊喜地说。这时，女乘客口中发出微弱的声音，并缓慢地睁开了双眼。120 救护人员到达现场后，对女乘客进行检查和治疗，确认她开始有心跳、呼吸后，与车站工作人员共同将她抬离现场送往医院。

1 h 后，一直惦记着女乘客安危的车站工作人员联系到了女乘客前往救治的医院，医院的主治医生回复：女乘客因救助及时，已经脱离生命危险。

从发现晕倒的女乘客到帮助她恢复意识，3 min 的时间，是地铁人业务能力扎实的有力体现，更是班组建设赋能一线应急体系健全、人员应急水平提升的有力见证。

知识储备

任务 2.1&2.2 车站管理组织结构与岗位职责

任务 2.1　城市轨道交通车站管理组织结构

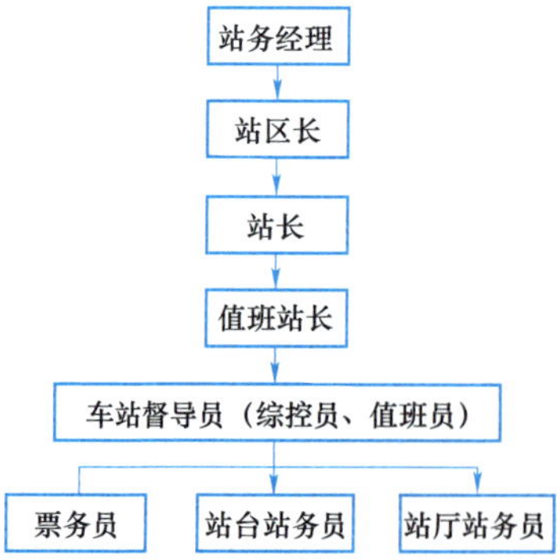

图 2-1　车站站务管理组织框架

我国绝大多数城市轨道交通运营公司都是由值班站长负责车站内日常管理事务，值班站长的上级是站区长。目前，很多城市轨道交通运营公司已不再设站长一职。在一般情况下，车站实行层级负责制，由上至下的顺序依次为站务经理、站区长、站长、值班站长、值班员、站务员，对信息汇报实行逐级汇报，对特殊情况可越级管理、越级汇报。

城市轨道交通车站一般会设置中心站站长、值班站长、行车值班员、客运值班员、票务员、站厅站务员、站台站务员等岗位，如图 2-1 所示。

任务 2.2　城市轨道交通车站各岗位工作职责

子任务 2.2.1　站区长（中心站站长）的岗位职责

站区长（中心站站长）的岗位职责如下。

（1）指导所管辖范围内的车站工作。

① 确保各车站人员提供高品质的乘客服务。

② 在处理故障或事故时，指导各车站人员根据相关的规则及程序协助处理故障或事故，并做好恢复、善后及预防的工作，保证及时、安全、高效地处理突发事故和恢复客运服务。

③ 确保与公安和政府应急管理部门及其他公交机构保持沟通合作，以便在发生重大交通故障或事故时进行及时处理；负责指导并加强车站系统的安全作业、提高服务质量等。

（2）负责所管辖范围内的车站人力资源管理工作。

确保所管辖范围内的车站工作的安排、指导、检查、监督、评价和考核工作能公平、公正地进行，减少内部冲突，保持车站团队的伙伴合作，营造积极向上的良好工作气氛。

（3）负责所管辖范围内的其他相关管理工作。

子任务 2.2.2　值班站长的岗位职责

值班站长的岗位职责如下。

（1）车站内综合管理。

① 负责管理本车站的有效列车运营及客运服务工作，确保站务人员能按要求提供安全、可靠及高效率的车站服务。

② 随时保持与中心行车调度员、电力系统调度员和站务人员的联络畅通，掌握有关行车和相关设备的情况。

③ 及时处理车站发生的行车事故，以减少行车事故对乘客的影响。

④ 当车站的设施、设备发生故障或出现突发情况时，能够采取有效措施保证车站的正常使用，并将故障情况通知有关单位。

（2）对车站员工的管理。

协助制定站务人员的排班表，确保站务工作的安排、指导、检查、监督、评价和考核工作能公平、公正地得到执行，以营造和维持站务室内的团队伙伴合作氛围。

子任务 2.2.3　行车值班员岗位职责

行车值班员的岗位职责如下。

① 监视车站行车、客运、票务等各类设备的运行情况，将运行情况及时上报并登记。

② 遇到突发事件、事故时，操作车控室内相关设备，根据值班站长指示去执行相应的应急处理程序。

③ 负责车站行车工作，监控列车运行情况及乘客动态，并按规定及时播放广播。

④ 接到文件、通知及时登记、汇报，并协助值班站长处理开关站及其他工作。

⑤ 负责车站范围内的备品和钥匙管理，做好借用、归还登记工作。

⑥ 办理施工请销点手续，做好安全防护监督工作。

子任务 2.2.4　客运值班员岗位职责

客运值班员的岗位职责如下。

① 做好补币补票、售票员的票款配备和结算、更换钱箱、更换票箱、封装车票、封装现金、现金解行等各项票务工作。

② 及时将相关数据输入 SC 系统，填写、上交报表。

③ 按程序及值班站长指示做好开关站工作。

④ 协助值班站长做好车站客流组织与控制工作。

⑤ 处理相关客运、票务、乘客事务、票务设备故障的报修。

⑥ 处理好乘客失物、乘客投诉等。

⑦ 巡视车站，监督指导客运及票务工作，检查售票员工作情况，进行必要的复核，监督车站票务政策的执行。

⑧ 遇到突发事件、事故时，根据值班站长指示去执行相应的应急处理程序。

⑨ 保持票务室及客服中心的整洁，并检查是否有车票、现金遗漏，检查发票使用情况。

子任务 2.2.5　站务岗岗位职责

站务岗岗位包括票务员、站厅站务员、站台站务员、安全员等岗位，他们的岗位职责如下。

（1）票务员的岗位职责。

票务员的岗位职责如下。

① 留意地面卫生，发现积水、垃圾、杂物等，应及时通知保洁人员处理，同时设置警示牌，防止乘客摔倒。

② 负责在客服中心售票、处理坏票、补票，保证票款的正确和安全。

③ 发现精神异常的乘客应该禁止其进站乘车，并及时汇报车站控制室，必要时请求警务人员或同事的协助，保护自身安全。

④ 负责更换钱箱、票箱、引导不能正常进出闸机的乘客到客服中心办理。

⑤ 及时关注乘客动态，如发现违反地铁规定（乘客守则）的乘客，应及时予以制止。

⑥ 帮助乘客换取福利票，及时处理乘客的无效票。

⑦ 帮助乘客兑换零钱，处理好乘客投诉和乘客问询。

⑧ 负责保证重点乘客（年老体弱者、小孩、残疾人、携带大件物品的乘客等）

的安全。根据各个地铁的规章制度为乘客提供优质服务。

（2）站厅站务员岗位职责如下。

① 发现乘客携带超长、超大、超重物品时，应禁止其进站，并做好相应的解释和说服工作。

② 负责巡查站厅、出入口，保证设备设施的正常运行，并做好相关巡查记录。

③ 发现安全隐患时应及时报修，发现有故意损坏地铁设备的行为应及时予以制止，并上报车站控制室。

④ 负责站厅、出入口的客流组织工作，防止乘客过分拥挤，必要时采用相应的限流措施。

⑤ 站厅、出入口发生治安、安全事件时，应及时赶到，保护现场，并寻找两名及以上目击证人。

（3）站台站务员岗位职责如下。

① 随时关注站台乘客动态，提醒乘客不要倚靠站台门，主动将在站台聚集的乘客疏导到人数较少的一端候车。

② 及时制止乘客的违规行为，并做好解释和引导工作。

③ 解答乘客的问题，关注行动不便的乘客，必要时帮助其上下车厢。

④ 关注列车到发情况，组织乘客有序上下车。

⑤ 发现站台有异常情况时，立即上报车控室并按指示处理；同时将异常情况告知驾驶员，若驾驶员要求车站协助，则按规定予以配合。

⑥ 待末班车发出后，检查站台和站台出清情况。

⑦ 待末班车发出后，提醒乘客离开站台。

⑧ 必要时与客运值班员一起回收、清点钱箱和票箱，一起清点备用现金、票款。

（4）安全员的岗位职责如下。

① 随时关注站台乘客动态。当车辆进站时，应在靠近紧急停车按钮处站岗，防止乘客在列车关门时冲上车被夹伤。

② 清客完毕，需要向司机显示“一切妥当”的信号。

③ 解答乘客问询，关注行动不便的乘客，必要时帮助其上下车厢。

④ 巡查站台，发现问题及时采取相应的处理措施。

⑤ 负责维持站台秩序，组织乘客有序乘降。如发现乘客有违规行为，应及时予以制止，并做好解释和引导工作。

⑥ 维持列车服务，如复位乘客报警器；简单处理车门、屏蔽门故障，协助值班站长进行事故处理。

任务 2.3　城市轨道交通车站日常客流组织

任务 2.3 城市轨道交通车站日常客流组织—进站和出站客流组织

城市轨道交通车站日常客流组织主要由进站客流组织、出站客流组织、换乘客流组织三部分组成。

子任务 2.3.1　进站客流组织

进站客流组织，即按照进站客流的路线流程进行组织，有下列几种方式。

① 组织引导客流经出入口、楼梯、自动扶梯（或垂直电梯），通过通道进入车站站厅层非付费区。

② 组织引导部分乘客在自动售票机、客服中心或临时售票亭购票后检票通过进站闸机进入付费区；引导部分持充值卡、月票等不用购票的乘客直接检票通过进站闸机进入付费区。

③ 乘客入闸检票或人工检票进入站厅付费区后，组织、引导乘客再通过楼梯、自动扶梯（或垂直电梯）进入站台层候车。

④ 在乘客到达站台后，应组织引导乘客站在黄线内候车，通过导向标识和乘客咨询系统选择乘车方向和了解列车接发时刻。

⑤ 在列车到站停稳、开门后，引导乘客按先下后上的顺序乘车。站台工作人员要注意做好引导工作，防止因乘客抢上抢下导致安全问题和纠纷的产生。

子任务 2.3.2　出站客流组织

出站客流组织，即按照出站客流的流动过程进行客流组织，有下列几种方式。

① 在乘客下车到达车站站台后，组织引导乘客经楼梯、自动扶梯（或垂直电梯）进入站厅层付费区。

② 在乘客通过出站闸机（单程票出闸时将被收回）或人工验票，进入站厅层非付费区后，组织引导乘客找到相应的出入口，经通道、出入口出站。

③ 组织引导所持车票车资不足（或无效）或无票乘车的乘客到客服中心办理相关补交票款或补票事宜后，方可准其出站。

子任务 2.3.3　换乘客流组织

换乘客流组织按照换乘地点的不同，客流换乘形式主要有两种，即付费区换乘和非付费区换乘。

（1）付费区换乘。乘客到达换乘站并下车后，不需要通过出站闸机，直接在付费区内根据换乘导向标志指引并经楼梯、自动扶梯（或垂直电梯）、换乘通道或平台到达另一站台层换乘候车。付费区换乘一般包括同站台平面换乘、站台立体换乘及通道换乘。这种换乘要求有良好的引导标志和通道设计，在容易走错方向的地点安排工作人员值守引导，保证乘客尤其是初乘者安全顺利地完成换乘。

（2）非付费区换乘。乘客到达换乘站并下车后，根据换乘导向标志指引，经楼梯、自动扶梯（或垂直电梯）到达站厅层付费区，通过出站闸机进入非付费区或出站，到另一线路重新进入付费区或进站进行换乘。这种换乘需要最大限度缩短乘客的行走距离，并具有良好的衔接引导标志，还要避免换乘客流与其他进出站客流的交叉干扰。

换乘客流组织按换乘方式不同，还可以进行以下区分。换乘方式的选择首先决定于轨道交通两条线路的走向和相互交织形式。一般常见的有垂直交叉、斜交平行交织等多种线路交织形式。轨道交通不同线路间的换乘方式主要有站台直接换乘、站厅换乘、通道换乘、站外换乘和组合式换乘几种类型。

（1）站台直接换乘。站台直接换乘有两种方式：同站台换乘和上下层站台换乘。

同站台换乘一般适用于两条平行交织的线路，且采用岛式站台的设计（如图 2-2 所示），两条不同线路的车辆分别停靠同一站台的两侧，乘客换乘时，由岛式站台的一侧下车，穿越站台至另一侧上车，即完成了转线换乘。这种换乘方式极为方便。同站台换乘要求站台能够满足换乘高峰客流量的需要，乘客无须换乘行走，换乘时间最短，但换乘方向受限。

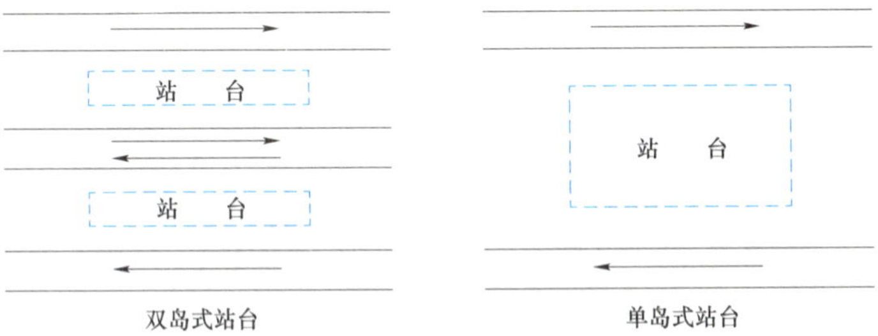

图 2-2　岛式站台示意图

双岛式站台通过同一个站厅能实现四个方向的换乘；单岛式站台在每一层只能实现两个方向的换乘。其余换乘方向的乘客仍然要通过站厅或自动扶梯、楼梯进行换乘，换乘时间相应增加。在所有换乘方式中同站台换乘的换乘能力最大，适用于相应方向换乘客流较大的情形。

站台直接换乘的主要制约因素是站台的宽度和列车的行车间隔，站台的宽度关系到站台的容量，列车的行车间隔关系到站台的出清速度。

（2）站厅换乘。站厅换乘一般用于相交车站的换乘，设置两线或多线的共用站厅，或相互连通形成的换乘大厅，地铁站厅换乘如图 2-3 所示。乘客下车后，无论是出站还是换乘，都必须经过站厅，再根据导向标志出站或进入另一个站台继续乘车。由于下车客流到站厅分流，减少了站台上的人流量，乘客行进速度快，在站台

图 2-3　地铁站厅换乘

上的滞留时间减少，但站厅换乘距离比站台直接换乘要长。若换乘过程中需要进出收费区，检票口的检票能力可能成为限制因素。站厅换乘方式中，乘客换乘线路必须先上（或下）再下（或上），换乘总高度落差大。若站台与站厅之间是自动扶梯连接，可改善换乘条件。

（3）通道换乘。通道换乘是指在两个或几个单独设置的车站之间设置联络通道等换乘设施，方便乘客完成换乘。换乘通道如图 2-4 所示，通道可直接连接两个或以上站台，这种方式的换乘距离较近，换乘所需的时间较短；通道还可连接两个站厅收费区，但换乘距离相对较远，换乘时间较长。一般情况下，换乘通道长度不宜超过 100 m，换乘通道的宽度可根据客流状况加宽。这种换乘方式最有利于两条线路工程分期实施，预留工程最少，后期线路位置调节有较大的灵活性。

图 2-4 地铁换乘通道

（4）站外换乘。即指乘客在车站付费区以外进行换乘。此种换乘方式往往是客观条件不允许或设计不当造成的。站外换乘的乘客换乘路线可分割为出站行走、站外行走和进站行走，在所有换乘方式中，站外换乘所需的换乘时间和换乘距离最长，给乘客的换乘带来很大不便，应尽量避免。地铁长春站北站站外图如图 2-5 所示。

图 2-5 地铁长春站北站站外图

（5）组合式换乘。在换乘方式的实际应用中，往往采用两种或几种换乘方式组合，以便使所有换乘方向的乘客均能实现换乘。同时组合式换乘可改善换乘条件，方便乘客换乘。例如：同站台换乘方式辅以站厅或通道换乘方式，可使所有的换乘方向都能换乘；站厅换乘方式辅以通道换乘方式，可以减少预留的工程量。组合式换乘可进一步提升换乘通过能力，同时还具有比较大的灵活性，工程实施起来也比较方便。

任务 2.4　城市轨道交通车站特殊情况下的客流组织

子任务 2.4.1 车站大客流情况下的客流组织

子任务 2.4.1　大客流情况下的客流组织

城市轨道交通线路的走向一般都是客流集中的交通走廊，连接着重要的客流集散点，如铁路车站、汽车客运站、航空港、航运港等交通枢纽，大型商业经济活动中心、体育场、博览会、大剧院等重要文体活动中心，以及规模较大的住宅区等。正因为如此，某些特殊车站会不定期遇到大客流。为了保证乘客的安全和正常的运营秩序，这些车站在客流组织方面应备有完善的运营组织方案和措施。在一定程度上，这些方案措施补救了城市轨道交通硬件设施的缺陷。

1）大客流的概念

大客流是指车站在某一时段集中到达的，客流量超过车站正常客运设施或客运组织措施所能承担的流量时的客流。

一般来说大客流出现的时间具有规律性，如每天由于通勤原因引起的早晚高峰（大城市上班高峰在 7:30—9:30；下班高峰在 4:30—6:30）。同时还应预见由外界因素引起的大客流，如节假日伴随的旅游高峰期；举办重大活动（如大型体育赛事、文艺表演等）；风、雨、雪等恶劣天气情况，都可引起客流的大幅增加。

2）大客流的分类

根据大客流产生的影响和后果不同，可分为一级大客流和二级大客流。

一级大客流的判定标准：各车站根据本站的正常乘客数量进行比较，站台聚集人数所占面积达到或大于站台有效区域的 80%，并且持续时间大于实际行车时间间隔。这种情况会给乘客及轨道交通运营安全造成影响，存在明显的安全隐患。

二级大客流判定标准：各车站根据本站的正常乘客数量进行比较，站台聚集人数所占面积达到站台有效区域的 70%，并有持续不断上升的趋势。这种情况下，乘客的正常出行和轨道交通所提供的服务水平受到一定程度的影响，车站比较拥挤，乘客感觉比较压抑，但尚未对乘客及轨道交通运营安全造成影响，如图 2-6 所示。

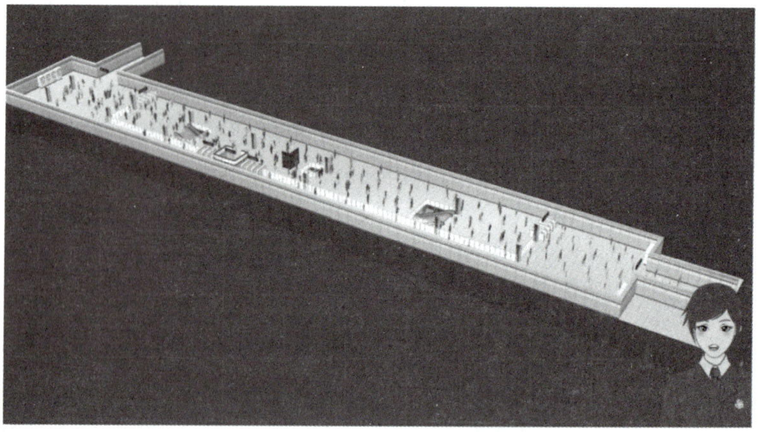

图 2-6　地铁车站出现大客流示意图

3）城市轨道交通车站大客流的组织措施

（1）增加列车运能。

城市轨道交通运营部门可通过预测客流量，提前编制在大客流的特殊情况下的列车运行图，从运能上保证大客流的运营组织。在大客流发生时，根据大客流的方向，利用就近的折返线、存车线组织列车运行方案并增开临时列车，从而保证对大客流的疏散。由此可见，增加列车的运能是大客流组织的关键。

（2）增加售、检票能力。

售、检票能力不足是大客流疏散的主要障碍，车站在设置售、检票位置时应考虑提供疏散大客流的通道。当可预见的大客流情况发生时，可事先做好相应的票务服务准备工作。

① 售、检票设备的准备。在大客流发生前，设备维护人员应事先对车站全部售、检票设备进行维护、检修，确保在大客流发生时售检票设备能正常使用。

② 车票和零钞的准备。车站应根据客流预测和以往大客流所消耗的车票及零钞数量，在大客流发生前向票务部门申领和储备充足的车票和零钞数量。

③ 临时售票厅的准备。车站根据大客流的进出方向，选择在进站客流较集中的位置，设置临时售票亭。

（3）做好进站客流组织工作。

可根据站台是否还能容纳和承受更大的客流，分两种情况来进行进站客流组织工作。

当站台还能容纳和承受更大客流时，可采取以下措施。

① 增加售、检票能力。

② 加开进站方向的闸机。

③ 加开通往站台方向的手扶电梯。

④ 适当延长列车停站时间。

⑤ 在站台上做好乘客上下车的引导工作。

在保障安全的前提下，争取让更多的乘客上车，同时增加本次列车的运能。

当站台不能容纳和承受更大客流时，可采取以下措施。

① 暂停售票或减缓售票速度，关闭部分自动售票机。

② 暂时关闭局部或全部进站方向闸机。

③ 更改扶手电梯方向，将部分或全部扶手电梯调整为向站厅层及出入口方向运行，减缓乘客进站速度。

④ 适当延长停站时间。

⑤ 采取进出站分流等措施。

（4）做好出站客流组织工作。

出站客流组织工作的指导思想是保证乘客出站线路的畅通，加快出站速度，使乘客能够安全快速、有序地离开车站。站务人员可采取以下措施。

① 更改手扶电梯方向，将部分或全部手扶电梯方向调整为向站厅层及出口方向运行。

② 将部分或全部进站闸机更改为出站闸机。

③ 遇到紧急情况时，可采取票务应急处理模式，如采用进站免检模式 AFC 紧急放行模式等措施。

（5）采取临时疏导措施。

在大客流组织中，合理的临时疏导是一项很重要的组织措施。临时疏导主要包括在车站出入口、站厅层的疏导，在电动扶梯处及站台层的疏导。

在车站出入口站厅层的疏导主要是根据临时售、检票位置的设置，引导、限制客流的方向。临时售、检票位置宜设置在站外、站厅层较空旷的位置，为排队购票的乘客留出充足的空间，以确保通道的畅通并维护好出入口、站厅客流的秩序。

电动扶梯以及站台层的疏导主要是尽量保证客流均匀地上下扶梯和尽快上下列车，保证站台候车的安全。站务人员应在靠近楼梯、扶梯处站岗并分散在站台前、中、后部疏导乘客。采取的疏导措施主要有设置临时导向标志、设置警戒绳或隔离栏杆、采用人工引导及通过广播宣传引导等。

4）特大客流应急措施

当车站遭遇特大客流时，应遵循由下至上、由内至外的人潮控制原则。采取站台客流控制、站厅付费区客流控制、出入口（站厅非付费区）客流控制三级客流控制方法。

第一级控制站台客流，控制点可设在站厅与站台的楼梯（或电动扶梯）出入口处，站务人员应该分散在站台的各区域，维持候车、出站的秩序，确保有序、快捷的进站秩序，并及时解决出现的问题。

第二级控制付费区客流，控制点可设在进站闸机处，站务员应当确保有序、快捷进站的秩序，及时处理票务问题。

第三级控制非付费区客流，控制点在车站出入，可在站外设置迂回的限流隔离栏杆，延长进站时间，最大限度缓解站台层客流压力。

只要严格按照上述三级客流控制方法，在遭遇特大客流时是能确保乘客安全和车站秩序的。

子任务 2.4.2　隔离情况下的客流组织

隔离是指采用某种方式隔开人群或封闭某个区域的客流组织措施。它包括以下几种方式。

（1）接触式隔离。

车站发生乘客打架等难以控制局面时，工作人员应隔离打架区域，避免伤及其他乘客，保护事发现场，及时寻找目击证人填写事件记录，通知城市轨道交通公安人员，在公安人员到达后将该事件交给公安人员处理。在隔离过程中，城市轨道交通工作人员尽量疏散围观乘客，以保持正常的运营秩序。

（2）非接触式隔离。

乘客间发生口角时，工作人员要立即上前调解，必要时要把纠纷双方带到人少的地方进行调解。若有乘客围观，应及时将其劝离现场，以保障乘客安全，维持好车站的正常秩序。

（3）对恶性传染病的隔离。

当发现车站有恶性传染病人时，必须立即对其采取隔离措施，隔离区域如图 2–7 所示，关闭车站各个出入口，汇报给 OCC，通知列车驾驶员载客越站，对疑似人员和与其有过密切接触的人员进行消毒、隔离，待防疫部门检查并确认其安全后方可允许其离站；在隔离期间，城市轨道交通工作人员要注意安抚乘客并做好解释、疏导工作。

图 2–7　地铁临时隔离区

子任务 2.4.3　疏散情况下的客流组织

子任务 2.4.3 区间疏散乘客

疏散是指在紧急情况下，利用一切通道和出入口，迅速将乘客从危险区域全部转移到安全区域的客流组织措施。疏散包括车站疏散和隧道疏散两种。

（1）车站疏散。

车站疏散客流组织流程如图 2–8、表 2–1 所示。

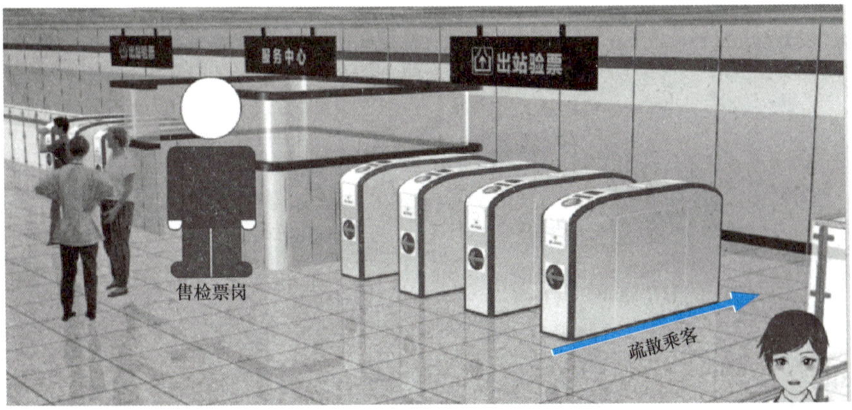

图 2-8　车站的站厅疏散乘客示意图

表 2-1　车站疏散客流组织流程

岗位	工作职责及工作流程
值班站长	（1）宣布车站执行疏散程序，在上级领导未到达前担任现场临时指挥。 （2）若有乘客被困在站台上，应请求控制中心安排空车前往车站，以疏散被困乘客。在列车到来前，安排车站工作人员安抚乘客并维持站台秩序。在列车到来后，组织乘客有序上车。 （3）需要外部支援时，安排一名站务员在紧急出入口引导支援人员进入车站。 （4）待客流疏散完毕后，检查是否还有乘客滞留；确认无乘客滞留后，关闭紧急出入口
行车值班员	（1）向控制中心报告疏散原因，说明是否影响列车运行、是否需要支援等。 （2）视情况拨打 119、120 等报警电话，请求支援。 （3）通知城市轨道交通公安人员到场维持秩序。 （4）需要时启动相应管控模式。 （5）将自动售票机设为暂停服务状态，将检票机设为常开模式。 （6）通过 PIS 发布疏散信息，通过广播通知乘客疏散。 （7）向中心站站长报告客流疏散情况
客运值班员	锁闭票务室，协助乘客离开危险区域，到车控室协助行车值班员工作
票务员	收好票款，锁闭客服中心，到楼梯口、自动扶梯口维持秩序，必要时应到紧急出入口接应外部支援人员
站台站务员	主要负责疏散站台乘客，待站台乘客疏散完毕后，可协助其他工作人员疏散站厅乘客
站厅站务员	协助客运值班员工作，打开员工通道门，视情况关停部分自动扶梯

（2）隧道疏散。

隧道疏散流程如图 2-9、表 2-2 所示。

图 2-9　隧道疏散示意图

表 2-2　隧道疏散客流组织流程

岗位	工作职责及工作流程
行车值班员	（1）在接到隧道疏散指令后，通知值班站长。 （2）开启隧道灯，按压 AFC 设备紧急按钮，关闭广告照明设备。 （3）视情况拨打 110 报警电话，请求城市轨道交通公安人员到现场维持秩序，做好相关广播工作，安抚乘客。 （4）监控乘客疏散情况，根据行车调度员的指示，安排外部支援人员进入隧道救援。 （5）确认线路出清后，报告行车调度员。 （6）准备恢复运营工作，报告行车调度员
客运值班员	锁闭票务室，根据值班站长指示，到隧道引导乘客出站
票务员	收好票款，执行应急处理程序，听从值班站长安排，组织疏散乘客
站厅站务员	接到通知后，带好备品，到站台待命
站台站务员	根据值班站长安排，穿戴好装备，携带手提广播、探照灯、隔离带等到达隧道疏散现场，引导乘客往车站疏散
安全员	确认乘客疏散完毕后，沿途检查线路上是否有滞留的乘客或被遗留的物品

子任务 2.4.4　清客情况下的客流组织

清客是指当车站或列车出现异常情况时，将乘客从某区域全部转移到另一区域的客流组织措施。清客情况下的客流组织包括车站清客和列车清客两种。

1）车站清客

车站清客工作流程如表 2-3 所示。

表 2-3　车站清客组织流程

岗位	工作职责及工作流程
值班站长	（1）组织车站工作人员清客，引导乘客退票。 （2）待乘客全部出站后，检查站厅、站台是否有乘客滞留，在确认无乘客滞留后关闭出入口。 （3）安排部分车站工作人员到出入口值勤，其他工作人员留在车站，等待恢复运营。 （4）向中心站站长汇报清客情况，做好详细记录
行车值班员	（1）向各岗位工作人员发出车站停止服务通知，开始执行清客程序。 （2）通知城市轨道交通公安人员到现场维持秩序。 （3）做好相关广播工作。 （4）将自动售票机设为暂停服务状态，将检票机设为常开模式。 （5）通过 PIS 发布车站停止服务的信息。 （6）关站后，开启节电照明模式
客运值班员	（1）引导乘客退票或出站。 （2）根据需要，协助售票员配备足够的零钱、纸币。 （3）统计退票数量，并将回收的单程票封好后上交票务室
票务员	负责办理退票事宜
站厅站务员	打开车站员工通道门，同时引导乘客退票或出站
安全员	负责维持秩序

2）列车清客

列车清客工作流程如表 2-4 所示。

表 2-4　列车清客组织流程

岗位	工作职责及工作流程
值班站长	（1）组织站台站务员和站台安全人员在规定时间内完成列车清客工作。 （2）清客完毕后，及时将清客情况通知车控室，并指示站台保安通知列车驾驶员。 （3）引导乘客退票或组织乘客等候下一趟列车，做好候车乘客的安抚工作。 （4）向中心站站长汇报列车清客情况，并做好详细记录
行车值班员	（1）接到列车清客命令后，立即通知值班站长、站台站务员和安全人员。 （2）通知城市轨道交通公安人员到现场维持秩序。 （3）做好相关广播工作。 （4）通过 PIS 发布列车清客的信息。 （5）清客完毕后，报告行车调度员
票务员	负责办理退票事宜
站厅站务员	引导乘客退票或等候下一趟列车
安全员	负责维持秩序

任务 2.5　城市轨道交通车站日常管理作业

子任务 2.5.1　城市轨道交通车站开站作业

子任务 2.5.1–2
城市轨道交通
车站开站运营

1）在车站开启前值班站长工作职责

在车站开启前值班站长工作职责如下。

（1）保证所有站台端门/屏蔽门已完全关闭和妥善锁定，并经手控开关（端门后方）试验。

（2）所有消防设备的性能良好并妥善固定；送电前接触轨下及附近没有杂物，接地装置已放回原位。

（3）车站公共区域不存在安全隐患。

（4）确保各项设备功能正常。

2）城市轨道交通车站开启的主要流程

城市轨道交通车站开启的主要流程如表 2–5 所示，具体如下。

表 2–5　城市轨道交通车站开启的组织流程

岗位	工作职责及工作流程
值班站长	值班站长应组织本班组人员做好运营前的各项准备。 （1）在首班载客列车到站前 20 min，值班站长应巡视出入口。 （2）在首班载客列车到站前 10 min，值班站长应完成出入口大门、扶梯的检查工作，并巡视全站
行车值班员	（1）在首班载客列车到站前 30 min，行车值班员应对道岔进行测试，开启环控系统，并检查其运行状况，安排人员测试屏蔽门功能，以及站台和线路出清情况，并将检查结果汇报给列车调度。 （2）打开车站计算机系统（SC）服务器，输入 ID 及密码登录进入车站计算机，在车控室 SC 上依次开启 TVM、闸机，确认所有 TVM、AVM、闸机图标为绿色状态。 （3）在首班载客列车到站前 15 min，行车值班员应打开照明开关，并通过车站计算机系统远程开启车站 AFC 设备，将本站设定为“正常模式”。 （4）在首班载客列车到站前 10 min，行车值班员应检查车站计算机系统与车站 AFC 各终端设备的网络连接状况，确认一切正常后，报告值班站长
站台站务员	（1）站台岗人员应在首班载客列车到站前 20 min 到站。 （2）在首班载客列车到站前 10 min，站台岗人员应领取备品并到岗就位
站厅站务员	在首班载客列车到站前 10 min，站厅站务员应做好以下工作。 （1）检查站厅所有 AVM、TVM、闸机状态，确认 AVM、TVM 显示正常，后门关闭，闸机进出站状态箭头显示正确。 （2）检查站厅、站台工作照明，确认无故障灯具。 （3）检查自动扶梯无异常声响，运行方向正确，垂直电梯升降正常。 （4）首班车到站前 10 min，携带钥匙在现场开启各出入口卷闸门；检查卷闸门完全打开，出入口无障碍物，当光线较弱影响乘客通行时，须开启出入口照明

续表

岗位	工作职责及工作流程
票务员	（1）首班车到站前 15 min，售票员到票务室领取钱、票、工器具，然后到达客服中心。 （2）首班车到站前 10 min，售票员在客服中心与客运值班员交接客服中心工器具，并在站务员结算本上签字。 （3）开启 BOM、对讲设备，插好服务牌，摆放好钱、票、工器具开始服务

（1）在首班车到站前的规定时间，按规定试验道岔夜间开启车站前巡视；试验开关安全门。

（2）检查站台和线路出清情况，确保所有工程领域或影响车站运营的工作都已被撤销，所有物品及人员都已撤离轨道，并汇报行调。

（3）开启车站环控（BAS）系统，并检查其运行情况。

（4）确认已完成对 TVM 的补币、补票。

（5）领取票卡和备用金。

（6）确认各岗位人员到岗。

（7）在首班车到站前的规定时间内开启照明。

（8）开启 AFC 设备；全站巡视完毕。

（9）开启出入口大门、扶梯，向乘客广播候车的注意事项。

一般情况下，车站出入口必须在首班载客列车到达车站前 10 min 内开放。如果出现特殊情况，可提前开启车站出入口，方便乘客购票；开门前要做好一切运营准备。

子任务 2.5.2 城市轨道交通车站关站作业

1）末班车开车前，值班站长的工作职责

末班车开车前，值班站长的工作职责如下。

（1）换乘站的列车接驳按编定的安排进行，获行车调度员特别指示的情况除外。

（2）车站内搭乘有关行车线列车的乘客已登上该末班车。

（3）列车驾驶员收到一切妥当的手信号。

（4）所有人员必须离开车站范围，获授权留下的人员除外（要确定个别人员是否获得授权于非行车时间内留在车站，必须向行车调度员查询）。

（5）锁上所有出入口前，值班站长必须确保最后一名乘客已离开车站。

（6）末班车离站后，必须关闭和锁上所有车站的出入口，防止闲杂人员进入。

（7）所有出入口必须在整段非行车时间内关闭。

2）车站关闭的主要流程

车站关闭的主要流程如表 2-6 所示，具体如下。

（1）有关员工或获授权的工作队必须从指定的出入口进入车站。

（2）开启该出入口需使用相关员工个人获发的钥匙或通行卡，或向获得授权的人员借用钥匙或通行卡；不允许非所属站区非当班员工在车站留宿。

表 2-6　车站关闭的组织流程

岗位	工作职责及工作流程
值班员	（1）单方向末班车广播：上行方向或者下行方向末班车开出前 10 min，在车控室电脑上使用播放器，选择在站厅区及出入口区播放该方向的末班车广播。 （2）最后一班车开出前 5 min，选择在站厅区、站台区，各出入口区播放关站广播。
票务员	（1）最后一班车开出前 5 min，售票员停止出售进站单程票。 （2）清客完毕后，售票员停止客服中心服务，关闭 BOM、对讲设备，摆放好暂停服务牌。 （3）收拾好钱、票、工器具，与客运值班员交接客服中心工器具，并在站务员结算本上签字后锁闭客服中心，回票务室结算
行车值班员	（1）最后一班车开出前 5 min，在车控室 SC 上依次关闭 TVM、AVM、进站闸机。 （2）在 SC 上确认所有 TVM、AVM、进站闸机图标为灰色状态，现场检查确认进站闸机、AVM、TVM 已正常关闭并显示暂停服务。 （3）清客完毕后，在 MCP 盘上依次关闭站厅、站台工作照明，确认相应模式的 LED 灯熄灭，执行车站节电照明模式
站台站务员	在最后一班车开出前确认站台乘客均已上车，无异常情况
站厅站务员	（1）最后一班车开出后，进行全站清客，确认无乘客及闲杂人员逗留车站。 （2）清客完毕后，携带钥匙到现场关闭自动扶梯、垂直电梯。关闭自动扶梯时严禁使用紧急停止按钮。 （3）自动扶梯关闭后确认无报警信息，运行状态显示为禁止，垂直电梯关闭后确认按压上行或下行按钮无作用。 （4）现场确认站厅、站台工作照明是否已正常关闭，节电照明模式执行是否成功。 （5）携带钥匙在现场关闭各出入口卷闸门及出入口照明。 （6）现场确认卷闸门全部关闭，未留有空隙，卷闸门开关按钮盒已锁闭

（3）到了末班车运行的时间，车站工作人员播放末班车广播并检查站厅、站台等岗位情况。

（4）车站工作人员在进站闸机前摆放“停止服务”告示牌。

（5）到了末班运行的规定时间节点前，值班站长确认所有 TVM、入闸机已关闭，播报停止售票的广播。

（6）值班员播放关于停止售票的广播，关闭 TVM，并通知车站相关工作人员停止售票和进站检票工作。

（7）末班车开出前，值班站长、站务员进行检查并确认站台乘客均已上车，然后向驾驶员展示“末班车手信号”。

（8）末班车开出后，客服中心的站务员收拾票、钱，整理客服中心备品，注销 BOM，回到票务室结账。

（9）车站督导员与客服中心站务员结账。

（10）运营结束后，值班站长清站，确认出入口关闭，确认扶梯、照明、AFC 设备全部关闭。

（11）站台站务人员要在最后一趟载客列车开出前进行检查，确认站台乘客均已上车，无异常情况。

子任务 2.5.3
清客作业

子任务 2.5.3　清客作业

在进行清客前，站务人员，要注意巡视站台，查看站台的设备和实施情况是否处于完好运营的情况下，并时刻关注列车进站信息。在实施清客的过程中，车站工作人员要各司其职，相互配合，共同完成列车清客工作，如图 2-10 所示。

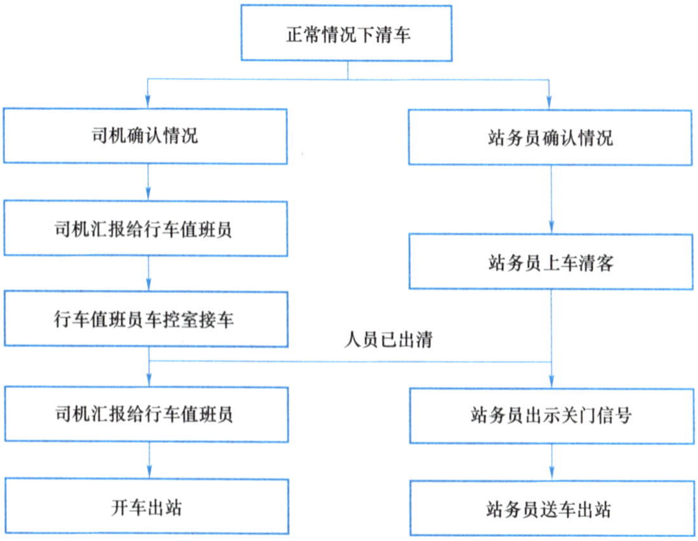

图 2-10　正常情况下列车清客作业

1）行车值班员接车作业

当列车接近站台即将进站时，司机向行车值班员汇报：“车控室，××方向列车即将进站。”列车到站停稳开门，目光左右瞭望，确认所有车门、站台门正常开启，若有异常情况，及时进行汇报并处置。

2）站务员上车清客

站务员上车清客分为以下两种情况。

（1）站台配备 1 名站台站务员。站台站务员从尾端最后一道站台门处上车，沿车厢走至头端第一道站台门处，确认车厢内所有乘客已下车，然后站台站务员站在下车处向列车司机显示关门手信号，提示司机可以关闭车门。

（2）站台配置另外 2 名站台站务员，其中，尾端站台站务员 1 名，头端站台站务员 1 名。尾端站台站务员从尾端最后一道站台门上车，走过后三节车厢；头端站台站务员从头端第一道站台门上车，走过前三节车厢，确认清客完毕，无乘客遗留，然后由尾端站台站务员，站在下车处向司机显示关门手信号，提示司机可以关门，头端站务员做好安全防护。在整个清客过程中，要注意文明礼貌服务，并使用文明礼貌用语，例如“您好，先生（女士），本次列车，即将退出服务，请下车乘坐下一趟列车。”

3）显示、汇报

在确认列车上已无乘客，司机须下车并报告行车值班员：“车控室，××方向列车清客作业完毕。”之后，列车司机则可以关闭车门、站台门，站务员停止向司机显示关门手信号，目光左右瞭望，确认是否有乘客抢上情况，并报告行车值班员：“车控室，××方向车门即将关闭。”

4）送车出站

站务员在确认车门、站台门关闭良好后，注意列车动态及站台情况，当列车尾部经过站立位置后，转身90°，面向列车出站方向，目送列车出清站台。

任务 2.6　城市轨道交通车站特殊管理作业

子任务 2.6.1　乘客物品掉落轨道处置作业

乘客物品偶尔会出现掉落轨道的情况（如图 2–11 所示），处理流程如图 2–12 所示。

子任务 2.6.1
乘客物品掉落
轨道处置作业

图 2–11　乘客物品掉落轨道

1）未影响行车

城市轨道交通车站在未安装安全门或安全门发生故障时，可能会发生乘客所携带物品掉落轨道的事件，对于此类事件要按不影响行车和影响行车两种情况进行处理。

（1）站台巡视员接到报告后，应立即赶往现场查看情况，并向行车值班员报告所掉落物品不影响行车。若该车站未安装安全门，则站台巡视员应在第一时间明确告知乘客“请勿擅自跳下轨道，工作人员会尽快妥善处理。”

（2）站台巡视员应安抚乘客，告知乘客将在当日运营结束后下轨道拾回物品，请乘客留下联系方式，请乘客第 2 日到车站领回物品。

2）影响行车

（1）站台巡视员接到报告后，应立即赶往现场查看情况。若该物品影响行车，则应立即按压站台侧紧急停车按钮。

（2）站台巡视员向行车值班员、值班站长报告所掉落物品影响行车，须立刻处理。

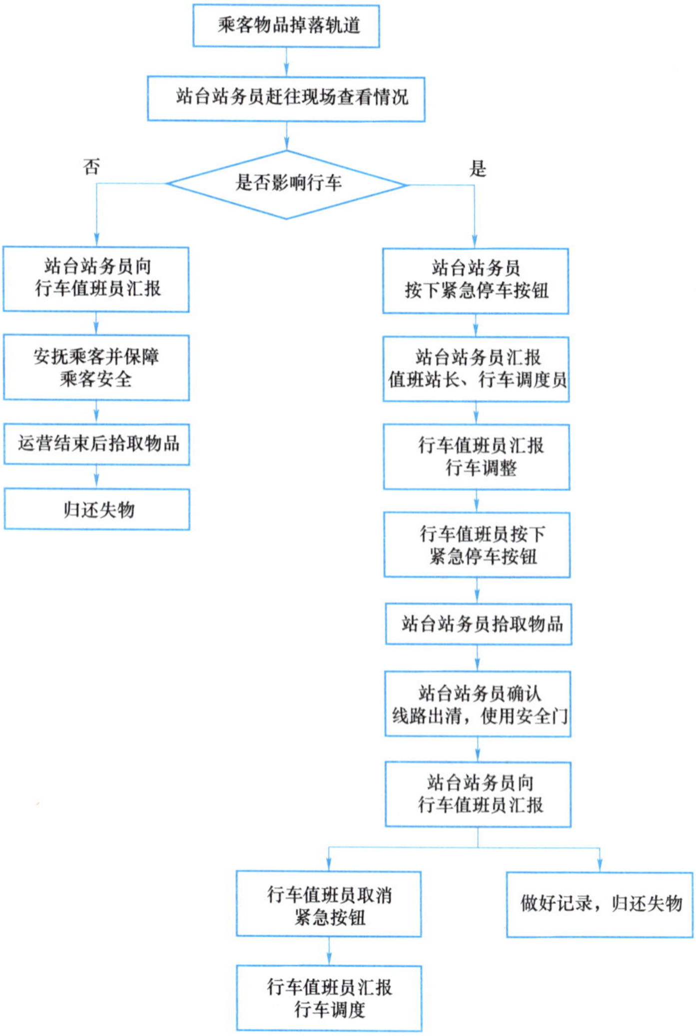

图 2-12　乘客物品掉落轨道的处理流程

（3）行车值班员上报行车调度员，经批准后，按动车站控制室内的紧急停车按钮，做好防护工作，通知站台巡视员进行拾物处理。

（4）站台巡视员立即携带夹物钳、隔离带到现场，隔离该处的安全门。对于夹不起来的物品，应安排工作人员从站台两端的楼梯或使用下轨梯进入轨道拾回物品。

（5）站台巡视员将物品取回后，确认线路出清后恢复安全门的使用，并向行车值班员汇报。

（6）行车值班员及时取消紧急停车按钮，并向行车调度员汇报。

（7）站台巡视员做好相关记录，将物品归还乘客。

子任务 2.6.2
车站乘客遗失
物品处理作业

子任务 2.6.2　乘客遗失物品处置作业

由于城市轨道交通客流量大、人员下车频繁、站点停靠时间较短，乘客容易发生随身携带的物品遗失情况，这一方面给乘客本人带来了烦恼和不便，另一方面也考验着城市轨道交通客运服务部门的工作时效，直接影响着城市轨道交通运营企业的形象及声誉。

当乘客反映物品丢失时，城市轨道交通客运服务人员应尽量安抚乘客，就其所述情况进行站内广播，帮助其积极寻找。如果找到物品，城市轨道交通客运服务人员应协助乘客办理认领手续，并礼貌核对乘客的身份，确认乘客所述物品与找到的物品一致；若没有找到遗失物品，城市轨道交通客运服务人员应向乘客表达歉意，并将乘客的姓名、身份证号码、联系方式等记录下来，以便后期联系乘客，在必要时可以告知乘客向车站属地派出所报案。

当乘客拾到其他乘客的物品并上交时，城市轨道交通客运服务人员应该向乘客表示感谢，当着乘客的面，对物品进行详细的清点和记录，并请乘客签字确认。车站工作人员要迅速通过广播寻找失主，如果未找到失主时，将物品上交保管；如果有乘客过来认领时，车站工作人员应礼貌核对乘客的身份，并请乘客签字确认。

站务工作人员要根据自身的经验，通过视觉观察有无危险标识或通过常识判断有无危险（如有“三品”标识）；通过听觉发现有无异常响声的（如计时器响声）；通过嗅觉发现有无异常气味（如刺激性气味），以初步鉴别乘客遗失物品的性质和类别。如果确认乘客遗失的物品为可疑物品时，站务工作人员应配合值班站长用隔离带或屏风隔离现场，劝离附近的乘客。

子任务 2.6.3　城市轨道交通列车清客作业（特殊情况下）

在特殊情况下，需要根据相应流程进行清客作业。城市轨道交通列车清客作业流程如图 2-13 所示。

子任务 2.6.3
列车清客作业
（特殊情况下）

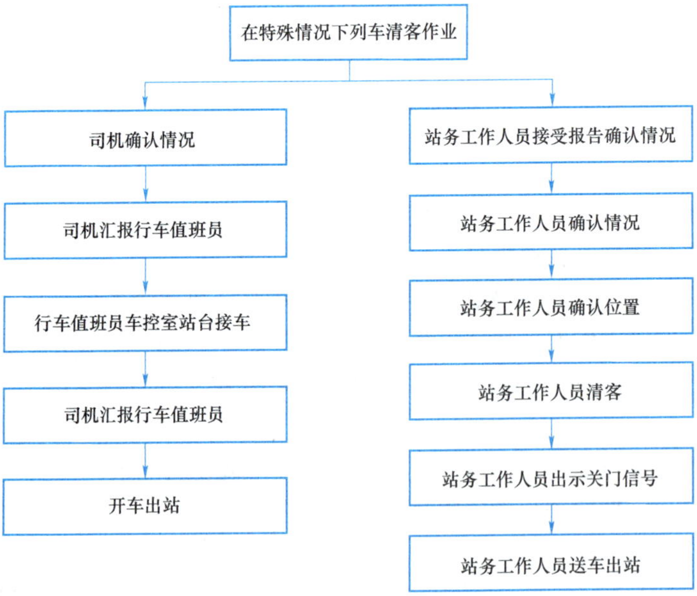

图 2-13　特殊情况下列车清客作业

在进行清客前，站务工作人员要注意巡视站台，查看站台的设备是否处于正常运营的状态，并时刻关注列车进站信息。在实施清客的过程中，车站工作人员要各司其职、相互配合，共同完成特殊情况下的列车清客工作。

1）站务员接收清客命令

当出现特殊情况时，站务工作人员接到车站值班员或值班站长的清客指令后应确认需要清客的站台及列车车次。

2）再次确认

站台站务工作人员应再次向车站值班员确认需清客的列车的到站时间、方向，以及是否已停靠在本车站和停靠的对应站台。

3）站务工作人员上车清客

站务工作人员待需清客列车到站后，确认车门、站台门开启，并上报车控室行车值班员："车控室，××次列车已到站，现执行上车清客作业。"

接下来，站台站务工作人员可以开始实施清客工作。在这种情况下，清客工作分为以下两种方式。

① 站台配备 1 名站台站务工作人员。在这种情况下，站台站务工作人员应从列车尾端最后一道站台门处上车，沿车厢走至列车头端第一道站台门处，确认车厢内所有乘客已下车，然后站在下车处向列车司机显示关门手信号，提示司机可以关闭车门。

② 站台配置 2 名站台站务工作人员。在这种情况下，列车尾端站台站务工作人员从列车尾端最后一道站台门上车，走过后三节车厢；列车头端站台站务工作人员从头端第一道站台门上车，走过前三节车厢，确认清客完毕，无乘客在列车上遗留，由列车尾端站台站务工作人员站在下车处向司机显示关门手信号，提示司机可以关门。此时，另一名站务工作人员做好安全防护。

在清客作业过程中若遇到异常情况，站务工作人员应及时进行处置，并将情况报告车控室行车值班员。在整个清客过程中，站务工作人员要注意文明、礼貌服务，并使用文明、礼貌用语，例如"您好，先生（女士），本次列车即将退出服务，请下车乘坐下一趟列车。"

如果清客作业时限已到（一般为 2 min），车厢内仍有乘客滞留，站务工作人员将情况报告车控室行车值班员，并根据车控室行车值班员指令决定是否继续清客。若需跟车到终点站再进行清客作业，跟车的站务工作人员应做好乘客引导、解释，到终点站再配合清客作业。

4）显示、汇报

清客作业完成后，站务工作人员应向列车司机显示关门手信号。列车司机开始关闭车厢门、站台门，站务工作人员停止向司机显示关门手信号，目光左右瞭望，确认是否有乘客抢上的情况，并报告车控室行车值班员："车控室，××方向车门即将关闭。"

5）送车出站

站务工作人员在确认车门、站台门关闭良好后，应注意列车动态及站台情况，当列车尾部经过站立位置后，转身 90°，面向列车出站方向，目送列车驶出站台。

值得注意的是，在城市轨道交通列车进行清客操作时，通常会有工作人员进行广播通知和现场指引，工作人员指示引导乘客有序离开车厢，并告知乘客前往指定的安全区域等待后续安排。同时，站务工作人员引导并告知乘客保持冷静、不要恐慌和拥挤，以避免发生意外情况。

实训演练 2.1
车站值班员
岗位职责实训

实训演练

实训演练 2.1　城市轨道交通车站值班员岗位工作职责实训

实训演练 2.1.1　城市轨道交通车站值班员岗位工作职责实训任务书

实训名称	城市轨道交通车站值班员 岗位工作职责实训	组　　别	
班　　级		学生姓名	
学习领域			
学习情景	地铁车站		
任务场景			
情景	地点：地铁理想站。 人物：值班员。 背景：林某某是深圳车公庙城市轨道交通车站的一名值班员，他主要的工作职责是保障城市轨道交通车站行车安全、执行车站客流组织预案、落实疫情防控相关措施。作为保障乘客出行安全最重要的“防火墙”，城市轨道交通车站值班员每一天都要认真落实各项安全制度，实行网格化的排查及安全演练，为安全出行保驾护航；如果是值白天班，林某需要上午 9:30 前到岗，与值夜班的同事交接后，便需要时刻保持值守状态。 林某某介绍说，值班员工作内容分行车值班员和客运值班员两种，二者每班交替轮值，行车值班员在岗时值守车控室，客运值班员在岗时落实客流组织，“如果列车运行出现异常，我们是保障城市轨道交通安全最重要的一道‘保险’。城市轨道交通运营没有结束，我们也一刻都不能松懈。”		
演练	一个例行早会。 值班站长王某某，在向本班工作人员强调本班工作注意事项，并再次强调值班员的重要工作职责。 1. 行车值班员岗位职责 行车值班员的岗位职责：监视车站行车、客运、票务等各类设备的运行情况，及时上报并登记；遇到突发事件、事故时，操作车控室内相关设备，根据值班站长指示执行相应的应急处理程序；负责车站行车工作，监控列车运行情况及乘客动态，并按规定及时播放广播；接到文件、通知须及时登记、汇报，并协助值班站长处理开关站及其他工作；负责车站范围内的备品和钥匙管理，做好借用、归还登记工作；办理施工请销点手续，做好安全防护监督工作。 2. 客运值班员岗位职责 客运值班员的岗位职责：做好补币补票、售票员的票款配备和结算、更换钱箱、更换票箱、封装车票、封装现金、现金解行等各项票务工作，及时将相关数据输入 SC 系统，填写、上交报表。按程序及值班站长指示做好开关站工作，协助值班站长做好车站客流组织与控制，处理相关客运、票务、乘客事务、票务设备故障的报修，处理好乘客失物、乘客投诉等。巡视车站，监督指导客运及票务工作，检查票务员工作情况并进行必要的复核，监督票务政策的执行。遇到突发事件、事故时，根据值班站长指示执行相应的应急处理程序。保持票务室及客服中心的整洁，并检查是否有车票、现金遗漏，检查发票使用情况。		

续表

<table>
<tr><td colspan="4">完成本次任务后，归纳总结你应掌握的客运服务技巧。</td></tr>
<tr><td colspan="3" rowspan="2">完成本次任务后，你对自己的评分（满分 10 分）</td><td>得分</td></tr>
<tr><td></td></tr>
<tr><td colspan="3">小组互评：（小组讨论后给出最终得分）（满分 10 分）</td><td></td></tr>
<tr><td colspan="3">评分标准（满分 40 分）如下。
1. 参与小组讨论情况良好（满分 10 分）。
2. 服务过程标准规范（满分 10 分）。
3. 设备操作、功能、原理掌握良好（满分 10 分）。
4. 任务完成良好（满分 10 分）</td><td></td></tr>
<tr><td colspan="3">教师评价——评分标准（满分 40 分）如下。
1. 出勤（满分 8 分）。
2. 安全（满分 8 分）。
3. 纪律（满分 8 分）。
4. 职业素养（满分 8 分）。
5. 任务完成情况（满分 4 分）。
6. 归纳总结（满分 4 分）</td><td></td></tr>
<tr><td>自评</td><td>小组互评</td><td>教师评价</td><td>总分</td></tr>
<tr><td></td><td></td><td></td><td></td></tr>
</table>

实训演练 2.1.2　城市轨道交通车站值班员岗位工作职责评分细目表

班级：　　　　　　　　　　　　组别：　　　　　　　　　　　　姓名：

序号	评分项目	评分标准	分值	扣分标准	实际扣分
1	形象礼仪	发型干净整洁，发色不浮夸，着装和鞋子统一，面容干净，精神好	5	（1）发型不整洁，扣 1 分。 （2）发色浮夸，扣 1 分。 （3）未统一着装，扣 1 分。 （4）面容不干净，妆容浮夸，扣 1 分。 （5）精神状态不佳，扣 1 分。 （6）总配分 5 分，扣完为止	
2	行车值班员工作职责	（1）监视车站行车、客运、票务等各类设备的运行情况	5	职责遗忘，扣 5 分；每缺 1 项扣 1 分	
		（2）及时上报并登记	5	职责遗忘，扣 5 分	
		（3）遇到突发事件、事故时，操作车控室内相关设备	5	职责遗忘，扣 5 分	
		（4）根据值班站长指示，执行相应的应急处理程序	5	职责遗忘，扣 5 分	
		（5）负责车站行车工作，监控列车运行情况及乘客动态，并按规定及时播放广播	10	职责遗忘，扣 10 分	
		（6）接到文件、通知须及时登记、汇报，并协助值班站长处理开关站及其他工作	5	职责遗忘，扣 5 分	
		（7）负责车站范围内的备品和钥匙管理，做好借用、归还登记工作	5	职责遗忘，扣 5 分	
		（8）办理施工请销点手续，做好安全防护监督工作	5	职责遗忘，扣 5 分	

续表

序号	评分项目	评分标准	分值	扣分标准	实际扣分
3	客运值班员岗位职责	（1）做好补币补票、售票员的票款配备，以及结算、更换钱箱、更换票箱、封装车票、封装现金、现金解行等各项票务工作	10	职责遗忘，扣 10 分；每缺 1 项扣 1 分，扣完为止	
		（2）及时将相关数据输入 SC 系统，填写、上交报表	5	职责遗忘，扣 5 分	
		（3）按程序及值班站长指示做好开关站工作	5	职责遗忘，扣 5 分	
		（4）协助值班站长做好车站客流组织与控制	5	职责遗忘，扣 5 分	
		（5）处理相关客运、票务、乘客事务、票务设备故障的报修与处理，以及处理失物、乘客投诉等工作	5	职责遗忘，扣 5 分；缺 1 项扣 1 分，扣完为止	
		（6）巡视车站，监督、指导客运及票务工作，检查售票员工作情况，并进行必要的复核，监督票务政策的执行	5	职责遗忘，扣 4 分；缺 1 项扣 1 分，扣完为止	
		（7）遇突发事件、事故时，根据值班站长指示执行相应的应急处理程序	5	职责遗忘，扣 5 分	
		（8）保持票务室及客服中心的整洁，并检查是否有车票、现金遗漏，检查发票使用情况	10	职责遗忘，扣 5 分；缺 1 项扣 1 分，扣完为止	
总分			100		
最后得分					

实训演练 2.2　城市轨道交通车站大客流组织实训

实训演练 2.2 城市轨道交通车站大客流组织实训

实训演练 2.2.1　城市轨道交通车站大客流组织实训任务书

<table>
<tr><td>实训名称</td><td>城市轨道交通车站大客流组织实训</td><td>组　　别</td><td></td></tr>
<tr><td>班　　级</td><td></td><td>学生姓名</td><td></td></tr>
<tr><td>学习领域</td><td colspan="3">客流组织</td></tr>
<tr><td>学习情景</td><td colspan="3">地铁车站</td></tr>
<tr><td colspan="4">任务场景</td></tr>
<tr><td>情景</td><td colspan="3">地点：地铁理想站。
人物：值班站长。
背景：2024 年 2 月 2 日 13 时 30 分，在地铁 2 号线奥体中心车站，地铁巡岗人员在发现站台乘客数量已超过“警戒线”后马上向控制中心进行汇报，地铁管理部门立即采取措施加强客流组织疏导，并同时启动公交接驳。各方增援力量按照预案要求迅速响应，及时就位，有效配合车站做好现场客流引导；值班站长快速反应、沉着施令，各岗位紧张有序地完成信息传达。几分钟后，50 名乘客从地铁站被引导至一辆开往全运路方向的公交车上</td></tr>
<tr><td>演练</td><td colspan="3">值班站长应该如何在车站组织、疏散大客流？
1. 增加列车运能
根据预测客流量，提前编制针对大客流的特殊情况的列车运行图，从运能上保证大客流的运营组织。在大客流出现时，根据大客流的方向，利用就近的折返线、存车线组织列车运行方案增开临时列车，从而保证对大客流进行疏散。
2. 增加售、检票能力
安排售、检票设备的准备、车票和零钞的准备、临时售票厅的准备。
3. 做好进站客流组织工作
增加售、检票能力；加开进站方向的闸机；加开通往站台方向的手扶电梯；适当延长列车停站时间；在站台上做好对乘客上下车的引导工作，在保障安全的前提下，争取让更多的乘客上车，增加本次列车的运能等。
暂停售票或减缓售票速度，关闭部分自动售票机；暂时关闭局部或全部进站方向闸机；更改手扶电梯运行方向，将部分或全部手扶电梯调整为向站厅层及出入口方向运行，延缓乘客进站速度；适当延长停站时间；采取进出分流等措施。
4. 做好出站客流组织工作
更改手扶电梯运行方向，将部分或全部手扶电梯调整为向站厅层及出口方向运行；将部分或全部进站闸机更改为出站闸机；在紧急情况下，可采取票务应急处理模式；采用进站免检模式、AFC 紧急放行模式等措施。
5. 采取临时疏导措施
在车站出入口站厅层的疏导主要是，根据临时售、检票位置的设置，引导、限制客流的方向。临时售、检票位置宜设置在站外、站厅层较空旷的位置，应为排队购票的乘客留出充分的空间，确保通道的畅通以维护好出入口、站厅客流的秩序。电动扶梯及站台层的疏导主要是为了尽量保证客流上下扶梯和尽快上下列车，保证乘客在站台候车的安全。站务人员应在靠近楼梯扶梯处站岗并分散在站台前、中后部疏导乘客。采取的疏导措施主要有设置临时导向标志、设置警戒绳或隔离栏杆、采用人工引导及通过广播宣传引导等</td></tr>
</table>

续表

完成本次任务后，归纳总结你应掌握的客流组织技巧。

	得分
完成本次任务后，你对自己的评分（满分 10 分）	
小组互评：（小组讨论后给出最终得分）（满分 10 分）	
评分标准（满分 40 分）如下。 1. 参与小组讨论情况良好（满分 10 分）。 2. 服务过程标准规范（满分 10 分）。 3. 设备操作、功能、原理掌握良好（满分 10 分）。 4. 任务完成良好（满分 10 分）	
教师评价——评分标准（满分 40 分）如下。 1. 出勤（满分 8 分）。 2. 安全（满分 8 分）。 3. 纪律（满分 8 分）。 4. 职业素养（满分 8 分）。 5. 任务完成情况（满分 4 分）。 6. 归纳总结（满分 4 分）	

自评	小组互评	教师评价	总分

实训演练 2.2.2　城市轨道交通车站大客流组织实训评分细目表

班级：　　　　　　　　　　　组别：　　　　　　　　　　　姓名：

序号	评分项目	评分标准	分值	扣分标准	实际扣分
1	增加列车运能	可根据预测客流量，提前编制针对大客流的特殊情况下的列车运行图，从运能上保证大客流的运营组织。 在大客流发生时，根据大客流的方向，利用就近的折返线、存车线组织列车运行方案增开临时列车，从而保证对大客流的疏散	20	缺 1 项，扣 5 分，扣完为止	
2	增加售、检票能力	售检票设备的准备、车票和零钞的准备、临时售票厅的准备	20	缺 1 项，扣 5 分，扣完为止	
3	做好进站客流组织工作	增加售检票能力；加开进站方向的闸机；加开通往站台方向的手扶电梯；适当延长列车停站时间。 在站台上做好乘客上下车的引导工作，在保障安全的前提下，争取让更多的乘客上车，增加本次列车的运能等。 暂停售票或减缓售票速度，关闭部分自动售票机。 暂时关闭局部或全部进站方向闸机；更改手扶电梯方向，将部分或全部手扶电梯调整为向站厅层及出入口方向运行，延缓乘客进站速度。 适当延长停站时间；采取进出分流等措施	20	缺 1 项，扣 3 分，扣完为止	
4	做好出站客流组织工作	更改手扶电梯方向，将部分或全部手扶电梯方向调整为向站厅层及出口方向运行。 将部分或全部进站闸机更改为出站闸机。 紧急情况时，可采取票务应急处理模式。 如采用进站免检模式 AFC 紧急放行模式等措施	20	缺 1 项，扣 3 分，扣完为止	
5	采取临时疏导措施	车站出入口站厅层的疏导主要是，根据临时售检票位置的设置，引导限制客流的方向。 站务工作人员应在靠近楼梯扶梯处站岗并分散在站台前、中后部以疏导乘客。可采取的疏导措施主要有设置临时导向标志、设置警戒绳或隔离栏杆、采用人工引导及通过广播宣传引导等	20	缺 1 项，扣 3 分，扣完为止	
总分			100		
最后得分					

实训演练 2.3　城市轨道交通车站特大客流组织实训

实训演练 2.3.1　城市轨道交通车站特大客流组织实训任务书

实训名称	城市轨道交通车站特大客流组织实训	组　　别	
班　　级		学生姓名	
学习领域	城市轨道交通客流组织		
学习情景	地铁车站		
任务场景			
情景	地点：地铁理想站。 人物：值班站长。 背景：2024 年 2 月 4 日，郑州地铁当日乘客高达 345.87 万人；2023 年 4 月 1 日武汉地铁客流量再次刷新历史最高纪录，高达 466.92 万人次，打破了之前的 461.95 万人次的历史纪录		
演练	值班站长应该如何在车站组织、疏散特大客流？ 第一级：控制站台客流。控制点可设在站厅与站台的楼梯（或扶梯）口处，站务工作人员应该分散在站台的各区域，维持候车、出站的秩序，确保有序、快捷的进站秩序，及时处理问题。 第二级：控制付费区客流。控制点可设在进站闸机处，站务员应当确保有序、快捷进站的秩序，及时处理票务问题。 第三级：控制非付费区客流。控制点在车站出入口，可在站外设置迂回的限流隔离栏杆，延长进站时间，以最大限度缓解站台层客流压力。 只要严格按照上述三级客流控制方法，城市轨道交通车站在遭遇特大客流时是能确保乘客安全和车站秩序的		

完成本次任务后，归纳总结你应掌握的客流组织技巧。

完成本次任务后，你对自己的评分（满分 10 分）	得分
小组互评：（小组讨论后给出最终得分）（满分 10 分）	
评分标准（满分 40 分）如下。 1. 参与小组讨论情况良好（满分 10 分）。 2. 服务过程标准规范（满分 10 分）。 3. 设备操作、功能、原理掌握良好（满分 10 分）。 4. 任务完成良好（满分 10 分）	
教师评价——评分标准（满分 40 分）如下。 1. 出勤（满分 8 分）。 2. 安全（满分 8 分）。 3. 纪律（满分 8 分）。 4. 职业素养（满分 8 分）。 5. 任务完成情况（满分 4 分）。 6. 归纳总结（满分 4 分）	

自评	小组互评	教师评价	总分

实训演练 2.3.2　城市轨道交通车站特大客流组织任务实训评分细目表

班级：　　　　　　　　　　　　组别：　　　　　　　　　　　　姓名：

序号	评分项目	评分标准	分值	扣分标准	实际扣分
1	第一级：控制站台客流	控制站台客流的控制点可设在站厅与站台的楼梯（或电扶梯）口处，站务人员应该分散在站台的各区域，维持候车、出站的秩序，确保有序、快捷的进站秩序，及时处理问题	30	每缺 1 项扣 5 分，扣完为止	
2	第二级：控制付费区客流	控制付费区客流的控制点可设在进站闸机处，站务员应当确保有序、快捷进站的秩序，及时处理票务问题	30	每缺 1 项扣 5 分，扣完为止	
3	第三级：控制非付费区客流	控制非付费区客流的控制点在车站出入口，可在站外设置迂回的限流隔离栏杆，延长进站时间，最大限度缓解站台层客流压力。暂停售票或减缓售票速度，关闭部分自动售票机；暂时关闭局部或全部进站方向闸机；更改手扶电梯方向，将部分或全部手扶电梯调整为向站厅层及出入口方向运行，延缓乘客进站速度；适当延长城市轨道交通列车停站时间；采取进、出分流等措施	40	每缺 1 项扣 3 分，扣完为止	
总分			100		
最后得分					

实训演练 2.4 城市轨道交通车站开站作业实训

实训演练 2.4 城市轨道交通车站开站作业实训

实训演练 2.4.1 城市轨道交通车站开站作业实训任务书

实训名称	城市轨道交通车站开站作业实训	组　　别	
班　　级		学生姓名	
学习领域	城市轨道交通客运服务		
学习情景	地铁车站		
任务场景			
情景	地点：地铁理想站。 人物：全体车站工作人员。 背景：2024 年 2 月 7 日凌晨 5 点，长春地铁 1 号线理想站又迎来了新的运营服务日。在车站内，值班站长及车站工作人员正在紧张、忙碌地工作，以最好的运营服务状态迎接乘客们的到来		
演练	（1）值班站长的作业实训演练：所有站台端门/屏蔽门已完全关闭和妥善锁定，并经手控开关（端门后方）试验；确认所有消防设备的性能良好并妥善固定；送电前接触轨下及附近没有杂物，接地装置已放回原位；确认车站公共区域不存在安全隐患；确保各项设备功能正常。 （2）车站不同岗位的工作人员的作业实训演练。 在首班列车到站前的规定时间里，按规定试验道岔夜间开启车站前巡视；试验开关安全门；检查站台和线路出清情况，确保所有工程领域或影响车站运营的工作都已撤销，所有物品及人员都已撤离轨道，并汇报给行车调度员；开启车站环控（BAS）系统，并检查其运行情况；确认已完成对 TVM 的补币、补票；领取票卡和备用金；确认各岗位人员到岗。在首班列车到站前的规定时间内开启照明；开启 AFC 设备；对全站巡视完毕；开启出入口大门、扶梯，向乘客广播候车的注意事项		

完成本次任务后，归纳总结你应掌握的车站日常管理技巧。

	得分
完成本次任务后，你对自己的评分（满分 10 分）	
小组互评：（小组讨论后给出最终得分）（满分 10 分）	
评分标准（满分 40 分）如下。 1. 参与小组讨论情况良好（满分 10 分）。 2. 服务过程标准规范（满分 10 分）。 3. 设备操作、功能、原理掌握良好（满分 10 分）。 4. 任务完成良好（满分 10 分）	
教师评价——评分标准（满分 40 分）如下。 1. 出勤（满分 8 分）。 2. 安全（满分 8 分）。 3. 纪律（满分 8 分）。 4. 职业素养（满分 8 分）。 5. 任务完成情况（满分 4 分）。 6. 归纳总结（满分 4 分）	

自评	小组互评	教师评价	总分

实训演练 2.4.2 城市轨道交通车站开站作业实训评分细目表

班级： 组别： 姓名：

序号	评分项目	评分标准	分值	扣分标准	实际扣分
1	值班站长	确认所有站台端门/屏蔽门已完全关闭并被妥善锁定，并经手控开关（端门后方）试验；确认所有消防设备的性能良好并被妥善固定；送电前接触轨下及附近没有杂物，接地装置已放回原位；确认车站公共区不存在安全隐患；确保各项设备功能正常	30	每缺 1 项，扣 5 分，扣完为止	
2	其他工作人员	在首班车到站前的规定时间内，按规定试验道岔夜间开启车站前巡视；试验开关安全门并确认运行正常；检查站台和线路出清情况，确保所有工程领域或影响车站运营的工作都已撤销，所有物品及人员都已撤离轨道，并汇报给行车调度员；开启车站环控（BAS）系统，并检查其运行情况；确认已完成对 TVM 的补币、补票；领取票卡和备用金；确认各岗位人员已到岗；在首班列车到站前的规定时间内开启照明；开启 AFC 设备；对全站巡视完毕；开启出入口大门、扶梯，向乘客广播候车的注意事项	50	每缺 1 项，扣 5 分，扣完为止	
3	时间规范	必须在首班载客列车到达车站前 10 min 内开放车站出入口。如果出现特殊情况，可提前开启车站出入口以方便乘客购票，开门前要做好一切运营准备	20	每缺 1 项，扣 3 分，扣完为止	
总分			100		
最后得分					

实训演练 2.5　城市轨道交通列车清客（正常情况下）作业实训

实训演练 2.5.1　城市轨道交通列车清客（正常情况下）作业实训任务书

<table>
<tr><td>实训名称</td><td>城市轨道交通列车清客（正常情况下）作业实训</td><td>组　　别</td><td></td></tr>
<tr><td>班　　级</td><td></td><td>学生姓名</td><td></td></tr>
<tr><td>学习领域</td><td colspan="3">城市轨道交通客运服务</td></tr>
<tr><td>学习情景</td><td colspan="3">地铁车站</td></tr>
<tr><td colspan="4">任务场景</td></tr>
<tr><td>情景</td><td colspan="3">地点：地铁理想站。
人物：全体车站工作人员。
背景：2024 年 1 月 10 日，在长春地铁 2 号线理想站，需要车站站务工作人员协助开往幸福站方向的×××号列车完成清客任务</td></tr>
<tr><td>演练</td><td colspan="3">1. 行车值班员接车作业
当城市轨道交通列车接近站台即将进站时，司机向行车值班员汇报：“车控室，××方向列车即将进站。”列车到站停稳开门，司机目光左右瞭望，确认所有车门、站台门正常开启，若有异常情况，司机应及时进行汇报并处置。
2. 站务员上车清客
（1）站台配备 1 名站台站务工作人员时。站务工作人员从尾端最后一道站台门处上车，沿车厢走至列车头端第一道站台门处，确认车厢内所有乘客已下车，站在下车处向列车司机显示关门手势信号，提示司机可以关闭车门。
（2）站台配置 2 名站台站务工作人员时。列车尾端站台站务工作人员从列车尾端最后一道站台门上车，走过后三节车厢；列车头端站台站务员从列车头端第一道站台门上车，走过前三节车厢，2 名站台站务工作人员在确认清客完毕，列车上无乘客遗留后，由列车尾端站台站务工作人员站在下车处向司机显示关门手势信号，提示司机可以关门，另一名站务员做好安全防护。在整个清客过程中，站台站务工作人员要注意文明、礼貌服务，并使用文明、礼貌用语，例如“您好，先生（女士），本次列车即将退出服务，请下车乘坐下一趟列车。”
3. 显示、汇报
在确认城市轨道交通列车上已无乘客后，司机需下车并报告行车值班员：“车控室，××方向列车清客作业完毕。”之后，列车司机则可以关车门、站台门，站台站务工作人员停止向司机显示关门手势信号，目光左右瞭望，确认是否有乘客抢上的情况，并报告行车值班员：“车控室，××方向车门即将关闭。”
4. 送车出站
站台站务工作人员在确认车门、站台门关闭良好后，注意列车动态及站台情况，当列车尾部经过站立位置后，转身 90°，面向列车出站方向，目送列车驶出站台</td></tr>
</table>

续表

完成本次任务后，归纳总结你应掌握的清车技巧。	
完成本次任务后，你对自己的评分（满分 10 分）	得分
小组互评：（小组讨论后给出最终得分）（满分 10 分）	
评分标准（满分 40 分）如下。 1. 参与小组讨论情况良好（满分 10 分）。 2. 服务过程标准规范（满分 10 分）。 3. 设备操作、功能、原理掌握良好（满分 10 分）。 4. 任务完成良好（满分 10 分）	
教师评价——评分标准（满分 40 分）如下。 1. 出勤（满分 8 分）。 2. 安全（满分 8 分）。 3. 纪律（满分 8 分）。 4. 职业素养（满分 8 分）。 5. 任务完成情况（满分 4 分）。 6. 归纳总结（满分 4 分）	

自评	小组互评	教师评价	总分

实训演练 2.5.2　城市轨道交通列车清客（正常情况下）作业实训评分细目表

班级：　　　　　　　　　　　　　组别：　　　　　　　　　　　　　姓名：

序号	评分项目	评分标准	分值	扣分标准	实际扣分
1	行车值班员接车作业	当列车接近站台即将进站时，司机应向车控室行车值班员汇报：“车控室，××方向列车即将进站。”列车到站停稳后开门，司机目光左右瞭望，确认所有车门、站台门正常开启。若有异常情况，司机应及时进行汇报并处置	30	缺 1 项，扣 5 分	
2	站务员上车清客	（1）当站台配备 1 名站台站务工作人员时：站台站务工作人员从列车尾端最后一道站台门处上车，沿车厢走至列车头端第一道站台门处，并确认车厢内所有乘客已下车后，站台站务工作人员站在下车处向列车司机显示关门手势信号，提示司机可以关闭车门。 （2）当站台配置 2 名站台站务工作人员时：在列车尾端站台站务工作人员从列车尾端最后一道站台门上车，走过后三节车厢；同时，在列车头端站台站务工作人员从列车头端第一道站台门上车，走过前三节车厢，均确认清客完毕，列车上无乘客遗留后，由列车尾端站台站务工作人员站在下车处向司机显示关门手势信号，提示司机可以关门，另一名站务员同时做好安全防护。在整个清客过程中，要注意文明、礼貌服务，并使用文明、礼貌用语，例如“您好，先生（女士），本次列车即将退出服务，请下车乘坐下一趟列车。”	50	缺 1 项，扣 5 分；未使用文明用语，扣 10 分	
3	显示汇报	在确认列车上已无乘客，司机需下车并报告车控室行车值班员：“车控室，××方向列车清客作业完毕。”随后，列车司机则可以关闭车门、站台门，站台站务工作人员停止向司机显示关门手信号，目光左右瞭望，确认无乘客抢上情况，并报告车控室行车值班员：“车控室，××方向车门即将关闭。”	10	缺 1 项，扣 3 分	
4	送车出站	站台站务工作人员在确认车门、站台门关闭良好后，注意列车动态及站台情况。在列车尾部经过站立位置后，站台站务工作人员 90° 转身，面向列车出站方向，目送列车驶出站台	10	缺 1 项，扣 5 分；操作不规范，扣 3 分	
总分			100		
最后得分					

实训演练 2.6　城市轨道交通乘客物品遗失处置实训

实训演练 2.6 乘客物品遗失处置实训

实训演练 2.6.1　城市轨道交通乘客物品遗失处置实训任务书

<table>
<tr><td>实训名称</td><td>城市轨道交通乘客物品遗失处置实训</td><td>组　　别</td><td></td></tr>
<tr><td>班　　级</td><td></td><td>学生姓名</td><td></td></tr>
<tr><td>学习领域</td><td colspan="3">城市轨道交通客运服务</td></tr>
<tr><td>学习情景</td><td colspan="3">地铁车站</td></tr>
<tr><td colspan="4">任务场景</td></tr>
<tr><td>情景</td><td colspan="3">地点：地铁理想站。
人物：全体车站工作人员。
背景：2024 年 1 月 12 日 16 点 40 分，长春地铁 3 号线理想站，1 名乘坐开往幸福站方向的××号列车的乘客反映，他在刚刚下车时在车门附近拾到 1 部苹果手机</td></tr>
<tr><td>演练</td><td colspan="3">当乘客捡拾到其他乘客的物品并上交时，城市轨道交通客运服务人员应该向乘客表示感谢，当着乘客的面对物品进行详细的清点和记录，并请乘客签字确认。城市轨道交通客运服务人员要迅速通过广播寻找失主，如果暂时未找到失主，则将物品上交保管；如果有乘客过来认领时，应礼貌核对乘客的身份，并请乘客签字确认。
站台站务工作人员还要根据自身的经验，通过视觉观察有无危险标识或通过常识判断有无危险的（如有“三品”标识），通过听觉发现有无异常响声的（如计时器响声），通过嗅觉发现有异常气味的（如刺激性气味），以初步鉴别乘客遗失品的性质和类别。如果确认乘客上交的物品为可疑物品时，站台站务工作人员还配合值班站长用隔离带或屏风隔离现场，劝离附近的乘客</td></tr>
</table>

完成本次任务后，归纳总结你应掌握的车站特殊情况管理作业技巧。

<table>
<tr><td rowspan="2">完成本次任务后，你对自己的评分（满分 10 分）</td><td>得分</td></tr>
<tr><td></td></tr>
<tr><td>小组互评：（小组讨论后给出最终得分）（满分 10 分）</td><td></td></tr>
<tr><td>评分标准（满分 40 分）如下。
1. 参与小组讨论情况良好（满分 10 分）。
2. 服务过程标准规范（满分 10 分）。
3. 设备操作、功能、原理掌握良好（满分 10 分）。
4. 任务完成良好（满分 10 分）</td><td></td></tr>
<tr><td>教师评价——评分标准（满分 40 分）如下。
1. 出勤（满分 8 分）。
2. 安全（满分 8 分）。
3. 纪律（满分 8 分）。
4. 职业素养（满分 8 分）。
5. 任务完成情况（满分 4 分）。
6. 归纳总结（满分 4 分）</td><td></td></tr>
</table>

自评	小组互评	教师评价	总分

实训演练 2.6.2 城市轨道交通车站乘客物品遗失处置实训评分细目表

班级：　　　　　　　　　　　　组别：　　　　　　　　　　　　姓名：

序号	评分项目	评分标准	分值	扣分标准	实际扣分
1	感谢	当乘客捡拾到其他乘客的物品并上交时，城市轨道交通客运服务人员应该向乘客表示感谢	20	缺一项，扣 20 分；未使用文明用语，扣 10 分，扣完为止	
2	记录签字	城市轨道交通客运服务人员应当着乘客的面，对物品进行详细的清点和记录，并请乘客签字确认	30	缺一项，扣 10 分；未签字，扣 10 分，扣完为止	
3	站内广播	城市轨道交通客运服务人员要迅速通过广播寻找失主；如果暂时未找到失主，将物品上交保管	20	未广播，扣 10 分；未妥善保管，扣 10 分，扣完为止	
4	确认领取	如果有乘客过来认领，城市轨道交通客运服务人员应礼貌核对乘客的身份，并请乘客签字确认	30	未使用文明用语，扣 10 分；未核对乘客信息，扣 10 分；未签字，扣 10 分，扣完为止	
总分			100		
最后得分					

项目自测

一、填空题

1. ____________是乘客办理各种乘车手续并完成乘坐的主要场所。

2. 城市轨道交通客流的特点：____________、____________、乘车时间短、____________、快进快出、流动频繁等。

二、选做题

1. 一级大客流的判定标准是：站台聚集乘客所占面积达到或大于站台有效区域的（　　），并且持续时间大于实际行车间隔时间。

A. 90%　　B. 80%　　C. 70%　　D. 60%

2. 全日分时最大断面客流量是确定（　　）全日行车计划和车辆配备计划的基础数据。

A. 高峰时　　B. 轨道交通系统

C. 行车秩序　　D. 车站单向高峰

3. 客运密度是指在一定时期内平均每公里运营线路所承担的（　　）。

A. 客运量　　B. 旅客总人数　　C. 客运周转量　　D. 运输总里程

4. 车站日常客流组织主要由进站客流组织、出站客流组织、（　　）三部分组成。

A. 换乘客流组织　　B. 大客流组织　　C. 突发客流组织　　D. 疏散客流组织

5. 城市轨道交通主要通过合理的（　　）及设备运用来完成其大容量的客运任务。

A. 客流组织　　B. 行车组织　　C. 车辆配备　　D. 票务组织

三、判断题

1. 车站设备的通过能力根据远期高峰客流量及考虑留有余地进行确定。（　　）

2. 在断面客流量不均衡时，运营部门常采用在客流量较大的区段加开区段列车的措施。（　　）

3. 在一定的客流量下，采用缩短行车间隔时间而不增加列车编组辆数的办法也能增加一定的运能。（　　）

四、简述题

什么是客流？影响客流的因素有哪些？

项目 3
团结合作　始于信任　共享成功——城市轨道交通行车运营技能训练

项目知识树

- 城市轨道交通行车运营技能训练
  - 知识储备
    - 城市轨道交通线路概述
      - 城市轨道交通线路基础知识认知
      - 城市轨道交通车站基础知识认知
      - 城市轨道交通线路分类
    - 城市轨道交通运营调度指挥概述
      - 城市轨道交通运营调度指挥层级
      - 城市轨道交通运营调度指挥机构
      - 城市轨道交通行车指挥权限
      - 城市轨道交通行车调度命令
    - 城市轨道交通行车运行系统概述
      - 城市轨道交通列车车门基础知识认知
      - 城市轨道交通列车运行图认知
      - 城市轨道交通行车备品认知
      - 城市轨道交通车站行车作业基本要求和制度
      - 城市轨道交通车站信号控制系统认知
    - 城市轨道交通车站日常行车作业
      - 城市轨道交通车站接发列车作业
      - 城市轨道交通车站列车折返作业
    - 城市轨道交通车站特殊情况下行车作业
      - 城市轨道交通信号联锁故障下的接发车作业
      - 城市轨道交通列车车门、车站屏蔽门故障时的接发车作业
  - 实训演练
    - 城市轨道交通车站接车作业实训
    - 城市轨道交通车站发车作业实训
    - 电话闭塞法的接发车作业实训
    - 人工排列进路作业实训

项目导入

在城市轨道交通运营管理专业中，行车作业主要集中在车站，城市轨道交通车站是城市轨道交通运营设备的集中场所，是城市轨道交通客流的集散地。车站的行车作业主要是利用相关线路、道岔及信号联锁设备进行接发车作业，通过屏蔽门紧急按钮等设备保证列车的正常运行。

项目目标

- 知识目标

（1）能掌握列车的基本结构及关键标识。

（2）能掌握车站行车设备的操作，如 SICAS 系统和工作站（LOW）。

（3）能掌握车站控制权转换的相关知识，包括转换过程的方式和注意事项。

（4）能掌握车站列车正常和非正常接发车作业。

（5）能掌握列车接发车的原则和作业流程。

（6）能掌握列车折返作业的相关知识。

- 技能目标

（1）能够熟练操作车站行车设备，如工作站（LOW）等。

（2）能够应对车站在非正常情况下的接发车作业。

（3）能够使用工作站（LOW）对列车运行进行控制。

（4）能够熟练掌握城市轨道交通客运服务技能，能够注意列车运行状态和乘客乘降情况，并随时做好在特殊情况下行车的准备工作。

- 素养目标

（1）树立学生职业安全意识、规范意识和协作意识。

（2）培养学生团结协作、精益求精、爱岗敬业的职业道德。

（3）培养学生勇于承担、敢于奋斗的劳动精神。

（4）培养学生自主学习、独立思考的学习习惯。

思政案例

操作熟练　团结协作　共享成功

2022 年 8 月 25 日 23 时 35 分，由东方体育中心站出发的最后一班载客列车准点到达港城路站。此时，上海地铁 6 号线结束了一天的运营。

2022 年 8 月 26 日 00 时 24 分，上海地铁 6 号线行车调度发布调令，非正常行车演练正式开始，各岗位人员迅速就位。

首先进行的是电话闭塞法演练。列车司机是承担地铁运营任务的主力之一，在遇到信号通信系统故障时能够按电话闭塞法要求驾驶列车是作为列车司机的基本功。列车司机按照规程要求，在接到书面命令后完整复诵，在站台接送路票并严格认定，再根据调车手势信号进行折返作业。

接着，演练区段各车站对钩锁器及手摇柄进行了一次全面检查，并对钩锁器进行了上油保养。车站行车岗位人员在值班站长带领下，下线进行手摇道岔折返作业。

列车根据调车手势信号驶入东方体育中心站折线并折返至东方体育中心站下行后，以电话闭塞方式向灵岩南路站运行。最后车站工作人员做好与司机的车调联控，列车有序出发。各站参演人员按计划有条不紊地开展演练工作，接调令、打电话、送路票、手摇道岔、打手势信号、互相盯控并做好记录，3 个 h 的非正常行车综合演练在全体人员默契配合下顺利结束。

上海地铁开展这次演练的目的是提高各岗位行车人员综合业务能力，检验各岗位应急处理、联动配合能力，巩固在实行行车应急预案时各站参演人员操作熟练程度，所以在当天运营结束后开展了电话闭塞法、手摇道岔等行车综合演练。而此次演练的成功，依靠的正是地铁工作人员精湛、熟练的操作和有效、积极的配合。“同心山成玉”，一起并肩作战，一起分享成功，这就是团队精神。

知识储备

任务 3.1 城市轨道交通线路基本知识

任务 3.1　城市轨道交通线路概述

每一条城市轨道交通线都由线路、车站及其附属建筑物组成。城市轨道交通线路是城市轨道交通车辆运行的基础，按空间设置位置可分为地下、地面和高架 3 种形式，如图 3-1 所示。

(a) 地下线路　　(b) 地面线路

图 3-1　城市轨道交通线路的形式

(c) 高架线路

图 3-1　城市轨道交通线路的形式（续）

子任务 3.1.1
城市轨道交通线路
基础知识认知

子任务 3.1.1　城市轨道交通线路基础知识认知

城市轨道交通线路一般铺设在隧道、高架桥、地面，供列车开行。在修建轨道交通线路时，通常先修路基和桥隧建筑物，在路基与桥隧建筑物完成后再铺设轨道。轨道由钢轨、轨枕、道床、连接零件、防爬设备和道岔组成。

1）钢轨

钢轨如图 3-2 所示，是直接支撑机车车辆轮对并引导车轮运行的主要轨道部件。钢轨一方面要承受机车车辆的重力及列车运行过程中所产生的冲击力，并将其传递给轨枕；另一方面就是引导车轮运行，实现对列车运行方向的控制。在电气化铁路或自动闭塞区段，钢轨还兼做轨道电路的导电体。

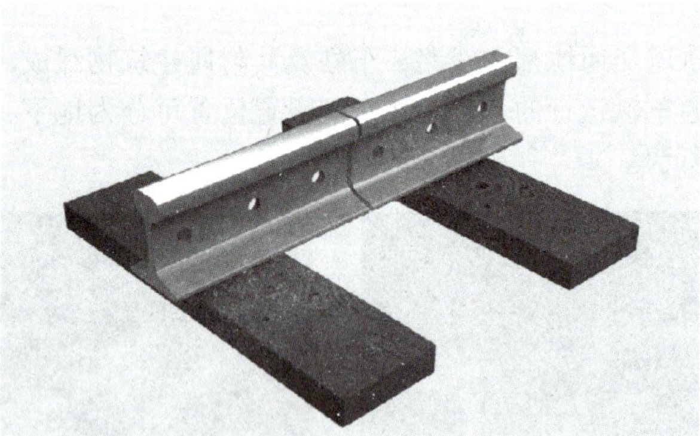

图 3-2　钢轨

2）轨枕

轨枕如图 3-3 所示，其作用是承受钢轨传来的作用力，并将其传递给道床。轨枕能有效保持钢轨的位置和钢轨之间的距离，因此轨枕应具有一定的坚固性、弹性和耐久性。

图 3-3　轨枕

3）道床

如图 3-4 所示，道床是指铺设在路基顶面的道砟层。它的主要作用是支撑轨枕，并均匀地传递轨枕压力于路基上；保持轨枕位置；排出地面雨水；使轨道具有足够的弹性，减缓列车的冲击震动。

图 3-4　道床

4）联结零件

联结零件分为接头联结零件和中间联结零件（扣件）两种。

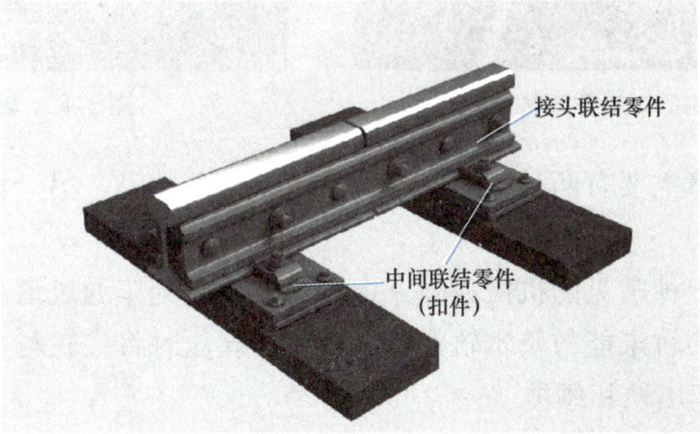

图 3-5　联接零件

5）道岔

道岔是轨道线路的基本组成部分之一，如图 3-6 所示。在轨道线路上，实现线路间的相互连接或交叉的设备总称为道岔。它的作用是引导机车车辆由一条线路转入或越过另一条线路，通常在车站、编组站被大量铺设。有了道岔，就可以充分发挥线路的通过能力。

图 3-6　道岔

子任务 3.1.2
车站道岔知识

按平面形状及开通方向，道岔可分为单开道岔、双开（对称）道岔等类型，其中单开道岔是最常见的，如图 3-7、图 3-8 所示。

图 3-7　单开道岔

图 3-8　复式道岔

车站道岔故障主要有两种类型：一种是道岔挤岔故障，另一种是办理信号重开作业。

道岔挤岔是一种常见的机械故障，主要是发生在列车通过道岔时，由于道岔位置不正确，导致尖轨未能与基本轨密贴，车轮在碾压时将尖轨与基本轨挤开。这种情况极易导致列车出轨和倾覆。

办理信号重开作业是因为道岔挤岔后，信号机关闭，线路为不通状态。车站对进路中的其他正常道岔进行单锁，对故障道岔加钩锁器；若需转换故障道岔，则先手摇道岔到位，再加钩锁器。运营控制中心（operations control center，OCC）与车站人工办理故障道岔进路人员保持联系，若现场道岔位置与进路方向一致且密贴良好，可立即组织行车。道岔挤岔故障排除后，信号机恢复工作，开通线路，由车站值班员办理信号重开作业。

子任务 3.1.2　城市轨道交通车站基础知识认知

子任务 3.1.2
城市轨道交通车站
基础知识

车站是城市轨道交通的重要组成部分，是供旅客乘降、换乘和候车的场所，也是集散客流的基本设施。

1. 车站的分类

（1）按车站空间位置分类，主要有地面站、地下站和高架站 3 种形式。

① 地面站。地面站设置在地面层（设在地面空间），最容易造成城市轨道交通线路所经过的地面区域被分割，所以，一般在城乡接合部多采用此类型的车站。地面站的最大优点是造价很低。

② 地下站。受地面建筑群的影响，也为节省地面空间，将线路设置在地下，车站也随之设置在地下。地下站分深埋式车站和浅埋式车站两种，埋深越大，造价越高。

③ 高架站。高架站位于高架桥梁的桥面，在结构上比较简单，造价大大低于地下站。

（2）按车站运营功能分类，主要有中间站、区域站（折返站）、换乘站、终点站（始发站）4 种形式。

① 中间站。中间站是城市轨道交通运行线路中数量最多的基本站型，主要功能是供乘客乘降和便于城市轨道交通工作人员开站服务。

② 区域站（折返站）。设有折返线路设备的中间站称为折返站，一般在市区客流量大的区段设立，城市轨道交通列车可以在这些站点调头往回走，避免开回终点站再往回走从而节省时间，并满足大客流时的运输需求，同时节省运营开支。

③ 换乘站。在两条或两条以上城市轨道交通线路交叉点设置的车站称为换乘站，其主要功能是供乘客乘降和换乘。

④ 终点站。城市轨道交通线路两端的车站即为终点站（始发站），除了供乘客上下车外，通常还供列车停留、折返、临修及检修使用。

2. 车站的要求

对车站具有以下要求。

（1）车站必须满足客流和设备运行的需求，保证乘客乘行安全、集散迅速且功能分区明确，并应具有良好的通风、照明、卫生、防灾等设施。

（2）车站的站厅、站台、出入口通道、人行楼梯、自动扶梯、售检票（机）等的规模应和通过能力相适应，并应符合消防规范和紧急情况疏散需要。

（3）站台面的高度均应略低于车辆地板面的高度。

（4）车站各区域的容纳能力应满足高峰客流量的需要，车站各区域的最小宽度应满足表 3-1 中的规定。

表 3-1　车站各部分最小宽度

名　　称	最小宽度/m
岛式站台	8
岛式站台的侧站台	3
侧式站台（长向范围内设梯）的侧站台	3
侧式站台（垂直于侧站台开通道口设梯）的侧站台	4
通道或天桥	2.4
单向公共区人行楼梯	1.8
双向公共区人行楼梯	2.4
与自动扶梯并列设置的人行楼梯（困难情况下）	1.2
专用楼梯	1.2
站台至轨道区的工作梯（兼疏散梯）	1.1

（5）无屏蔽门或屏蔽门缓装的车站站台，在距站台边缘 400 mm 处内侧，应设不小于 80 mm 宽且醒目的纵向安全线。当采用安全门或护栏等设施时，应满足车行区的限界要求。

（6）自站台边缘向内 2 m 范围内的地坪装饰面下应做绝缘层处理。

（7）售票处距出入口通道和进站检票处的距离不宜小于 5 m，出站检票处与梯口的距离不宜小于 8 m。

（8）当自动扶梯穿越楼层，且扶手带中心至开孔边缘的净距小于 400 mm 时，应设防碰撞安全标识。

（9）站内应设置各种导向、事故疏散、服务乘客的标志，并符合相关规定。

（10）车站内的装修应采用防火的环保材料，地面采用的材料应防滑耐磨。

3. 车站的组成

车站的建筑主体结构主要由站台、站厅、设备用房、管理用房、辅助用房及列车运行空间等组成。

车站的附属结构有出入口，通道、风亭（或风井）等。此外车站还设有自动化售票设备、闸机自动检票设备、自动电梯设备、屏蔽门等设备。

（1）设备用房。设备用房是安置各类设备并进行日常维修及保养设备的场所。设备用房主要分为环境控制机房、事故风机房、通信机械室、信号机械室、通信测试室、消防泵房等。

（2）管理用房。管理用房是车站工作人员的办公用房，包括车站控制室、站长室、站务室、广播室、票务值班室、售票亭、会议室及警务办公室等。

（3）辅助用房。辅助用房包括卫生间、洗手间、更衣室、清扫工具室等。

（4）出入口。出入口应能比较直接地联系地面室外空间和内部车站。它是车站的门户。主要作用是供乘客出入。

注意：一个车站的出入口一般不少于两个。

（5）站厅层。站厅层是乘客换乘的中转层，主要作用是集疏客流，为乘客提供售、检票服务。站厅层一般分为收费区和非收费区。

（6）站台层。站台层的主要功能是供列车停靠以及乘客候车和上下列车。站台的大小取决于远期预测客流量。站台层也设有设备用房及管理用房，但不设辅助用房。站台的形式有岛式站台、侧式站台和混合式站台 3 种，如图 3–9 所示。

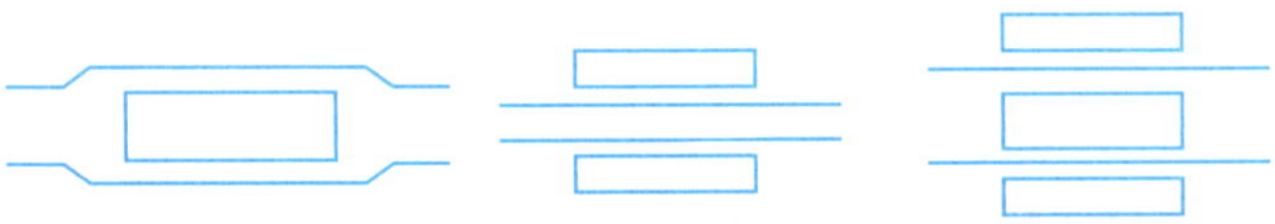

(a) 岛式站台　(b) 侧式站台　(c) 混合式站台

图 3–9　站台类型

子任务 3.1.3　城市轨道交通线路分类

城市轨道交通线路按其在运营中的作用分为正线、辅助线（如折返线、渡线、联络线等）以及车场线。

（1）正线。正线是连接车站并贯穿或直股深入车站的线路。正线为载客运营线路，包括区间正线和车站正线。正线中车站两端墙间的线路为站内线路，简称站线；两相邻车站相邻端墙间的线路范围为区间。

（2）辅助线。辅助线是为保证正线运营而配置的线路，是为列车提供折返、停放、检查、转线及出入段作业的线路。辅助线包括折返线、渡线、联络线、出入段线、存车线等。

① 折返线。折返线是指在线路两端终点站或中间站，为能开行折返列车而设置的专供改变列车运行方向的线路。常见的折返线形式如图 3-10 所示。

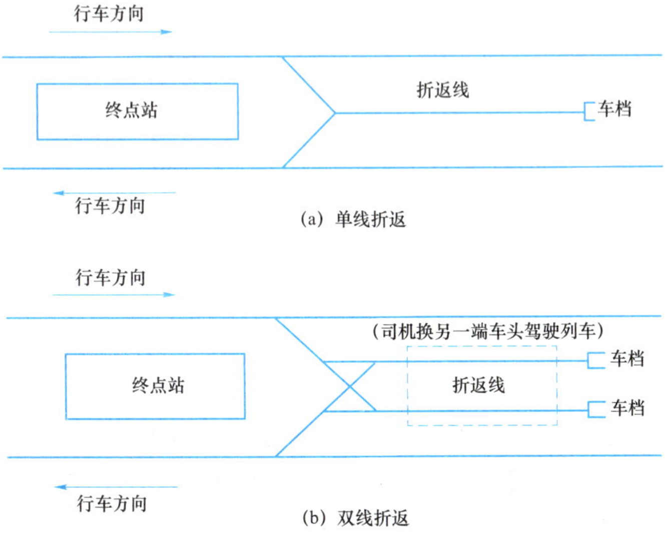

图 3–10　折返线

② 渡线。渡线一般设置在主线左右线之间，是为车辆过渡运行的线路；或者在平行换乘站内，作为相邻线路之间联络的渡线，用来改变列车运行线路或者方向。常见的渡线形式如图 3-11 所示。

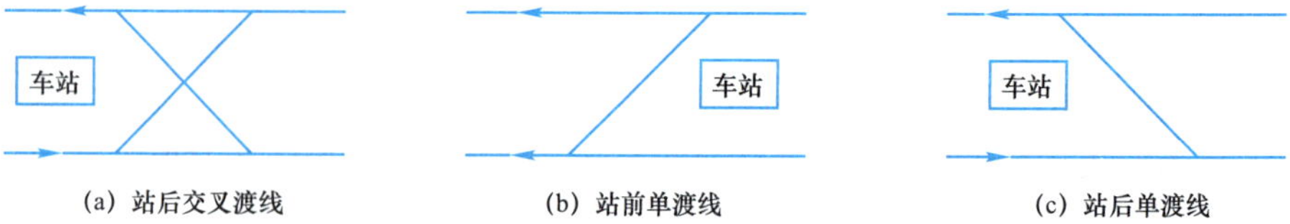

图 3-11　渡线

③ 联络线。两条线路之间的联络线用于非运营时段内车辆转线或者材料货物运输。联络线如图 3-12 所示。

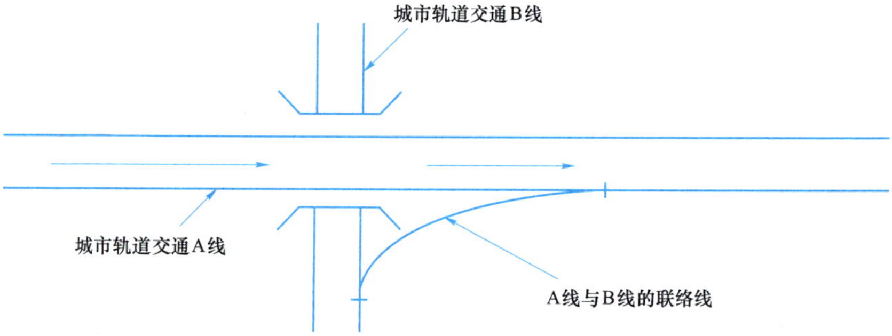

图 3-12　联络线

④ 出入段线。如图 3-13 所示，出入段线是从正线上分岔引出到车辆段的线路，是城市轨道交通列车从车辆段到正线之间的连接线。

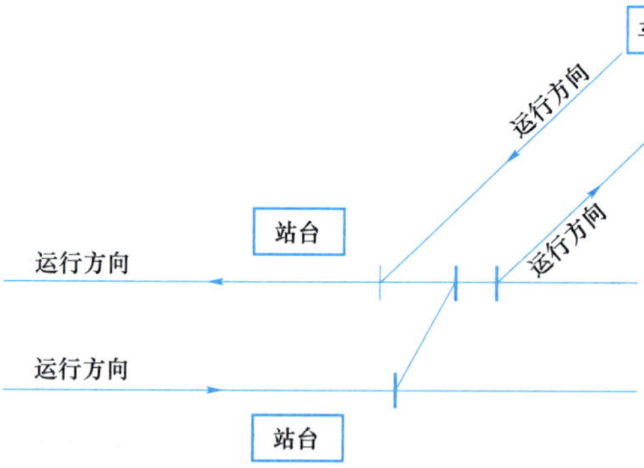

图 3-13　出入段线

⑤ 存车线。如图 3-14 所示，存车线一般设置在终点站或区间车站，专门用于列车停放使用，并可进行少量检修作业。在正线运营过程中，列车运行间隔通常很小，如出现非正常情况，为使故障列车能及时退出正线运营而不影响后续列车的运行，通常每隔 3～5 个车站就加设存车线和渡线。

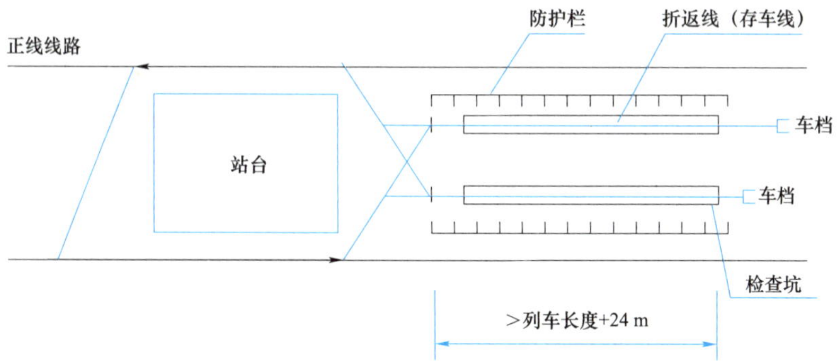

图 3-14　存车线

（3）车场线。车场线是一种专门用于列车停放、维护、检测、调度和洗车等操作的线路，它位于车辆基地内部。

任务 3.2　城市轨道交通运营调度指挥概述

子任务 3.2.1　城市轨道交通运营调度指挥层级

城市轨道交通运营调度指挥层级（以长春地铁为例）如图 3-15 所示，分为一级、二级两个指挥层级；二级指挥服从一级指挥。

一级指挥为行车调度员、电力调度员、环控调度员、信号调度。

二级指挥为车站值班站长、车场调度、检修调度、通号调度、维修调度等。

各级指挥要根据各自职责独立开展工作，并服从运营控制中心主任调度的总体协调和指挥。

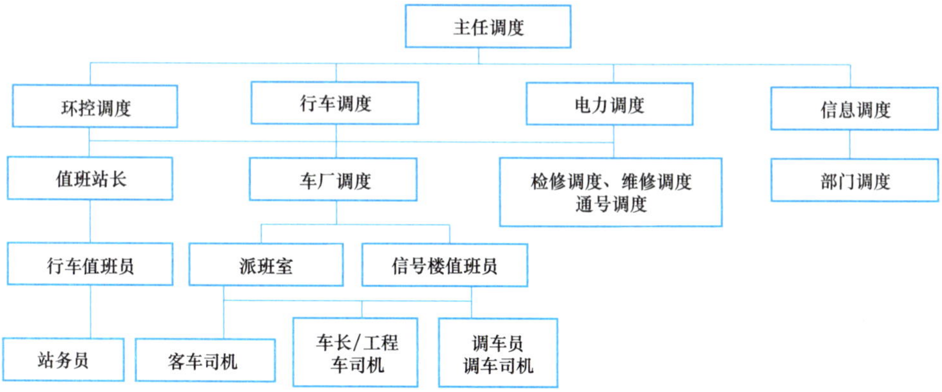

图 3-15　运营调度指挥层级示意图

子任务 3.2.2　城市轨道交通运营调度指挥机构

1. 运营控制中心

运营控制中心具有以下功能。

（1）运营控制中心是地铁日常运营、行车组织、设备维护的指挥中心。

（2）运营控制中心是地铁运营信息的收发中心。

（3）运营控制中心代表运营分公司总经理指挥运营工作，代表运营分公司与外界协调联络地铁运营支援工作。

（4）值班主任负责班组内各调度员的协调和统一指挥，同时负责运营信息发送工作。

（5）行车工作由行车调度员统一指挥。

（6）供电设备运行与维护由电力调度员统一指挥。

（7）综合监控设备运作与维护，各专业（车辆/供电除外）设施设备维护及抢修工作由环控调度员统一指挥。

（8）信息的收发由信息调度员统一负责。

2. 车站

车站功能如下。

（1）车站各项工作在站长的统一领导下开展。

（2）车站行车工作由行车值班员负责指挥，执行并落实一级指挥的调度命令。

（3）车站发生行车设备故障时，行车值班员应及时报告环控调度员。

3. 车场控制中心

（1）车场控制中心是车场管理、车辆维修组织和作业的控制中心，设有车场调度、检修调度、信号楼值班员。

（2）车场调度负责车场范围内的行车组织、维修施工管理。

（3）信号楼值班员通过微机联锁设备负责集中控制车场范围内的进路、道岔和信号机，隶属于车场调度管理。

（4）检修调度负责车辆日常检修、清洁、定修和临修工作控制，为城市轨道交通运营及设备维修施工提供足够数量和工况良好的客运和工程列车。

子任务 3.2.3 城市轨道交通行车指挥权限

城市轨道交通行车指挥权限包括以下两方面。

（1）列车在正线及辅助线范围内运行时，由行车调度员负责指挥；列车因故无法与行车调度员取得联系时，在区间由驾驶员负责指挥，在车站由行车值班员负责指挥。

（2）列车在车辆段线范围内运行时，由车场调度员负责指挥。

子任务 3.2.4 城市轨道交通行车调度命令

指挥列车正线运行的命令和口头指示，只能由行车调度员发布。发布命令前，行车调度员应详细了解现场情况，听取有关人员意见。调度命令的发布规定如下。

1. 发布口头命令的内容

发布口头命令的内容如下。

（1）临时加开或停开列车。

（2）列车推进运行、退行，工程车退行。

（3）列车越站、临时停站。

（4）改变列车驾驶模式。

（5）变更列车进路、运行交路。

（6）列车清客。

（7）列车救援。

（8）越过引导信号、禁止信号。

（9）变更闭塞方式（改用电话闭塞法除外）等。

2. 发布书面命令的内容

发布书面命令的内容（紧急情况下可先发布口头命令，事后补发书面命令）如下。

（1）线路限速或取消限速。

（2）封锁、开通线路。

（3）改用电话闭塞法行车。

（4）行车调度员认为有必要记录的命令。

任务 3.3　城市轨道交通行车运行系统概述

子任务 3.3.1　城市轨道交通列车车门基础知识认知

城市轨道交通车辆主要包括地铁、轻轨、单轨、现代有轨电车等类型，是服务于城市交通的重要工具。在城市轨道交通系统中，车辆是最重要的组成部分，其技术含量较高，是直接为乘客提供交通服务的设备。作为站务人员，熟知列车车门和常用操作按钮，是保证行车安全运营不可或缺的技能。

1）列车车门系统构成

车门系统包括客室车门、应急逃生门、司机室车门和司机室间隔门。

（1）客室车门。客室车门系统主要供旅客及其携带物品上下车用。客室车门主要分为塞拉门、外挂门及内藏门。由于外挂门在车辆高速行驶及相向会车时容易产生较大的行驶阻力，内藏门又占用车内较大空间且密封性较差，所以目前车辆客室门一般都采用塞拉门结构，如图 3–16 所示。

（2）应急逃生门。如图 3–17 所示，一般安装在列车两端的司机室。当运营区间发生故障时，司机可以通过列车前后端的应急逃生门疏散乘客。通过应急逃生门，乘客可以快速、有序地经过站台或通过隧道逃生。

（3）司机室门。如图 3–18 所示，司机室门在司机室两侧厢体上各有一扇，只能用人工开关，供司机上下车使用。

（4）司机室间隔门。如图 3–19 所示，司机室间隔门可以隔开乘客和驾驶室，使司机在驾驶列车或处理紧急情况时更加安全。

图 3-16　双侧推拉门

图 3-17　应急逃生门

图 3-18　城市轨道交通列车上的司机室门

图 3-19　司机室间隔门

2）列车车门的编号

每个城市对城市轨道交通列车车门的编号方式都有自己的规则，以长春地铁为例，长春地铁车门编号由 7 位数字和 1 位字母组成。前 6 位数字代表车组编号，第 7 位数字代表门的号数，第 8 位字母代表门扇，A 表示为左门扇，B 表示为右门扇，例如，“0003645A”表示环线第 36 组列车第 4 节车厢的 5 号门左门扇。

3）车辆车门求助按钮

列车车门两侧或正上方设置有“紧急求助”按钮，如图 3-20 所示，当发生紧急情况或乘客需要帮助时，乘客可通过按压按钮报警并与司机通话。

图 3-20　求助按钮

4）车辆车门手动解锁装置

城市轨道交通车辆每对客室门的右上方均设有一个内部紧急解锁装置，如图 3-21 所示。这一内部紧急解锁装置是一个带有锁定点的旋转手柄，在紧急情况下，拉开内部紧急解锁装置面罩，通过旋转手柄或方孔钥匙来操作。当零速有效时（检测列车停稳时释放），车门可以通过解锁装置手动打开。

图 3-21 车门手动解锁装置

子任务 3.3.2
城市轨道交通列车运行图

子任务 3.3.2 城市轨道交通列车运行图认知

城市轨道交通列车运行图是根据城市轨道交通运输能力的情况而编制的。它体现着城市轨道交通工作的各种质量指标和数量指标，规定了城市轨道交通线路、站场、车辆和通信设备的运用和与行车有关的各部门的工作。

1. 城市轨道交通列车运行图的作用

城市轨道交通列车运行图又称为时距图，是城市轨道交通列车在各区间运行和在各车站到达、出发（或通过）时刻的图解形式。

城市轨道交通列车运行图是城市轨道交通工作的综合计划，也是城市轨道交通各部门协同工作以保障安全运行的前提。

城市轨道交通列车运行图是组织城市轨道交通列车运行的基础，它规定了以下几点。

（1）各次列车占用区间的程序。

（2）列车在每个车站的到达和出发（或通过）时刻。

（3）列车在区间的运行时间。

（4）列车在车站的停站时间。

（5）车底交路。

2. 城市轨道交通列车运行图的格式

城市轨道交通列车运行图是各类列车在各区间的运行时刻和各站到发及通过时刻的图解形式。其中，以纵轴表示距离、横轴表示时间，以斜直线和规定符号表示各种列车的运行线。

1）城市轨道交通列车运行图各部分含义

列车运行图各部分含义不同，一般用横纵坐标来描述一张城市轨道交通运行图。

（1）横坐标，表示时间变量，按要求用一定比例进行时间划分。

（2）纵坐标，表示距离分割。实际上，列车在各区间内运行时，由于线路纵断面的不同，列车在车站起车和停车速度变化较大，列车运行线本应画成曲线，但为了运行图铺画方便，均以斜直线表示。

（3）横线，是一组平行的不等分线，表示各个车站中心线所在的位置，一般以细线表示中间站，以较粗的线表示换乘站或有折返作业的车站。

（4）斜线，列车运行轨迹（径路）线，一般以上斜线表示上行列车，下斜线表示下行列车。

（5）竖线，是一组平行的等分线，表示时间等分段。

（6）车号与车次。列车运行图上每个列车均有不同的车号与车次。一般按不同列车类别规定代号与列车号，如客运列车、施工列车等。

（7）列车运行线与车站的交点，表示该列车在该车站的到达、出发或通过的时刻。根据列车运行图的格式，列车运行线与车站的交点有不同的表示方法。

所有这些表示时刻的数字或符号，都是写在列车运行线与横线相交的钝角处，下行列车写在横线的下方，上行列车写在横线的上方。广州地铁 5 号线列车运行图如图 3-22 所示。

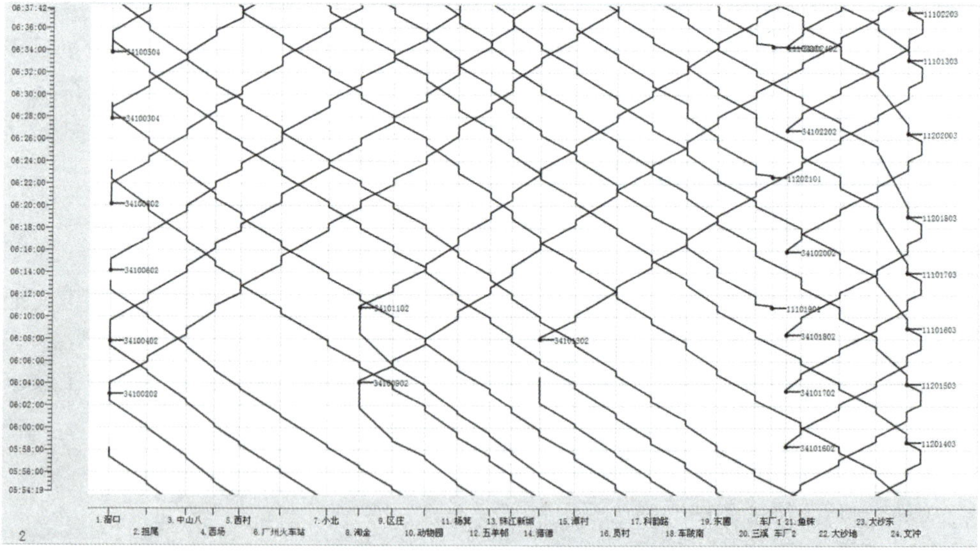

图 3-22　广州地铁 5 号线列车运行图

2）城市轨道交通列车运行图上的有关符号

城市轨道交通列车运行图上的符号各代表不同的意义。比如，列车从始发站出发，用长横线表示始发站，用斜线表示列车运行线，用短横线表示列车的始发位置，列车终到用三角形表示，如图 3-23 所示。

(a) 列车始发　　(b) 列车终到

图 3-23　列车始发和列车终到符号

从车辆段进入正线运行的列车，用斜直线来表示列车从邻线进入了正线，如图 3-24（a）所示。

如果是列车开往邻线，可以用图 3-24（b）所示的符号表示。

(a) 列车由邻线进入正线　　(b) 列车开往邻线

图 3-24　列车由邻线进入正线和列车开往邻线符号

车辆从左侧线路进路担当运输任务，在终端站进行折返，可直接从右侧斜线开始担当新的运输任务。表示列车折返交路的符号如图 3-25 所示。

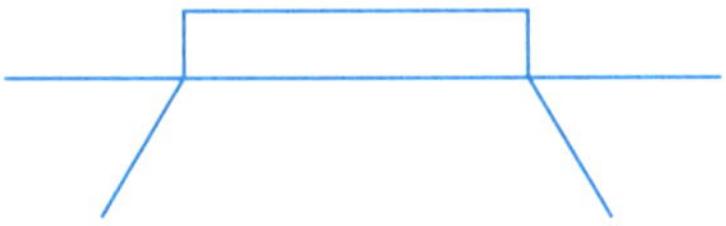

图 3-25　列车折返交路符号

子任务 3.3.3　城市轨道交通行车备品认知

1. 城市轨道交通车站行车备品种类

城市轨道交通车站行车备品包括员工劳动保护用品和专用器具两大类。

（1）劳动保护用品。包括安全帽、绝缘手套、纱手套、安全带、荧光背心、口笛、手电筒、强力探照灯及其充电用具、臂章等。

（2）专用器具。包括钩锁器、手摇把、信号灯及其充电用具、信号旗、红闪灯及其充电用具、无线电台及其充电用具、手提广播及其充电用具、调度命令、行车凭证、下轨梯、拾物钳等。

2. 行车备品的存放

行车备品应按规定要求存放（具体按照各城市轨道交通企业制定的相关规定执行）。

（1）对所有行车备品要进行整理、整顿，并有序摆放，进行摆放的地方必须干净、清爽。

（2）行车共用物品统一存放，且要存放合理，不得乱堆、乱放。

（3）荧光背心、口笛、信号灯及其充电用具、手电筒及其充电用具、强力探照灯及其充电用具、无线电台及其充电用具、红闪灯及其充电用具、手提广播及其充电用具、调度命令等放在规定位置，行车许可证放在行车值班员就近且随手可拿到的地方。

（4）行车备品柜摆放在车控室，摆放位置以不影响整个车控室美观为准。

（5）行车备品柜要有统一标识和备品目录表，以标明备品名称、数量和负责人；行车备品柜内的物品要摆放整齐有序。

（6）把钩锁器、手摇把、信号旗、下轨梯、拾物钳等存放在站台监控亭。

（7）在车控室开放式电源柜上摆放打印机、复印机和无线电台充电用具（固定），禁止摆放其他物品。若其他设备也需要在开放式电源柜上充电时，应将需要充电的设备摆放整齐，在其充完电后立即将其收起并放回备品柜。

3. 行车备品的使用

行车备品的使用（具体按照各城市轨道交通企业制定的相关规定执行）一般按以下要求执行。

（1）正确穿戴劳动保护用品。

（2）对带电备品（如红闪灯）要按照其使用说明提示进行使用。

（3）在使用行车备品的过程中，要珍惜、爱护行车备品，不得随意乱扔，不得损坏。

4. 行车备品的交接

行车备品的交接（具体按照各城市轨道交通企业制定的相关规定执行）一般按以下要求执行。

（1）每次交接班时应进行行车备品的交接，检查行车备品的数量与性能及其摆放状态。

（2）行车备品的具体交接手续应按相关规定执行。

子任务 3.3.4　城市轨道交通车站行车作业基本要求和制度

子任务 3.3.4
车站行车作业基本
要求和制度

1. 城市轨道交通车站行车基本要求

城市轨道交通车站行车基本要求如下（相关内容可扫右侧的二维码获取）。

（1）严格执行单一指挥制。

正线行车工作由行车调度员统一指挥，车辆段/车场由段/场调度员单一指挥。列车由司机负责指挥，有车长时由车长负责指挥。一般情况下，行车工作由行车调度员直接指挥，但转为车站控制时，该联锁区域由集中站行车值班员统一指挥。

（2）遵章守纪，确保按图行车。

作业人员应认真执行城市轨道交通行车规章制度，遵守各项劳动纪律，正确及时办理作业，严防错办、漏办，严禁违章作业。当班人员必须精神集中、服装整洁，并佩戴标志，保证城市轨道交通车站作业安全和乘客人身安全，不间断地按照城市轨道交通列车运行图的规定时刻接发列车。

（3）设备检查，齐全良好。

作业人员在班前应认真检查有关行车设备，确保试验良好；在班中应保管好各种工具、备品，做好使用登记；应认真进行交接班。

（4）作业联系及时、准确。

作业人员在联系各种行车事宜时，必须程序正确、用语规范、内容完整、简明清晰，并认真进行核对，严防漏听、误听、误传和臆测。

（5）立岗接送列车。

作业人员在接发列车时应严肃认真，按规定着装，携带规定设备，立岗姿势端正，信号显示正确、及时，确保列车安全运行。

（6）正确、及时填写各种行车报表。

城市轨道交通行车报表包括各种行车凭证、行车日志和各种登记簿。行车凭证有路票和调度命令等，登记簿有调度命令登记簿、检修施工登记簿和交接班登记簿等。应按规定的内容、格式认真填写各种行车报表，书写工整，严禁涂改；保持报表完整、整洁。

2. 城市轨道交通车站行车作业制度

为了加强行车作业组织，保证车站接发列车作业安全有序进行，需要建立和健全各种工作制度，做到行车作业制度化、程序化、标准化。城市轨道交通行车工作制度主要有岗位责任制度、交接班制度、检修施工登记制度、巡视检查制度和行车事故处理制度。

（1）城市轨道交通车站值班员岗位职责。

城市轨道交通车站行车工作实行单一指挥制，车站值班员是车站行车工作的组织者和指挥者；根据行车工作的需要，设置行车值班员和站台站务员。

（2）交接班制度。

交班时，车站值班员应将列车运行和设备状态、上级指示和命令及完成情况等登记在交接班登记簿上，并口头向接班值班人员交代清楚。值班人员在接班时要了解列车运行情况，对行车设备、备品、报表进行检查后再签认接班。

（3）检修、施工登记制度。

行车值班员应根据检修、施工计划向检修、施工负责人交代注意事项后，方可登记。凡影响列车运行的临时抢修，要在与行车调度员联系作业时间并获得同意后，方可登记。检修、施工作业结束后，行车设备经试验并确认技术状态良好，行车值班员方可签字并确认注销。

（4）巡视检查制度。

送电前，值班站长应巡视站线，检查线路上有无影响列车运行的异物；对站内设备检修、施工现场进行巡视检查，复核检修、施工情况；检查车控室是否有异常情况。

（5）行车事故处理制度。

发生行车事故时，值班站长应立即采取措施进行处理，同时向行车调度员及有关部门报告，认真记录事故发生的时间、地点、列车车次、相关人员姓名及设备损坏情况，赶赴现场，查找人证物证，并做好记录；清理现场，尽快开通线路；对责任行车事故认真找出原因，提出处理意见，制定防范措施。

子任务 3.3.5
城市轨道交通车站
信号控制系统认知

子任务 3.3.5　城市轨道交通车站信号控制系统认知

城市轨道交通信号控制系统可以确保行车安全。只有在列车运行前方的轨道区段没有列车占用、道岔位置准确、相抵触的进路没有建立等条件满足时，才能向列车发出前行信号。

城市轨道交通信号系统通常由列车运行自动控制系统（ATC）和车辆段信号控制系统两大部分组成，用于列车进路控制、行车调度指挥、信息管理和设备维护等。

1. 列车运行自动控制系统认证

列车运行自动控制系统（ATC）是城市轨道交通信号系统的核心，它负责控制列车的运行方向、间隔和速度，确保列车安全运行并提高运行效率。ATC 系统由列车自动监控（ATS）、列车自动防护（ATP）和列车自动运行（ATO）三个子系统组成，它们既相对独立又相互联系，共同保证列车安全、快速、短间隔地有序运行。

车站控制权是 ATC 系统的重要功能之一，它允许车站对列车运行进行直接控制，包括列车的进出站、停站时间等。在紧急情况下，车站可以通过控制阀对列车进行紧急制动等操作，以确保乘客和列车的安全。

1）车站控制模式

ATC 系统包括控制中心自动控制模式、控制中心自动控制时的人工控制或利用列车调度集中系统（CTC）的人工控制模式、车站自动控制模式、车站人工控制模式。一个系统在同一时间只能处于一种模式。控制等级应遵循的原则是车站人工控制优先于控制中心人工控制，控制中心人工控制优先于控制中心的自动控制或车站自动控制，如图 3–26 所示。

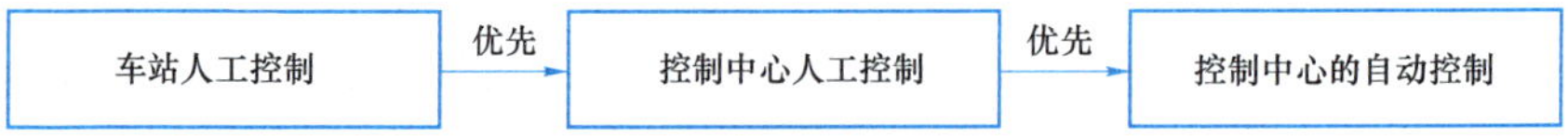

图 3–26　车站控制模式

（1）控制中心自动控制模式（CA）。在控制中心自动控制模式下，列车进路命令由列车自动监控系统（ATS）的进路自动设定系统发出，其信息来源是城市轨道交通列车运行时刻表及城市轨道交通列车运行自动调整系统。控制中心调度员可以对城市轨道交通列车自动监控系统进行人工干预，使列车运行按调度员意图进行。

（2）控制中心自动控制时的人工控制或利用 CTC 系统的人工控制模式（CM）。在控制中心自动控制时，控制中心调度员也可以关闭某个联锁区或某个联锁区内的部分信号机，以及某一指定列车的自动进路设定，直接在控制中心的工作站上对列车进路进行控制。在关闭联锁区自动进路设定时，行车调度员可发出命令，利用联锁设备自动进路控制功能，随着前行列车的运行，自动排列一条后续列车的固定进路。在自动进路功能出现故障的情况下，行车调度员也可以人工设置进路。

在 CM 模式中，车站人工控制转到 ATS 系统。一旦车站工作处于 CM 模式，则由 ATS 系统启动控制而不是由车站控制电子计算机启动控制。车站控制电子计算机继续接收信息，更新显示信息和采集数据。

（3）车站设备自动控制模式。

在控制中心设备故障或通信线路故障时，控制中心将无法对联锁车站的远程控制终端进行控制，此时城市轨道交通列车运行将自动进入列车自动监控后备模式，由列车上的车次发送系统发出带有列车去向的车次信息，并通过远程控制终端自动产生进路命令，由联锁设备的自动功能来自动设定进路。

（4）车站人工控制模式。

当 ATS 因故障不能设置进路（无论人工方式还是自动进路方式），或因某种运营需要不能由控制中心控制时，可改为现地操纵模式，在现地操纵台人工排列进路。车站自动控制和车站人工控制合称车站控制（LC）。当车站工作处于 LC 模式时，城市轨道交通列车不能由 ATS 系统启动控制；ATS 系统将继续收到信息，更新显示信息和采集数据。

2）控制模式间的转换

控制模式间的转换分为以下几种情况。

（1）中控（运营控制中心）转换至站控（车站级控制系统）。

当运营控制中心的中央控制设备出现故障或因特殊作业需要时（如单独操纵道岔），需要将车站控制权下放到车站，一般由行车值班员申请，经行车调度员同意后由行车值班员进行相关操作。

处于转换模式时，行车值班员不用特别检查联锁条件，城市轨道交通列车自动运行功能不受影响。即使转换至车站操作模式，联锁显示还应该传输至控制中心的 ATS 系统，仅由车站操作的打印机执行显示信息和命令的记录。

（2）强制转换至站控。

强制转换至站控是在非正常情况下进行的，即在中央控制设备出现故障或车站工作人员发现危及行车安全情况时而强制使用的一种运作模式。在没有收到控制中心 ATS 系统发出的命令时，也可以转换成站控模式，即通过一个已经登记的转换操作可以将列车运行模式转换至车站操作模式，并且联锁系统的所有转换操作仅能由车站工作人员来执行。

（3）站控转换至中控。

当特殊作业完成或设备恢复，需要将车站控制权上交给运营控制中心时，一般由行车值班员提出申请，经行车调度员同意后进行转换操作。

只有在车站操作已经发出释放命令后，站控模式才能转换到中控模式，然后由控制中心 ATS 系统确认命令。因此，转换操作只有经控制中心操作才能有效实施。在这种情况下，只有正常的转换操作才能被接受。随着转换至控制中心 ATS 系统操作，控制中心 ATS 系统可以执行所有允许的操作。当车站操作故障，在没有车站操作的释放命令的情况下，也可以直接由站控模式转换至中控模式。

3）车站控制权操作

车站控制权操作包括局域操作工作站控制权取得、控制权转换操作、控制权转换方式选择、控制权转换注意事项，以及控制权转换办理等内容。

1）LOW 控制权

LOW 命令的执行必须先要取得相应的控制权。OCC、联锁站、设备站三者之间在同一时间内只能有一方拥有对系统的操作权。LOW 操作控制界面显示颜色如图 3–27 所示，LOW 控制界面显示颜色和状态如表 3–27 所示。OCC、联锁站、设备站相互之间可以采用接收控制权、交出控制权，以及强行转换至站控等命令进行控制权的交接。

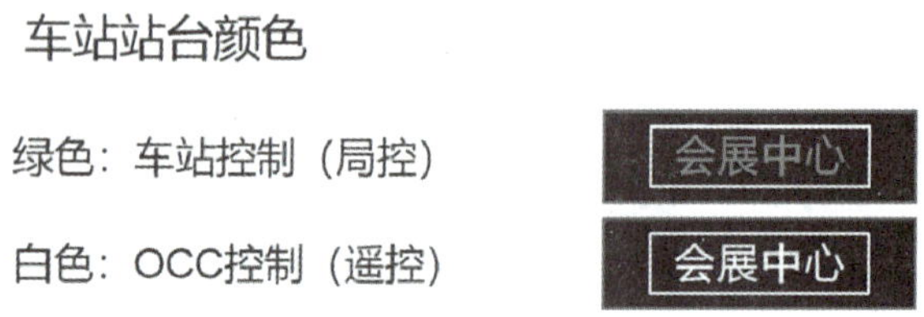

图 3–27　LOW 控制界面显示颜色

表 3–2　LOW 控制界面显示颜色和状态

颜色	绿色	控制权在本地
	白色	控制权不在本地
	灰色	控制权没有被接收（OCC、联锁站、设备站均没有控制权）
状态	绿色闪烁	车站交出控制，对方未接受（控制权在本站）
	白色闪烁	控制权等待本站接受（控制权在原使用站）

（1）接收控制权、交出控制权及强行站控均属于联锁命令。

（2）控制权的所属情况主要通过对车站名不同的颜色和状态显示来表示。

2）控制权转换操作

控制权转换操作包括以下几种。

（1）交出控制权。交出控制权可在车站值班员向行车调度员申请后，或由行车调度员要求，经行车值班员同意后执行。

行车值班员在 LOW 上操作完成，站名处在绿色稳定状态下，操作“交出控制”按钮，交出控制权的命令得到有效执行；命令得到执行后，站名处于绿色闪烁状态，此时需要等待对方接收，待对方接收后本地站名处于白色稳定状态，此时本地失去控制权。但在 LOW 故障的情况下，不需要 LOW 执行“交出控制”操作，LOW 的控制权可以自动切换给控制中心（ATS）。

（2）接收控制权。接收控制权可在行车值班员向行车调度员申请后，或行车调度员要求下放，经行车值班员同意后执行。

行车值班员在 LOW 上操作完成，站名处于灰色或者闪烁状态下，操作“接收控制”按钮，接收控制权的命令得到有效执行，执行成功后站名处于绿色稳定状态，本地拥有控制权。若拥有控制权方在基础窗口执行退出操作，则该站名显示为灰色，此时所有使用者（OCC、联锁站、设备站）操作“接收控制”的命令有效。当中央 ATS 故障时，车站不需要操作“接收控制”命令即可自动完成控制权的接收。

（3）强行站控。“强行站控”命令在站名不显示绿色时均可得到有效执行，在“强行站控”命令被执行成功后本地拥有控制权。“强行站控”命令为安全命令，使用前必须先获得行车调度员授权。“强行站控”命令的功能描述如下。

① 无论控制权在联锁站还是设备站，OCC 都可以通过“强行站控”获得全线任一控制区的控制权。

② 无论控制权在 OCC 还是在设备站，联锁站都可以通过“强行站控”获得本联锁区内任一控制区的控制权。

③ 无论控制权在 OCC 还是联锁站，设备站都可以通过“强行站控”获得本站控制权。

3）控制权转换方式选择

控制权转换方式如表 3–3 所示。

表 3–3　控制权转换方式

车站转换操作	（1）车站请求站控，控制中心（ATS）允许。 （2）车站请求中控，控制中心（ATS）允许。 （3）紧急情况下，车站强制切换到站控
控制中心转换操作	（1）控制中心请求站控，车站允许。 （2）控制中心请求中控，车站允许

“中控”与“站控”转换时，可由任一方向另一方发出请求，从信号系统设备上得到对方允许后完成控制权转换方式操作；另外，在“中控”状态时，集中站无须请求 OCC 同意，可直接强制将控制权转换为“站控 ”。

车站级控制具有较高的优先级，车站在紧急情况下无须从信号系统设备上得到 OCC 允许，可直接实施“站控”，强行获得控制权。

4）控制权转换注意事项

控制权转换注意事项如下。

（1）控制权的转换过程中及转换后，未经人工介入，各进路的原进路控制模式不变。

（2）集中站对本区域实行控制权的转换，MMI 可以使各集中站区域处于不同的控制模式（站控或中控）。设备正常时，站控/中控模式的切换不影响 ATS 对列车的调整功能，强行转换为“站控”时，自动触发进路（ARS）不可用。

（3）在控制权转换过程中，为确保操作成功，在确认转换操作前，操作员不应对该设备实施其他人工操作。

（4）当某集中站 LOW 双重故障时，若故障前该车站为站控，故障后控制中心应获得控制权。

5）控制权转换办理

控制权转换如下。

（1）在控制权转换前，行车调度员应与行车值班员核对列车车次及位置。

（2）应确保正在执行中的控制命令被连续执行。

（3）控制权下放后，行车调度员应监控车站办理进路情况。在控制中心的设备不能显示或不能正确显示现场情况时，应指定报点站报告列车接发情况。

（4）由于设备故障控制权下放，在将控制权收回控制中心前，行车调度员须会同维修人员进行试验；确认设备已恢复正常，方可将控制权收回控制中心。

（5）具备中控条件后，行车调度员须在 20 min 内将控制权收回控制中心。

（6）控制权转换前，有关人员应检查各项人工操作的执行情况和设备状态，并根据需要采取相应措施后，方可实施转换。

（7）尽量减少不必要的相互转换。

2. 车辆段信号控制系统

1）车辆段信号控制系统组成

车辆段信号控制系统由以下设备组成。

（1）联锁系统：用于控制道岔和信号机的操作，确保列车运行的安全和效率。

（2）进路控制设备：负责控制列车的进路，确保列车按照预定的路径行驶。

（3）接近通知：用于提醒列车即将到达某个区域，避免发生碰撞。

（4）终端过走防护：防止列车超出预定区域，确保安全。

（5）车次号传输设备：用于传输列车的车次信息，便于调度和管理。

2）典型车站信号联锁系统

西门子计算机联锁系统（SICAS）被许多城市轨道交通企业采用。该系统分为室内设备和室外设备。

1）室内设备

室内设备包括 SICAS 联锁计算机、接口设备、局域操作工作站（LOW），其作用分别如下。

（1）SICAS 联锁计算机，主要是实现联锁功能，建立进路和解锁进路。

（2）接口设备，协助 SICAS 联锁计算机用于接口处理。

（3）局域操作工作站（LOW），用于控制和监督信号机、道岔、进路及列车运行。

2）室外设备

室外设备包括信号机、转辙机、计轴器，其作用分别如下。

（1）信号机，用于指示列车运行。

（2）转辙机，用于转换道岔。

（3）计轴器，监控轨道区段空闲及占用状态。

任务 3.4　城市轨道交通车站日常行车作业

子任务 3.4.1
城市轨道交通车站
接发列车作业

子任务 3.4.1　城市轨道交通车站接发列车作业

1. 城市轨道交通接发车岗位职责

城市轨道交通车站作业主要是接发列车、组织乘客乘降，以保证列车接发、乘客乘降的安全与效率。

站务人员在上岗前，需对工作钥匙、对讲机、手提广播等备品进行检查，巡视站台，确认客运、行车设备设施的状态。

行车值班员应认真执行行车调度员的命令和口头指示，监视车站，注意道岔和信号状态是否正常，以及列车运行状态、乘客乘降情况是否正常，随时做好特殊情况下行车的准备工作。

2. 城市轨道交通接发车作业规定

城市轨道交通接发列车作业内容包括接发列车作业程序、站台巡视作业。

1）城市轨道交通接发列车作业程序

城市轨道交通接发列车应严格执行“一立、二迎、三接、四送”的作业程序，如表 3-4 所示。

表 3-4　城市轨道交通接发列车作业程序

一立	当站务人员听到列车预告广播时，应立即站在“紧急停车”按钮旁。站立时，采取立正、左手自然下垂、右手垂直横握对讲机的姿势，目光注视乘客
二迎	列车进站时，站务人员面向股道，目光左右巡视，巡视内容为行车、乘客、设备设施等安全情况
三接	列车停稳后，站务人员应目光注视站台门及车门开启情况、乘客上下车情况，直至全部车门及站台门关闭
四送	列车起动时，确保无夹人、夹物情况；当列车尾部经过站立位置后，站务人员面向列车出站方向转身 90° 送列车出站台。站务人员在转体过程中保持挺胸收腹，脚跟并拢，脚尖分开 45°，双手下垂，目光始终注视列车

2）城市轨道交通站台巡视作业要求

城市轨道交通站台巡视要做到“四到”“三多”，其作业要求如表 3-5 所示。

表 3-5　城市轨道交通站台巡视作业要求

四到	心到：精神高度集中，随机应变。 话到：提醒乘客按排队箭头候车，不要越过黄线；礼貌疏导客流，向违章乘客解释并制止乘客的违章言行。 眼到：三步一回头，密切注视乘客情况及列车运行状态。 手到：遇到地面有水等状况，及时设置“小心地滑”牌；设备发生故障时，及时设置“暂停服务牌”；发现地面较脏，及时寻找保洁清除
三多	多巡：沿安全线内侧来回多次巡视乘客和线路情况（站务人员自己不越过安全线）。 多看：多观察设备和乘客动态，及时处理异常情况。 多提醒：主动提醒乘客看管好物品，看好小孩，不要拥挤；及时引导乘客到人少的一端候车；先下、后上等

3. 城市轨道交通日常接发车作业标准

在车站正常情况下，站务人员接发车的作业标准如表 3-6 所示。

表 3–6　正常情况下的接发车作业标准

程序	岗位及其工作职责		说明
	行车值班员	站务员	
1. 检查线路	（1）与行车调度员确认使用时刻表版本。 （2）布置站务，检查站台、线路。 （3）听取汇报：“人员线路清，设备正常。”	（1）到岗后根据行车值班员指示，检查站台设备及确认线路无异常后向行车值班员汇报：“人员线路清，设备正常。” （2）站在指定区域巡视站台	当时刻表变更时，行车值班员应将当天使用的时刻表版本及首末班车时刻等主要信息告知各个岗位
2. 准备接车	监控 LOW 列车进路、信号机状态和 CCTV	（1）当 PIS 显示列车还有 1 min 进站时，再次确认人员线路正常、站台乘客全部站在安全黄线内后，站在指定地点立岗接车。 （2）如发现危及行车或人身安全情况时，应立即按压“紧急停车”按钮并向车控室行车值班员汇报	原则上两名站务员应进行分工，分别负责上、下行
3. 接车	通过 LOW 和 CCTV 监视列车进站和乘客动态。发现危及行车或人身安全情况时，立即按压 LCP 盘上的“紧急停车”按钮	（1）监视列车进站。 （2）随时与车控室保持联系	（1）接车地点应靠近“紧急停车”按钮或在电扶梯口附近。 （2）接车时，站务人员面向线路
4. 组织乘客上下车	通过 CCTV 监控站台乘客上下车	待列车停稳开门后，站在电扶梯或楼梯口，引导乘客有序上、下车	—
5. 列车出发	通过 LOW 和 CCTV 监视列车出发及站台乘客动态	（1）列车关门后，站在“紧急停车”按钮附近监视列车出站。 （2）如发现危及行车或人身安全的情况时，应立即按压“紧急停车”按钮，并向行车值班员汇报。 （3）在列车全部出清站台后继续加强对站台的巡视，注意乘客动态	（1）注意电梯旁边乘客动态，防止乘客在列车关门时冲上车被车门夹伤。 （2）列车起动后，站务员面向列车立岗，尾部通过身边时面送列车

子任务 3.4.2　城市轨道交通车站列车折返作业

子任务 3.4.2
城市轨道交通车站
列车折返作业

在城市轨道交通系统中，列车都是按固定线路运行的，当其运行到线路终点或者目的地后，必须转到相邻运行方向的线路上反向运行，这些线路包括线路终点站的折返线、中间站的存车线，以及其他列车面临运行交路需要的折返线路。

1. 城市轨道交通列车折返方式

城市轨道交通列车折返方式根据折返线位置分为站前折返和站后折返两种。

（1）站前折返。

站前折返分为列车在终点站站前折返时的双渡线折返、列车在中间站前折返时的单渡线折返。

（2）站后折返。

站后折返分为列车在终点站站后折返时的尽端线折返、列车在中间站后折返时的单渡线折返，以及列车在终点站站后折返时的环形线折返。

2. 城市轨道交通列车折返模式

城市轨道交通列车折返模式有 3 种，分别为列车自动折返、列车自动防护系统（ATP）监控的人工驾驶折返和人工折返。

（1）列车自动折返（AR）。列车自动折返（AR）模式仅在某些特定区段使用。对于站前折返，列车进入到达线站台即完成了折返作业，最后由此发车；对于站后折返，列车以允许的速度从到达停车线自动驾驶进入和驶出折返线，最后进入发车股道。

（2）ATP 监控的人工驾驶（ATO 或 SM）折返。采用 ATP 监控的人工驾驶（ATO 或 SM）模式折返时，对于站前折返，列车进入到达线即完成折返作业，最后由此发车；对于站后折返，列车在驾驶员驾驶下从到达股道进入或折出折返线，最后进入发车股道。

（3）人工折返。在某些站的存车线及其他临时列车运行交路需要的折返线路，可采用人工折返模式折返。根据行车要求，可在列车上配备 1～2 名驾驶员。

3. 自动折返作业

自动折返作业包括以下内容。

1）办理列车进入折返进路

办理列车进入折返进路，根据设备控制方式不同，可以有以下几种方式。

（1）ATS 确认列车身份，排列列车进入折返线的进路。

（2）人工通过 LOW 办理进入折返进路。

（3）人工扳动道岔，人工加锁。

2）列车进入折返线

（1）列车接收到速度码、信号机的显示信号或车站人员的手势信号，当班驾驶员驾驶列车进入折返线并停车。

（2）车站值班员通过 CCTV 显示器监视列车的运行。

（3）控制中心从车站获取折返列车的运行状态资料，以便与运营计划进行核对。

3）列车换向作业

（1）当班驾驶员关闭前驾驶室。

（2）驾驶员或换班驾驶员在后驾驶室起动列车，并控制列车运行。

（3）改变列车目的地指示。

4）办理列车驶出折返进路

根据设备控制方式不同，办理列车驶出折返进路可以有以下几种方式。

（1）控制中心 ATS 根据列车运行时刻表规定的时间，排列列车驶出折返线的进路。

（2）人工通过 LOW 办理列车出折返进路。

（3）人工扳动道岔。

5）列车驶出折返线

城市轨道交通列车驶出折返线步骤如下。

（1）驾驶员驾驶列车进入发车站台并停车。

（2）行车值班员通过 CCTV 显示器监视列车运行情况。

（3）中央 ATS 从车站获取列车身份和到达时间参数，以便与运营计划进行核对。

4. 城市轨道交通自动折返作业案例——广州地铁列车自动折返作业

城市轨道交通自动折返分为 DTRO、ATO、SM 三种模式。在运用中，根据实际情况，DTRO 模式可采取 ATO、SM 模式组合进行折返运行。如图 3-28 所示，X4-X2 为折返进路。列车折返可以采用下列任一种折返模式。

（1）ODTRO 模式。

（2）牵出、折返均用 ATO 模式。

（3）牵出用 ATO 模式，折返用 SM 模式。

（4）牵出用 SM 模式，折返用 ATO 模式。

（5）牵出、折返均用 SM 模式。

1）以 ATO 模式折返

列车以 ATO 模式折返，其作业过程如图 3-28 所示。以 ATO 模式折返的步骤如下。

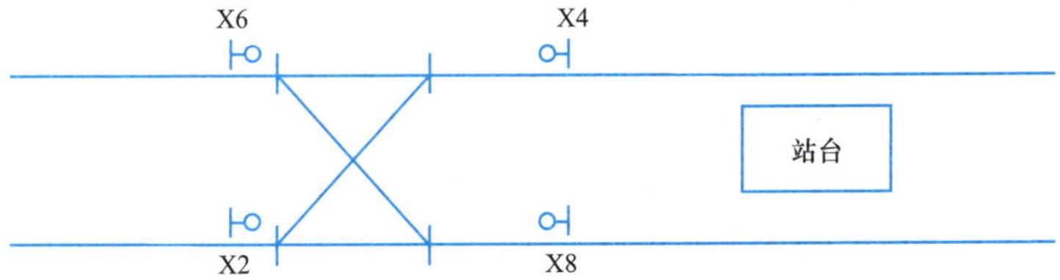

图 3-28　车站折返线

（1）列车以 ATO 模式进站停车。

（2）ATO 打开车门。

（3）AR 灯亮。

（4）司机按压 AR 按钮。

（5）牵出进路 X4-X2 排出，X4 开放。

（6）DTI=0。

（7）司机关门，ATO 启动灯点亮。

（8）司机按压 ATO 启动按钮，列车自动牵出（X4-X2）。

（9）列车在折返线停车。

（10）司机关闭驾驶室 A，取出主控钥匙，走向驾驶室 B。

（11）列车自动换向，驾驶室 B 的 AR 灯闪烁。

（12）司机用主控钥匙打开驾驶室的操作台。

（13）AR 灯灭。

（14）联锁系统自动排除折返进路 X2-X8，X2 开放。

（15）ATO 启动灯点亮。

（16）司机按压 ATO 启动按钮。

（17）列车自动折返运行。

（18）列车在站台停车。

（19）列车进入 SM 模式，折返完成。

2）以 SM 模式折返

如果用 SM 模式折返，可在 ATO 启动灯点亮后，将主控手柄拉离“0”位，或在 ATO 运行过程中，直接将主控手柄拉离“0”位，列车便可以转为 SM 模式运行。

任务 3.5　城市轨道交通车站特殊情况下行车作业

子任务 3.5.1　城市轨道交通信号联锁故障下的接发车作业

在城市轨道交通信号联锁故障的情况下，需要人工排列进路组织列车运行。正确、及时地准备好列车进路是接发列车工作中的关键。行车值班员必须亲自布置和听取进路准备妥当的报告。布置准备进路时，一定要确定车次和列车占用线路情况。如果车站一端有两个及以上列车运行方向或双线反方向行车时，还应确定方向。

1. 人工排列进路作业程序

人工排列进路作业程序如下。

（1）行车值班员和站务员两人携带必需的工具。这些工具包括信号灯/信号旗、红闪灯、手摇把、道岔钥匙、钩锁器、扳手、对讲机、无线调度电台、手电筒。此外，行车值班员和站务员还应穿荧光衣、戴手套。

（2）下线路前应得到行车调度员允许，人工准备进路必须从距列车最远的道岔开始，从远到近依次排列。

（3）在现场确认道岔，需要转向时应一人操作，另一人防护、确认。操作者用工具按正确程序打开盖孔板，手摇道岔，准备好进路，另一人在确认道岔位置正确后加锁。

（4）确认进路上各道岔的开通位置时，排列进路人员与车控室相互用对讲机联系并确认，得到同意后用手势信号向列车司机显示“情况正确”。

（5）当所排列的进路准备妥当并出清线路后，排列进路人员应及时报告车控室（对讲机工作盲区可由行车调度员中转），再准备相应线路的进路。

（6）值班站长接到进路准备妥当、线路出清的汇报后，立即做好相应线路的接车或发车准备工作并报告行车调度员。

（7）人工手摇道岔时，必须严格执行“六部曲”程序，执行互控、他控程序。

2. 人工排列进路作业标准

人工排列进路作业标准如表 3-7 所示。

表 3-7　人工排列进路作业标准

作业项目	人工排列进路作业标准及步骤
1. 准备工作	（1）到车控室确认故障信息、列车位置、领取任务布置图、接受行车值班员布置命令并复诵。 （2）准备作业工器具并检查其状态。 （3）行车值班员及时开启隧道工作照明和紧急照明。 （4）进路准备人员穿上荧光衣后，在到达对应线路站台端门前，向行车调度员请示并报告本站 800 M 号码，到对应线路端门处等候，得到行车调度员同意后进入轨行区
2. 人工进路准备	（1）设置安全防护。标准为：在来车方向距故障道岔约 15 m 外道床中央设置红闪灯；当道岔距离列车不足 15 m 时，可在来车方向合适位置道床中央设置红闪灯。 （2）检查道岔状态。标准为：道岔尖轨及辙叉心无异物，尖轨与基本轨密贴。 （3）确认道岔开通位置，标准为：正常情况下道岔开通直股时为“定位”，开通侧股时为“反位”。 （4）道岔位置正确，加锁道岔。标准为：使用钩锁器在尖轨锁闭杆所在位置加锁道岔；折返站需经常转换道岔钩锁器锁，可只挂不锁。 （5）确认道岔位置。若发现道岔位置不正确，则切断转辙机电源，打开盖孔板（道岔已被钩锁器加锁时须先拆下钩锁器），将手摇把插入手摇把孔，摇道岔转向所需的位置。听到“咔嚓”的落槽声后停止（如听不到落槽声，则确认尖轨密贴即可）。 （6）确认道岔位置的方法。标准为：两人共同确认尖轨密贴。一人手指尖轨，口呼：“×号（道岔编号最后 2 位号码，下同）道岔开通左（右）位，尖轨密贴。”另一人共同确认并复述。 （7）加锁道岔。标准为：使用钩锁器在尖轨锁闭杆所在位置加锁道岔，折返站需经常转换的道岔钩锁器锁可只挂不锁。 （8）汇报。标准为：道岔出现故障时向行车调度员汇报进路准备情况，汇报用语为：“行车调度员，×号道岔开通×位（依次说出所有故障道岔），全部加锁，×道（线）至×道（线）方向接（发）车进路准备完毕，线路出清。”采用站间电话行车法时，准备进路人员应向车控室汇报，汇报用语：“车控室，×号道岔开通×位（依次说出所有故障道岔），全部加锁，×道（线）至×道（线）方向接（发）车进路准备完毕，线路出清。”
3. 接发列车	（1）所有作业人员到达安全避让点，须向司机显示道岔开通信号（绿色灯光，高举头顶，左右小幅度晃动；列车头部越过显示地点时收回）。 （2）监控列车运行，与行车调度员保持联系
4. 收尾工作	（1）作业完毕后，清点作业人数，确保全部人员出清轨行区。 （2）检查作业工器具（手摇把、电动手摇把、蝶形钥匙、钩锁器、扳手、铜锁及钥匙、800M 无线便携台、400M 无线便携台、荧光衣、手套、红闪灯、信号灯、手电筒）种类和数量，确保无工器具遗留在轨行区

3. 手摇道岔作业标准

手摇道岔作业标准如表 3-8 所示。

子任务 3.5.1
手摇道岔

表 3–8　手摇道岔作业标准

步骤	要点	要求	注意
一看	看道岔开通位置是否正确，是否有钩锁器，是否需要改变位置。 具体做法为：人站立于轨道中央，面对尖轨（人距尖轨不超过 1 m）。开通左位时，右侧尖轨密贴基本轨，左侧尖轨与基本轨有空隙；开通右位时，左侧尖轨密贴基本轨，右侧尖轨与基本轨有空隙	（1）到达现场后遵循“从远到近”的原则，双人一起到离列车最远的道岔区段。 （2）双人确认该副道岔的位置是否开通到需要的方向：是，则到进路中的下一副道岔；否，则进行摇动道岔的操作	（1）人工排列进路必须遵循“从远到近”的原则，从离列车最远的道岔开始。 （2）双人确认位置是否需要摇动道岔。 （3）手指口呼，标准用语：“××××道岔，开通左/右位，尖轨（是/否）密贴，缝隙有/无异物，已/未加锁，（是/否）需改变道岔位置。”
二开	打开盖孔板。如果有加钩锁器，则需打开钩锁器的锁，拆下钩锁器并经双人确认	（1）找到转辙机侧边的“切断电源插孔”。 （2）旋开“切断电源插孔”小盖板。 （3）将蝶形钥匙有凸出的一端向下插入“切断电源插孔”。 （4）将蝶形钥匙逆时针旋转 90° 切断电源。 （5）找到转辙机正面（或后面）的手摇把插孔盖板。 （6）将蝶形钥匙方孔一端插入盖板。 （7）顺时针旋转蝶形钥匙。 （8）蝶形钥匙顺时针旋转 90° 后向上打开盖板	
三摇	摇道岔转向到所需的位置，在听到转辙机“咔嚓”的落槽声后停止摇道岔	（1）双手水平握住手摇把旋杆，在水平插入转撤孔的同时左右转动手摇把杆，直到手摇把杆前端的方孔与转撤孔内的方柱套牢。 （2）插入手摇把，旋转手摇把时要始终向里施力。 （3）顺时针旋转手摇把时，尖轨向离开转辙机方向运动；逆时针旋转手摇把时，尖轨向转辙机方向运动。 （4）不断旋转手摇把，直至听到“嗒”的一声落槽声后停止旋转手摇把	（1）在摇动设备的过程中，负责确认工作的人员不允许站在轨道中间。 （2）在摇动的过程中，除摇道岔的人员外，其他人员禁止接触道岔的任何一部分，以防止造成夹伤

续表

步骤	要点	要求	注意
四确认	转动到位后，需要确认道岔开通位置是否正确、尖轨是否密贴、缝隙是否有异物	（1）确认开通方向的人员在听到“嗒”的一声落槽声并听到负责摇动道岔的人员汇报道岔摇动完毕后，开始确认工作。 （2）确认尖轨密贴后大声汇报“道岔开通右（左）位，尖轨密贴”。 （3）手摇道岔人员复诵“道岔开通右（左）位，尖轨密贴”。	（1）在听到落槽声后负责确认的人员检查是否有碎石等物品夹在尖轨与基本轨之间。 （2）检查尖轨与基本轨之间的密贴情况。尖轨与基本轨之间的缝隙要求小于4 mm。 （3）若道岔均为双转辙机，需要听到两声“咔嚓”落槽声，才表示道岔已经转到位：一般第一声落槽声响起后，需要再摇20圈左右才能听到另一台转辙机发出的第二声落槽声
五加锁	双人确认道岔位置开通正确后，用钩锁器锁定道岔尖轨	（1）负责确认的人员使用钩锁器在道岔的两个连接杆之间钩锁住密贴位置（如果此位置不能加锁，则在车站选定的加锁处加锁）。 （2）拧紧钩锁器后左右摇动钩锁器，能摇动则再次拧紧，直到无法摇动则加锁	（1）钩锁的位置必须是尖轨密贴处。 （2）加锁时要确认钩锁器的梅花旋钮孔洞相互成一条直线。 （3）加锁前要使用扳手旋紧钩锁器的梅花旋钮，以防止钩锁器松脱。 （4）若道岔为双转辙机，道岔需要加两副钩锁器，一般情况下，在现场已有标记
六汇报	向车站控制室值班员汇报该道岔开通位置及钩锁情况	确认道岔加锁完毕后，摇道岔人员使用对讲机或隧道电话向车控室报告该道岔现在开通的位置	（1）汇报时必须说清楚该道岔的编号、道岔位置和是否加锁完毕。 （2）汇报完成后，必须收拾好所有携带的物品再向下副道岔前进。 （3）所有进路上的道岔均已摇动到正确位置，人员撤离到安全位置后才能向车控室汇报“进路排列完成，线路出清”。得到车控室同意后，摇道岔人员才能向列车司机打出“好了”的信号

4. 电话闭塞法接发列车

子任务 3.5.1
电话闭塞法

（1）电话闭塞法行车原则。

电话闭塞法行车时，列车进路需要人工办理。为确保行车安全，采用电话闭塞法时需要遵循以下几个原则。

① 每个闭塞区间只允许一列列车占用。

② 列车占用闭塞区间的凭证为路票，闭塞区间内的信号机显示被视为无效。

③ 人工办理进路时，按照由远及近的顺序办理。

④ 车站准备好接车进路后方可办理闭塞手续。

（2）电话闭塞法的程序。

① 进路准备。故障联锁站正线上的道岔均要开通正线位置，并使用钩锁器加锁，两端终点站的折返道岔在被操作至正确位置后使用钩锁器钩锁，但只加钩锁器，不用锁头加锁。

② 办理闭塞。闭塞的实质是同一区间在同一时间内只允许一列车占用。办理闭塞实际上就是使出发列车取得占用区间的许可权。发车站向接车站请求闭塞。接车站确认接车区间空闲，接车进路准备妥当后，向发车站发出承认某次列车闭塞的电话记录号码，并填写行车日志。

③ 发出列车。发车站接到接车站承认闭塞的电话记录号码后，应填写路票交给驾驶列车的司机，向司机显示发车手势信号。列车出发后，发车站应及时向接车站和行车调度员报告，并填写行车日志。

④ 闭塞解除。接车站在列车停车位置向司机显示停车手势信号，列车整列到达接车站并停妥后，接车站向列车司机收取路票，经核对无误后，闭塞自动解除。

子任务 3.5.2　城市轨道交通列车车门、车站屏蔽门故障时的接发车作业

城市轨道交通列车车门、车站屏蔽门的状态与车载信号系统建立着联锁关系，在车门、屏蔽门出现异常时，通常车载信号系统将无法建立行车条件，因此，车门、屏蔽门故障一般会影响列车的正常运行。

1. 车站屏蔽门故障处理原则

（1）屏蔽门发生故障时，应坚持“在确保安全的前提下，先发车后处理”的原则。当无法隔离（旁路）时，应先发车再处理。

（2）对不能关闭的单档或多档屏蔽门，必须设置安全防护栏或安排专人看护。

（3）故障屏蔽门修复后，行车调度员负责组织，车站和司机配合，利用下一列列车进行一次相应侧的屏蔽门开关试验。

2. 屏蔽门故障时的接发车应急处置流程

（1）情况一：屏蔽门无法关闭应急处置。

屏蔽门无法关闭的情况分为两种：一种是列车发车前，一档或者多档屏蔽门无法关闭；另一种是列车发车前，整侧屏蔽门无法关闭，操作 PSL 仍不能关闭。以上

两种故障的具体应急处置流程如表 3–9 所示。

表 3–9　屏蔽门无法正常关闭的应急处置流程

故障情况	岗位	处理程序
一档或多档屏蔽门不能正常关闭	司机	凭速度码或看到站务人员“好了”的信号后发车
	行车值班员	（1）通报给行车调度员、维修承包商和机电调度员。 （2）后续列车应加强对车站站台乘客广播，引导乘客从正常门上车
	站务员	（1）单档门故障时：将故障门旁路，向司机显示“好了”的信号，待发车后将该门关闭，并张贴故障告示。 （2）两档门故障时：将其中一档门旁路后，手动将其关闭；到另一档故障门确认无夹人、夹物后，向司机显示“好了”的信号，待发车后，将其旁路和手动关闭，并张贴故障告示。 （3）两档以上门故障时：立即报告车控室，对开启的屏蔽门设置安全防护栏并做好安全防护（或人工看护，人工看护时原则上每个人只能看护五档相邻屏蔽门）后，向司机显示“好了”的信号；待列车出发后将故障门旁路和手动关闭，并张贴故障告示；对手动仍不能关闭的屏蔽门，加设安全防护栏并加强监督防护
	值班站长	（1）多档屏蔽门故障时，组织人员协助设置安全防护栏或人工看护（人工看护时原则上每个人只能看护五档相邻屏蔽门）。 （2）组织人员对开启的屏蔽门加强监督防护
整侧滑动门不能正常关闭	司机	（1）立即报告车控室（使用站台直线电话，若直线电话故障时则报告行车调度员转达车站）。 （2）站务人员尾端操作 PSL 仍不能关闭时，凭站务人员“好了”的信号以 RM 模式发车离站。
	行车调度员	故障未消除前，向后续列车司机继续通报故障情况
	行车值班员	（1）通知站务人员到尾端操作 PSL 尝试关闭屏蔽门。 （2）通报给行车调度员、维修承包商和机电调度员。 （3）加强对车站站台乘客安全广播，引导乘客从正常门上车
	站务员	（1）到尾端操作 PSL 关屏蔽门。如仍不能关闭时，立即报告值班站长。 （2）对开启的屏蔽门设置安全防护栏。 （3）开启的屏蔽门做好安全防护（或人工看护，人工看护时原则上每个人只能看护五档相邻屏蔽门）后，向司机显示“好了”的信号。
	值班站长	接到屏蔽门无法正常关闭的报告后，组织人员加强对开启的屏蔽门进行监督防护（人工看护时原则上每个人只能看护五档相邻屏蔽门）
	后续列车司机	（1）列车自动停车后，以 RM 模式驾驶列车进站，对标停车。 （2）凭站务人员“好了”的信号，以 RM 模式发车离站

（2）情况二：屏蔽门无法打开应急处置。

屏蔽门无法打开的情况分为两种：一种是列车到站后，一档或者多档屏蔽门无法打开；另一种是列车到站后，整侧屏蔽门无法打开，使用 PSL 仍不能打开。以上两种故障的具体应急处置流程如表 3-10 所示。

表 3-10　屏蔽门无法正常打开的应急处置流程

故障情况	岗位	处理程序
一挡或多挡屏蔽门不能正常打开	司机	（1）视情况适当延长列车的停站时间。 （2）乘客上下完毕后，关门发车（多挡屏蔽门故障时，列车司机做好乘客广播，引导乘客从正常门下车）
	行车调度员	多挡屏蔽门故障时通知线上的后续列车司机做好乘客广播
	行车值班员	（1）多挡屏蔽门故障时报告值班站长和行车调度员。 （2）通报给维修承包商和机电调度。 （3）做好站台乘客广播，引导乘客从正常门上下车
	站务员	（1）将情况报告车控室。 （2）引导乘客从正常门上下车。 （3）在故障门上粘贴故障告示
	值班站长	多档屏蔽门不能打开时，组织人员在现场引导乘客从正常门上下车
整侧屏蔽门不能正常打开	司机	（1）立即报告车控室（使用站台直线电话，若直线电话故障时报告行车调度员转达车站）。 （2）尾端操作仍不能打开屏蔽门时，通过广播引导乘客自行手动开启屏蔽门上下车。 （3）收到站务人员“好了”的信号后，关闭车门后发车（后续列车司机做好对乘客的广播，适当延长停站时间）
	行车调度员	通知线上后续列车司机做好对乘客的广播，适当延长停站时间
	行车值班员	（1）通知站务人员到尾端操作 PSL 开关屏蔽门。 （2）通报给值班站长、行车调度员、维修承包商和机电调度员。 （3）做好乘客广播
	站务员	（1）到尾端操作 PSL 开关屏蔽门，如通过尾端 PSL 仍不能开启时，立即报告值班站长。 （2）按每节车厢不少于一档门要求，手动打开屏蔽门，并将其旁路和断电。 （3）引导乘客从开启的屏蔽门上下车。 （4）乘客上下完毕，对开启的屏蔽门做好安全防护（或人工看护）后，并向司机显示“好了”的信号
	值班站长	（1）按每节车厢打开不少于一档门的要求，协助手动打开屏蔽门，并将其旁路和断电。 （2）引导乘客从开启的屏蔽门上下车。 （3）对开启的屏蔽门加强监督防护

（3）情况三：列车因屏蔽门故障紧急制动应急处置。

因屏蔽门故障，列车紧急制动应急处置有两种可能，一种是列车进站时紧急制动，另一种是列车启动后紧急制动。其具体应急处置流程如表 3-11 所示。

表 3-11　屏蔽门故障列车紧急制动应急处置流程

<table>
<tr><th>故障情况</th><th>岗位</th><th>处理程序</th></tr>
<tr><td rowspan="4">列车进站时自动或者紧急停车</td><td>司机</td><td>（1）通过 ATC-MMI 查看确认为屏蔽门问题后，立即向行车调度员报告。
（2）如自动停车后收到速度码，列车可维持进站。
（3）收不到速度码时，按行车调度员指令发车</td></tr>
<tr><td>行车调度员</td><td>与车站确认站台安全后，通知司机以 RM 模式进站</td></tr>
<tr><td>行车值班员</td><td>（1）与站务人员确认站台安全后，报告行车调度员。
（2）通报给维修承包商和机电调度员</td></tr>
<tr><td>站务员</td><td>（1）如发现屏蔽门故障，将其旁路处理后报告车控室。
（2）如有屏蔽门开启，做好安全防护，报告车控室。
（3）如无明显故障，确认站台安全后，报告车控室。后续列车使用“互锁解除”进行接发列车</td></tr>
<tr><td rowspan="4">列车起动后突然紧急制动</td><td>司机</td><td>（1）通过 ATC-MMI 查看确认为屏蔽门问题，立即向行车调度员报告。
（2）按行车调度员指令发车</td></tr>
<tr><td>行车调度员</td><td>与车站确认站台安全后通知司机以 RM 模式发车</td></tr>
<tr><td>行车值班员</td><td>（1）与站务人员确认站台安全后，报告行车调度员。
（2）通报给维修承包商和机电调度员</td></tr>
<tr><td>站务员</td><td>（1）如发现屏蔽门故障，将其旁路处理后报告车控室。
（2）如有屏蔽开启，做好安全防护后，报告车控室。
（3）如无明显故障，确认站台安全后，报告车控室。后续列车使用“互锁解除”进行接发列车</td></tr>
</table>

（4）情况四：列车发车时收不到速度码，但无屏蔽门开启。

列车发车时收不到速度码，但无屏蔽门开启。此时的应急处置流程如表 3-12 所示。

表 3-12　列车收不到速度码的应急处置流程

<table>
<tr><th>故障情况</th><th>岗位</th><th>处理程序</th></tr>
<tr><td rowspan="3">列车发车时收不到速度码，但无屏蔽门开启</td><td>司机</td><td>（1）如 PSL 门关闭后指示灯亮，以 RM 模式动车后报告行车调度员。
（2）如 PSL 门关闭后指示灯不亮，使用 PSL 尝试开关一次；仍不亮时，将情况报告车控室（使用站台直线电话，若直线电话故障时报行车调度员转达车站）。
（3）凭站务人员“好了”的信号动车</td></tr>
<tr><td>行车值班员</td><td>（1）接报后，通知站务人员确认屏蔽门状态，确保无夹人、夹物。
（2）通报给行车调度员、维修承包商和机电调度员</td></tr>
<tr><td>站务员</td><td>确认屏蔽门无夹人、夹物，向司机显示“好了”的信号</td></tr>
</table>

（5）情况五：使用“互锁解除”接发列车。

使用“互锁解除”接发列车的应急处置流程如表 3-13 所示。

表 3-13 使用“互锁解除”接发列车的应急处置流程

故障情况	岗位	处理程序
使用“互锁解除”接发列车	值班站长	（1）如有屏蔽门开启时，设置安全防护栏或安排人工看护（人工看护时原则上每个人只能看护五档相邻屏蔽门）。 （2）乘客上下完毕后，向司机显示“好了”的信号
	行车值班员	（1）与站务人员确认站台安全后，报告行车调度员。 （2）通报给维修承包商和机电调度员
	站务员	（1）接到行车值班员的通知后，在头端墙操作“互锁解除”接车。 （2）列车到达停妥后，松开钥匙开关。 （3）乘客上下完毕、司机关闭列车客室门后，操作“互锁解除”发车。 （4）待列车尾部离开轨道电路 S 棒后，松开钥匙开关

3. 车门故障接发车应急处置

列车在车站发生车门故障时，车站人员应协助列车司机确认故障门位置。司机再次打开屏蔽门和车门，并前往故障门处进行处理。司机在故障门处理完成后，应先关屏蔽门后关客室门，确认正常后再发车。

如车门出现故障不能修复，由司机切除故障车门，站台站务员协助列车司机及时进行现场乘客疏导、安全防护故障告示等。若处理不及时将会直接影响列车的正常运行。

车门发生故障时，站台站务员与司机、车控室应第一时间沟通，并立刻携带对讲机、故障贴纸、隔离带到故障车门处协助司机处理，司机关好故障门并切除后，站务员按“一确认、二反推、三贴纸”的“三部曲”要求协助司机进行故障处理并张贴好告示。“三部曲”具体操作流程如表 3-14 所示。

表 3-14 车门故障时接发车的应急处置流程

一确认	确认车门切除灯亮，在切除位置切除开关
二反推	用手反向推故障门，确认关好并无缝隙（如果车门不能切除或切除后车门后有空隙，应马上用隔离带进行防护，并跟车守在故障车门处，防止乘客靠近）
三贴纸	在故障车门玻璃内侧张贴两张故障告示贴纸，告知乘客该门故障

对车门故障处理完毕后，站务员回到站台，确认其他车门和屏蔽门关闭正常、站台安全，向司机显示“好了”的信号，告知司机处理完毕。

实训演练 3.1
城市轨道交通车站接车作业实训

实训演练

实训演练 3.1　城市轨道交通车站接车作业实训

实训演练 3.1.1　城市轨道交通车站接车作业实训任务书

实训名称	城市轨道交通车站接车作业实训	组　别	
班　级		学生姓名	
学习领域	行车日常工作处理		
学习情景	认知接车作业实训		
任务场景			
情景	地点：地铁理想站。 人物：值班站长、LOW 操作员、站台站务人员。 场景：2024 年 2 月 23 日，在理想站准备 1024 次列车接车作业		
演练	（1）值班站长： 根据行车日志确认接车进路空闲，听取发车预告并复诵，通知 LOW 操作员排列 1024 次列车进路。 （2）LOW 操作员： 听取值班站长“排列 1024 次接车进路”命令，确认是否可以排列该列车进路。确认可以排列该列车进路后，口呼：“1024 次进路防护信号已正确开放。” （3）值班站长： 复诵：“1024 次进路防护信号好。”听取发车站报点并复诵，填写行车日志，通知站台站务员 1024 次即将到站，准备接车，听取回告，并监视列车到达。 （4）站台站务员： 复诵：“1024 次即将到站，准备接车。”同时，立岗接车并监视列车到达，注意乘客安全。 （5）值班站长： 向发车站报告“1024 次列车于 12 点 10 分 04 秒到达理想站”，并填写行车日志		

完成本次任务后，归纳总结应掌握的接车作业技巧。

完成本次任务后，你对自己的评分（满分 10 分）			得分
小组互评：（小组讨论后给出最终得分）（满分 10 分）			
评分标准（满分 40 分）如下。 1. 参与小组讨论情况良好（满分 10 分）。 2. 实训演练过程标准规范（满分 10 分）。 3. 设备操作、功能、原理掌握良好（满分 10 分）。 4. 任务完成良好（满分 10 分）			
教师评价——评分标准（满分 40 分）如下。 1. 出勤（满分 8 分）。 2. 安全（满分 8 分）。 3. 纪律（满分 8 分）。 4. 职业素养（满分 8 分）。 5. 任务完成情况（满分 4 分）。 6. 归纳总结（满分 4 分）			
自评	小组互评	教师评价	总分

实训演练 3.1.2　车站接车作业实训评分表

序号	作业程序	作业内容	配分	评分标准	评分方式	扣分	得分
1	听取报告	（1）值班站长根据车站行车日志和 LOW 工作站显示的信息，确认接车线路空闲。 （2）值班站长听取发车报告“1024 次预告”并复诵，填写车站行车日志。 （3）站台站务人员携带相关备品到指定位置待命	15	（1）值班站长未确认接车线路空闲，扣 5 分。 （2）值班站长未复诵和填写行车日志，扣 5 分。 （3）站台站务员未到指定位置，扣 5 分			
2	准备进路，开放信号	（1）值班站长通知 LOW 操作员“排列 1024 次接车进路”并听取复诵。 （2）LOW 操作员复诵：“排列 1024 次接车进路。” （3）LOW 操作员在 LOW 工作站上排列接车进路，确认进路防护信号开放后口呼：“进路防护信号已正确开放。” （4）值班站长确认接车进路防护信号开放正确后，复诵“进路防护信号已正确开放”。	40	（1）值班站长未通知 LOW 操作员“排列 1024 次接车进路”，扣 15 分。 （2）值班站长未确认接车进路防护信号开放正确后，复诵“进路防护信号已正确开放”，扣 15 分。 （3）LOW 操作员未复诵，扣 10 分			
3	接车	（1）值班站长听取发车站报点并复诵“1024 次列车 11 点 58 分开行”，填写车站《行车日志》。 （2）通知站台站务人员：“1024 次列车即将到达，准备接车”，并听取复诵。 （3）站台站务人员复诵“1024 次列车即将到达，准备接车”立岗接车。 （4）值班站长监视列车到达，“1024 次已到达”。 （5）LOW 操作员监视列车到达。 （6）站台站务人员监视列车到达，并注意站台乘客安全，复诵：“1024 次已到达。”	25	（1）值班站长未听取发车站报点，扣 5 分。 （2）站台站务人员未立岗接车，扣 10 分。 （3）值班站长和 LOW 操作员未监视列车到达，扣 5 分。 （4）站台站务人员未注意站台乘客安全，扣 5 分			
4	报点	值班站长向发车站报点“1024 次列车于 12 点 10 分到达理想站”，并填写车站行车日志。向行车调度员报点“1024 次列车于 12 点 10 分 04 秒到达理想站。”	20	（1）值班站长未向发车站报点，扣 10 分 （2）值班站长未向行车调度员报点，扣 10 分			
合计			100	/			

实训演练 3.2　城市轨道交通车站发车作业实训

实训演练 3.2
城市轨道交通车站发车作业实训

实训演练 3.2.1　城市轨道交通车站发车作业实训任务书

<table>
<tr><td>实训名称</td><td>城市轨道交通车站发车作业实训</td><td>组　　别</td><td></td></tr>
<tr><td>班　　级</td><td></td><td>学生姓名</td><td></td></tr>
<tr><td>学习领域</td><td colspan="3">行车日常工作处理</td></tr>
<tr><td>学习情景</td><td colspan="3">认知发车作业实训</td></tr>
<tr><td colspan="4">任务场景</td></tr>
<tr><td>情景</td><td colspan="3">地点：地铁理想站。
人物：值班站长、LOW 操作员、站台站务人员。
场景：2024 年 2 月 24 日，理想站准备 1024 次列车发车作业</td></tr>
<tr><td>演练</td><td colspan="3">（1）值班站长：
根据行车日志确认区间空闲，1024 次列车上行 12 点 11 分 04 秒请求发车，听取汇报并布置操作。
（2）LOW 操作员：
听取值班站长“排列 1024 次上行进路　”的命令后，确认可以排列调列车进路并确认正确后，口呼：“1024 次进路防护信号已正确开放。”
（3）值班站长：
复诵“1024 次进路防护信号好。”听取接车站报点并复诵，填写行车日志，通知站台站务员 1024 次列车准备发车，听取邻站回告，并监视列车出发。
（4）站台站务员：
确认乘客上下车完毕，车门、屏蔽门已关好，复诵：“1024 次列车准备发车。”并注意乘客安全并立岗发车。
（5）LOW 操作员：
监视列车出发，报 1024 次列车出发。
（6）值班站长：
当列车尾部列车越过站台，向接车站报点：“1024 次 12 点 11 分 04 秒出发。”并填写行车日志，等待接车回告</td></tr>
<tr><td colspan="4">完成本次任务后，归纳总结你应掌握的发车作业技巧。</td></tr>
</table>

<table>
<tr><td colspan="3" rowspan="2">完成本次任务后，你对自己的评分（满分 10 分）</td><td>得分</td></tr>
<tr><td></td></tr>
<tr><td colspan="3">小组互评：（小组讨论后给出最终得分）（满分 10 分）</td><td></td></tr>
<tr><td colspan="3">评分标准（满分 40 分）如下。
1. 参与小组讨论情况良好（满分 10 分）。
2. 实训演练过程标准规范（满分 10 分）。
3. 设备操作、功能、原理掌握良好（满分 10 分）。
4. 任务完成良好（满分 10 分）</td><td></td></tr>
<tr><td colspan="3">教师评价——评分标准（满分 40 分）如下。
1. 出勤（满分 8 分）。
2. 安全（满分 8 分）。
3. 纪律（满分 8 分）。
4. 职业素养（满分 8 分）。
5. 任务完成情况（满分 4 分）。
6. 归纳总结（满分 4 分）</td><td></td></tr>
<tr><td>自评</td><td>小组互评</td><td>教师评价</td><td>总分</td></tr>
<tr><td></td><td></td><td></td><td></td></tr>
</table>

实训演练 3.2.2 车站发车作业实训评分表

序号	作业程序	作业内容	配分	评分标准	评分方式	扣分	得分
1	听取报告	（1）值班站长根据车站行车日志和 LOW 工作站显示的信息，确认接车线路空闲。 （2）值班站长向前方车站预告："1024 次列车预告。"听取复诵，填写车站行车日志。 （3）站台站务人员携带相关备品到指定位置待命	10	（1）值班站长未确认接车线路空闲，扣 5 分。 （2）值班站长未复诵和填写行车日志，扣 5 分			
2	准备进路，开放信号	（1）值班站长听取前一发车站报点"1024 次列车于 12 点 11 分 04 秒在理想站开出。"并复诵，客车进站后排列发车进路。通知 LOW 操作员："排列 1024 次列车发车进路。"并听取复诵。 （2）LOW 操作员复诵："排列 1024 次发车进路。" （3）LOW 操作员在 LOW 工作站上排列发车进路，确认信号开放后口呼："进路防护信号已确认开放。" （4）值班站长确认发车进路防护信号开放正确后，复诵"进路防护信号确认已开放。"	40	（1）值班站长未通知 LOW 操作员"排列 1024 次发车进路"，扣 15 分。 （2）值班站长未确认发车进路防护信号开放正确后，复诵"进路防护信号确认已开放"，扣 15 分。 （3）LOW 操作员未复诵，扣 10 分			
3	发车	（1）值班站长通知站台站务人员："1024 次列车发车进路好了，准备发车。"并听取复诵。 （2）站台站务人员复诵："1024 次列车发车进路好了，准备发车。"确认车门关闭后，向司机显示"好了"的手势信号。 （3）值班站长监视列车出站，复诵："1024 次列车出站。" （4）LOW 操作员监视列车出站。 （5）站台站务人员监视列车出站，并注意站台乘客安全，复诵："1024 次列车出站。"	10	（1）值班站长未通知站台站务人员车辆情况，扣 5 分。 （2）站台站务人员未向司机显示手势信号，扣 5 分			
4	报点	（1）值班站长向接车站报点"1024 次列车于 12 点 11 分从理想站发车。"并填写车站行车日志。 （2）值班站长向行车调度员报告："1024 次列车于 12 点 11 分 04 秒从理想站发车。"	40	（1）值班站长未向接车站报点，扣 20 分。 （2）值班站长未向行车调度员报点，扣 20 分			
合计			100	/			

实训演练 3.3　电话闭塞法的接发车作业实训

实训演练 3.3.1　电话闭塞法的接发车作业实训任务书

实训名称	电话闭塞法的接发车作业实训	组　别	
班　级		学生姓名	
学习领域	行车日常工作处理		
学习情景	认知电话闭塞法的接发车作业实训		
任务场景			
情景	地点：地铁理想站。 人物：行车值班员、接发列车人员、外勤值班员、车场调度员。 场景：2024 年 2 月 25 日上午 09:00，A 站至 D 站的联锁设备故障，行车调度员无法在 ATS 上对列车进行监控。根据此时的情况，分成小组按电话闭塞法组织列车（采用一站一区间形式）模拟。 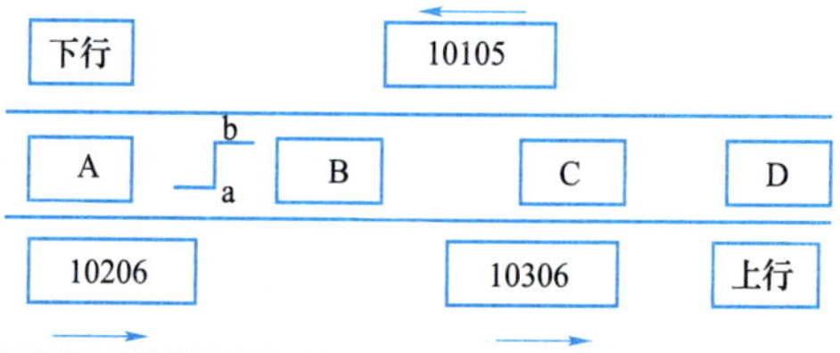 		
演练	行车调度员发现 A 站至 D 站联锁设备故障，要求 10206 次、10306 次、10105 次列车停车待令，与 10206 次、10306 次、10105 次列车司机核对列车位置，告知车站 10206 次、10306 次、10105 次列车位置，组织 10306 次、10105 次列车运行至前方站待令，并要求 A 站对 a、b 道岔加锁在正线位置。 分析岗位操作标准，确认小组成员角色；根据电话闭塞法接发列车作业流程及日常调度用语编写各个角色的情景对话；以小组为单位，模拟演练电话闭塞法的接发列车作业		

完成本次任务后，归纳总结应掌握的电话闭塞法接发车技巧。

完成本次任务后，你对自己的评分（满分 10 分）	得分
小组互评：（小组讨论后给出最终得分）（满分 10 分）	
评分标准（满分 40 分）。 1. 参与小组讨论情况良好（满分 10 分）。 2. 实训演练过程标准规范（满分 10 分）。 3. 设备操作、功能、原理掌握良好（满分 10 分）。 4. 任务完成良好（满分 10 分）	
教师评价——评分标准（满分 40 分）如下。 1. 出勤（满分 8 分）。 2. 安全（满分 8 分）。 3. 纪律（满分 8 分）。 4. 职业素养（满分 8 分）。 5. 任务完成情况（满分 4 分）。 6. 归纳总结（满分 4 分）	

自评	小组互评	教师评价	总分

实训演练 3.3.2 电话闭塞法的接发车作业实训评分表（1）

序号	作业程序	作业内容	配分	评分标准	评分方式	扣分	得分
1	办理闭塞	（1）确认区间线路空闲。行车值班员根据车站行车日志，确认站区间及站线空闲。接发列车人员携带行车许可证、笔、红色信号灯（旗）到站台头端墙屏蔽门端门外面待命。准备进路人员携带相关备品在指定位置待命。 （2）准备及检查进路。行车值班员布置准备进路，用语："检查×道，准备××次×道接车进路。"外勤值班员、车场调度员复诵"检查×道，准备××次×道接车进路。"并将进路上的道岔开通正确位置且加锁，向行车值班员报告"××次×道接车进路好了。"行车值班员听取汇报后，复诵"××次×道接车进路好了。" （3）同意办理闭塞。行车值班员向发车站报告"电话记录号码××号，×分同意××次闭塞。"并听取复诵，填写车站行车日志	50	（1）接发列车人员未携带行车许可证、笔、红色信号灯（旗）到站台头端墙屏蔽门端门外方待命，扣 5 分。 （2）外勤值班员、车场调度员未复诵"检查×道，准备××次×道接车进路。"扣 5 分。 （3）外勤值班员、车场调度员未将进路上的道岔开正确位置且加锁，扣 20 分。 （4）行车值班员听取汇报后，未复诵"××次×道接车进路好了。"扣 5 分。 （5）行车值班员未向发车站报告"电话记录号码××号，×分同意××次闭塞。"扣 15 分			
2	接车	（1）听取报点。行车值班员听取发车站报点"××次×分开。"并复诵。填写车站行车日志。 （2）通知接车。行车值班员通知站台"××次列车×分即将到达，准备接车。"接发列车人员复诵"××次列车×分即将到达，准备接车。" （3）接车站接车。行车值班员通过 CCTV 监视列车到达。接发列车人员在站台端墙处引导接车，监视列车对位停车。 （4）报点。接发列车人员收回路票，检查路票并打"×"，同时向行车值班员报告"××次列车已到达，路票已收回。"行车值班员复诵"××次列车已到达，路票已收回。"	30	（1）行车值班员未听取发车站报点"××次×分开。"扣 5 分。 （2）行车值班员未填写车站行车日志，扣 5 分。 （3）接发列车人员未复诵"××次列车×分即将到达，准备接车。"扣 5 分。 （4）接发列车人员未在站台端墙处引导接车，检视列车对位停车，扣 5 分。 （5）接发列车人员未收回路票，检查路票并打"×"，扣 10 分			
3	开通区间	（1）向发车站报点，开通区间。行车值班员填写车站行车日志。向发车站报点"电话记录××号，××次列车×分到，区间开通。"听取复诵。 （2）行车值班员向行车调度员报点"××次列车×分到达。"	20	（1）行车值班员未填写车站行车日志，扣 10 分。 （2）行车值班员未向发车站报点，扣 5 分。 （3）行车值班员未向行车调度员报点，扣 5 分			
合计			100	/			

实训演练 3.3.2　电话闭塞法的接发车作业实训评分表（2）

序号	作业程序	作业内容	配分	评分标准	评分方式	扣分	得分
1	办理闭塞	（1）确认站区间线路空闲。行车值班员根据车站行车日志，确认站区间及站线空闲。接发列车人员携带行车许可证、笔、红色信号灯（旗）到站台头端墙屏蔽门端门外方待命。准备进路人员携带相关备品在指定位置待命。 （2）准备及检查进路。行车值班员布置准备进路，用语：“准备××次列车×道发车进路。”准备进路人员复诵“准备××次列车×道发车进路。”并将进路上的道岔开通正确位置且加锁，向行车值班员报告“××次列车×道发车进路好了。”行车值班员听取汇报后，复诵“××站××次列车×道发车进路好了。” （3）请求闭塞。行车值班员向接车站请求“××次列车闭塞。” （4）办理闭塞。行车值班员听取接车站报告“电话记录号码××号，×分同意××次列车闭塞。”并听取复诵，填写车站行车日志。填写路票，确认无误后交给站务员	65	（1）接发列车人员未携带行车许可证、笔、红色信号灯（旗）到站台头端墙屏蔽门端门外方待命，扣5分。 （2）外勤值班员、车场调度员未复诵“准备××次列车×道发车进路。”扣5分。 （3）外勤值班员、车场调度员未将进路上的道岔开通正确位置且加锁，扣15分。 （4）行车值班员未向接车站请求“××次闭塞。”扣10分。 （5）行车值班员未听取接车站报告“电话记录号码××号，×分同意××次闭塞。”扣15分。 （6）行车值班员未填写路票，扣15分			
2	发车	（1）指示发车。通知行车值班员“××次列车×道发车。”接发列车人员复诵“××次列车×道发车。”把路票交给司机，确认乘客上下完毕，车门关闭良好后，显示发车信号。 （2）监视列车出发并报点。行车值班员复诵“××次列车×道发车。”填写车站行车日志。通过CCTV监视，向接车站报点“××次列车×分开。”向行车调度员报点“××次列车×分开。” 接发列车人员待列车出清站台区后，向站控室报告“××次列车出发”并监视列车出发	15	（1）接发列车人员未将路票交给司机，扣5分。 （2）行车值班员未填写车站行车日志，扣5分。 （3）接发列车人员待列车出清站台区后，未向站控室报告“××次列车出发”，扣5分			
3	开通区间	听接车站报点，开通区间。行车值班员听取接车站“电话记录××号，××次列车×分到达，区间开通。”并复诵，填写车站行车日志	20	（1）行车值班员未听取接车站“电话记录××号，××次列车×分到，区间开通。”扣10分。 （2）行车值班员未填写车站行车日志，扣10分			
合计			100	/			

实训演练 3.4　人工排列进路作业实训

实训演练 3.4
人工排列进路
作业实训

实训演练 3.4.1　人工排列进路作业实训任务书

实训名称	人工排列进路作业实训	组　　别	
班　　级		学生姓名	
学习领域	行车日常工作处理		
学习情景	人工排列进路作业实训		
任务场景			
情景	地点：地铁理想站。 人物：行车值班员、道岔工、外勤值班员、车场调度员、信号楼值班员。 场景：2024 年 2 月 26 日上午 09:00，A 站至 D 站的联锁设备故障，行车调度员无法在 ATS 上对列车排列进路，单扳试验无效。根据此时的情况，采用手摇道岔排列进路		
演练	（1）一看：看岔心、岔尖有无障碍物或异常情况，道岔开通位置是否正确，是否需要改变位置（如正确，则转至第四步；如不正确，则转至第二步）。 （2）二开：外勤值班员用转辙机钥匙打开转辙机遮断器（如已上钩锁器的道岔，先断开安全接点再拆下钩锁器）。 （3）三摇：插入手摇把，摇动道岔转向所需的位置，在听到“咔嚓　”的落槽声后停止摇动道岔，取出手摇把（如听不到落槽声时，则确认尖轨密贴即可）。 （4）四确认：确认尖轨缝隙不大于 4 mm。手指尖轨，口呼“尖轨密贴，道岔×（左/右）位，开通×道至×道”，外勤值班员和车场调度员共同确认（如从第一步直接转到本步骤时，确认完毕后外勤值班员必须断开该道岔转辙机的遮断器）。 （5）五加锁：确认道岔位置开通正确，将遮断器打开后，外勤值班员用钩锁器锁定道岔尖轨。 （6）六汇报：确认所有道岔位置正确，整条进路准备妥当后，由车场调度员向信号楼汇报道岔及进路开通位置，信号楼值班员复诵并核对。 请在下面写出具体的操作步骤和对话。		

续表

演练	

完成本次任务后，归纳总结应掌握的人工排列进路技巧。

	得分
完成本次任务后，你对自己的评分（满分 10 分）	
小组互评：（小组讨论后给出最终得分）（满分 10 分）	
评分标准（满分 40 分）如下。 1. 参与小组讨论情况良好（满分 10 分）。 2. 实训演练过程标准规范（满分 10 分）。 3. 设备操作、功能、原理掌握良好（满分 10 分）。 4. 任务完成良好（满分 10 分）	
教师评价——评分标准（满分 40 分）如下。 1. 出勤（满分 8 分）。 2. 安全（满分 8 分）。 3. 纪律（满分 8 分）。 4. 职业素养（满分 8 分）。 5. 任务完成情况（满分 4 分）。 6. 归纳总结（满分 4 分）	

自评	小组互评	教师评价	总分

实训演练 3.4.2　人工排列进路作业实训评分表

序号	评分项目	评分标准	分值	扣分标准	实际扣分
1	接收命令准备	（1）下轨行区时穿好反光背心。 （2）在“现场工器具清理”之前，工具或工具包放置在道岔台体的两根基本轨之间。 （3）作业过程中脚踩在道岔台体上。 （4）在确认“道岔开通位置正确且锁闭，进路正确”时，在非安全区域内进行确认。 （在确认“道岔开通位置正确且锁闭，进路正确　”过程中，此时选手因为要确认将手臂越过安全区黄线，该情况不属于“违反设备安全和人员安全的操作”）	10	每项不安全出现，扣 5 分，两项以上视为不合格	
		（1）车控室值班员布置作业：请准备手摇道岔工具，进入岔区。检查 3 号道岔。 （2）手摇道岔作业人员复诵（2 号）：检查 3 号道岔，明白	5	未复诵，扣 5 分	
2	手摇道岔工具	必须携带如下道岔工具： （1）对讲机。 （2）信号灯。 （3）锁钥匙。 （4）钩锁器及扳手。 （5）钩锁器锁及钥匙。 （6）手摇柄。 （7）反光背心	10	（1）每漏带一件工具扣 1 分。 （2）清点工具应在车控室区域内进行，清点超出界限则扣除全部清点分数。 （3）清点工具可以全部倒出后再逐一清点，也可以一件一件地拿出清点，形式上不作要求，少展示一项，扣 1 分。 （4）反光背心应魔术贴密贴，否则扣 1 分。 （5）扣完为止	

续表

序号	评分项目	评分标准		分值	扣分标准	实际扣分
3	手摇道岔一次作业流程	一检查	（1） 眼看。(1 号和 2 号)：看当前准备操作的道岔位置与状态。 （2） 手指口呼（1 号）：道岔位置（定位/反位/左向位/右向位/直向位/四开位置）。 （3）手指口呼复诵（2 号）：道岔位置（定位/反位/左向位/右向位/直向位/四开位置）。 （4）眼看（1 号和 2 号）：看准备操作的道岔有无加钩锁器。 （5）手指口呼（1 号）：道岔无/有钩锁器。 （6）手指口呼复诵（2 号）：道岔无/有钩锁器。 （7）眼看（1 号和 2 号）：看尖轨与基本轨间滑床板有无异物。 （8）手指口呼（1 号）：尖轨与基本轨间滑床板无/有异物。 （9）手指口呼复诵（2 号）：尖轨与基本轨间滑床板无/有异物。 （10）向车控室值班员汇报（2 号）：经检查，3 号道岔无异物，处于定位/反位。 （11）车控室下发办理进路命令：请手摇 3 号道岔至反位/定位并加钩锁器。 （12）手摇道岔作业人员复诵（2 号）：手摇 3 号道岔至反位/定位并加钩锁器，明白	20	（1）站在道岔台体“行车方向”铭牌前确认，位置错误，扣 2 分。 （2）未手指口呼，扣 2 分。 （3）在确认“道岔无/有钩锁器”时，选手应手指尖轨、基本轨密贴侧第一、第二滑床板间的钢轨，不手指口呼，每缺一项，扣 2 分。 （4）未手指口呼，每次扣 2 分。 （5）未汇报，扣 5 分	
		二打开	（1）作业动作（1 号）：用锁钥匙打开套筒锁。 （2）作业动作（1 号）：打开遮断器。	3	（1） 未用钥匙，扣 2 分。 （2）若未复诵完命令，便打开遮断器，则认定打开遮断器时机错误，扣 1 分	
		三手摇	（1）作业动作（1 号）：将手摇柄插入转辙机中，根据现场情况需求，采取顺时针或逆时针转动手摇柄。 （2）作业动作（1 号）：转动手摇柄至听到转辙机内发出的“咔嚓”声为止	5	未手摇手摇柄，扣 10 分	

续表

序号	评分项目	评分标准		分值	扣分标准	实际扣分
3	手摇道岔一次作业流程	四确认	（1）作业动作（1 号和 2 号）：确认转辙机已操作到位。 （2）手指口呼（1 号）：手指转辙机，口呼：听到“咔嚓”声。 （3）手指口呼复诵（2 号）：手指转辙机，口呼：听到“咔嚓”声。 （4）作业动作（1 号和 2 号）：确认道岔已密贴。 （5）手指口呼（1 号）：尖轨与基本轨密贴。 （6）手指口呼复诵（2 号）：尖轨与基本轨密贴	10	未手指口呼，每缺 1 项扣 2 分	
		五加锁	（1）作业动作（1 号）：加装钩锁器	15	（1）道岔（除三开道岔）钩锁器应安装于尖轨与基本轨密贴侧第一、第二块滑床板之间位置，若位置错误，扣 5 分。 （2）钩锁器必须使用扳手紧固，在手摇道岔结束之前钩锁器不得自然松脱，不使用扳手紧固，扣 5 分；钩锁器脱落，扣 5 分； （3）安装钩锁器高出轨面，则认定钩锁器未安装到位，扣 5 分	
			（2）手指口呼（2 号）：钩锁器加装完毕后，向值班员汇报：3 号道岔已手摇至反/定位，道岔密贴并加钩锁器。 （3）车控室回复：收到	5	未手指口呼，扣 5 分	
		六汇报	（1）作业动作（1 号和 2 号）：现场工器具清理（工器具不得影响行车安全）	4	未清理工具，扣 4 分。清理有遗漏，扣 2 分	
			（2）手指口呼（2 号）：手摇道岔作业人员确认进路中所有道岔开通位置正确且锁闭后，操作者向值班员汇报：道岔开通位置正确且锁闭，进路正确	3	未手指口呼，扣 2 分	

续表

<table>
<tr><th>序号</th><th>评分项目</th><th colspan="2">评分标准</th><th>分值</th><th>扣分标准</th><th>实际扣分</th></tr>
<tr><td rowspan="4">3</td><td rowspan="4">手摇道岔一次作业流程</td><td rowspan="4">其他要求</td><td>（1）车控室下达命令：请在 3 号道岔防护信号机安全位置处显示手势信号</td><td>1</td><td rowspan="4">（1）选手检查清点手摇道岔工具时，不得提前点亮信号灯并保持长亮状态，应在接收到显示手信号的命令后方可点亮。提前点亮的，扣 5 分。
（2）出示手信号不正确，扣 4 分</td><td rowspan="4"></td></tr>
<tr><td>（2）手摇道岔作业人员复诵（2 号）：在 3 号道岔防护信号机安全位置处显示手势信号，明白</td><td>2</td></tr>
<tr><td>（3）作业动作（1 号和 2 号）：根据值班员命令，手摇道岔作业人员站在安全位置</td><td>3</td></tr>
<tr><td>（4）作业动作（1 号）：面对来车方向，向接近列车显示手势信号（原则：站立位置错误或面向方向错误，扣 4 分；显示红灯，扣 4 分，其他不扣分）</td><td>4</td></tr>
<tr><td colspan="4">合计</td><td>100</td><td colspan="2">/</td></tr>
</table>

项目自测

一、单选题

1. ADS 是（　　）的缩写。

A. 屏蔽门　　B. 应急门　　C. 固定门　　D. 端门

2. 下列属于列车自动控制系统的缩写是（　　）。

A. ATP　　B. ATC　　C. CTC　　D. ATO

3. 在 ATC 系统正常情况下，正线驾驶采用（　　）驾驶模式。

A. ATO　　B. AR　　C. RM　　D. URM

4. 行车指挥自动化时（ATC 系统）列车运行调整的方法是（　　）。

A. 自动列车运行调整和人工列车运行调整

B. 只能进行人工列车运行调整

C. 列车跳站停车可自动进行，不需人工干预

D. 列车运行图早晚点时间在一定范围内的固定列车不能自动进行调整，需要人工干预

二、填空题

1. 城市轨道交通列车驾驶模式有________、________、________、________等四种。

2. 闭塞法一般采用________和________两种形式。

3. ATC 系统应包括的车站控制等级有：______________、控制中心自动控制时

的人工介入控制或利用 CTC系统的人工控制模式、______________、车站人工控制模式。

4. 确认接车线路空闲是指接车线___________________及其他能造成列车脱轨的障碍物。

三、名词解释

1. 什么是列车运行图？
2. 什么叫闭塞法？
3. 什么是车站联锁失效？

四、简答题

1. 什么是列车？车次有什么作用？如何编写？
2. 简述行车凭证的作用。
3. 简述紧急停车按钮的操作及处理流程。
4. 确认接车线空闲方法有哪些？

项目 4
居安思危　始于初心　终于平安——综合运用技能实训

项目知识树

- 综合运用技能训练
  - 知识储备
    - 城市轨道交通火灾应急处置
      - 城市轨道交通火灾基础知识
      - 城市轨道交通火灾应急处置
      - 城市轨道交通火灾案例分析
    - 城市轨道交通乘客受伤应急处置
      - 城市轨道交通乘客受伤基础知识
      - 城市轨道交通乘客受伤应急处置措施
      - 城市轨道交通（地铁）乘客受伤案例分析
    - 城市轨道交通车站大面积停电应急处置
      - 城市轨道交通车站大面积停电基础知识
      - 城市轨道交通车站大面积停电应急处置措施
      - 城市轨道交通车站大面积停电案例分析
    - 城市轨道交通遭遇恶劣天气的应急处置
      - 城市轨道交通遭遇恶劣天气的基础知识
      - 城市轨道交通遭遇恶劣天气的应急处置
    - 城市轨道交通社会安全应急处置
      - 城市轨道交通社会安全基础知识
      - 城市轨道交通社会安全应急处置
  - 实训演练
    - 故意纵火应急处置实训
    - 雨水倒灌应急处置实训
    - 道岔设备故障应急处置实训
    - 屏蔽门故障应急处置实训

项目导入

城市轨道交通系统具有速度快、运量大、污染小、效率高的特点。随着城市轨道交通信息技术的逐渐完善，城市轨道交通作为公共交通的一种，其准时、安全、便捷、舒适的特性使得越来越多的市民选择城市轨道交通作为交通工具。其实城市轨道交通系统又是一个复杂联动的系统，其运营工作涉及调度指挥、列车运行、线路维护、信号通信、设备及供电等多个部门，运营安全又受到人、设备、环境和管理因素的影响，所以在这个系统中的任何环节发生事故或故障，都会给城市轨道交通运营工作带来不良影响或损失。防微杜渐，禁于未然，为了使城市轨道交通运营工作安全有序，2015 年 4 月 30 日，国务院办公厅印发《国家城市轨道交通运营突发事件应急预案》，而各个城市轨道交通运营企业也因此都制定了具体的突发事件应急处置预案。应急预案的有效实施不仅需要严谨全面的应急处置流程，还需要及时、完善的应急配合，因此，居安思危的忧患意识、沉着冷静的职业素养、规范精湛的职业技能是城市轨道交通从业人员必不可少的职业素养。本项目对接实际站务工作的岗位需求，结合真实案例，借助虚拟仿真，构造模拟情景，理论与实践相结合，理清学生的相关知识脉络，提升岗位技能操作水平，以加强学生的综合应用能力。

项目目标

1. 知识目标

（1）能掌握城市轨道交通的基本概念、原理和运营模式，包括城市轨道交通的线路规划、车辆构造、信号系统工作原理等。

（2）能掌握城市轨道交通的各种运营设备的使用，如自动售检票系统、屏蔽门系统、信号设备等的使用。

（3）能掌握城市轨道交通的运营管理流程，包括行车调度、客运服务、安全管理等。

（4）能掌握城市轨道交通的安全技术和应急处理能力，能够应对各种突发事件，保障乘客、列车的安全。

2. 技能目标

（1）能够熟练操作城市轨道交通运营的各种设备，如自动售检票机、屏蔽门、信号设备等。

（2）能够应对城市轨道交通运营中的各种突发事件，如火灾、车辆故障、乘客紧急情况等。

（3）能够掌握城市轨道交通的行车调度技能，能够合理安排列车运行，保证运营效率和安全。

（4）能够掌握城市轨道交通的客运服务流程，包括售票、安检、引导乘客等。

3. 素养目标

（1）培养学生遵守职业道德规范，具有诚信、敬业、负责的职业态度。

（2）培养学生安全行为习惯，养成学生忧患意识、安全意识。

（3）培养学生以乘客为中心的服务理念，养成学生耐心热情的职业精神。

（4）培养学生沟通协调能力，养成学生团队合作意识。

（5）培养学生规范操作、精益求精意识，养成学生爱岗敬业工匠精神。

思政案例

未雨绸缪 战胜“普拉桑”

受今年第 14 号台风“普拉桑”的影响，上海地铁再次进入防汛防台的紧急状态。上海地铁总结台风“贝碧嘉”防御经验，进一步优化应急预案，确保各项防汛防台措施更加精准、高效。站内各岗位工作人员已进入紧急备战状态，对车站内的重点区域开展防汛防台安全检查，有效落实防汛防台各项举措，从设备加固到应急物资储备，每一项工作都按照最高标准严格执行。

1. 预警先行，提前部署

面对台风的威胁，上海地铁的第一反应是迅速启动应急预案：通过与气象部门的紧密合作，实时监测台风动态，一旦接收到预警信息，立即组织专项会议，部署各项防范措施。同时，利用官方网站、APP、社交媒体等多渠道发布预警信息，提醒乘客关注天气变化，合理安排出行计划。

2. 加强巡检，排查隐患

为确保线路安全，上海地铁加大了对轨道、车站、排水系统等关键区域的巡检力度，提前对防汛防台物资以及应急箱内的装备进行了全方位盘点与细致检查，逐一确认其种类是否全面覆盖、数量是否充分满足需求以及状态是否保持良好且是否随时可投入使用，确保在紧急情况下能够迅速响应，有效应对。

图 4-1　上海地铁防汛和排查

3. 灵活响应，保障运营

面对台风可能带来的客流变化，上海地铁采取灵活调度策略，根据实时情况调整列车运行间隔，确保在保障安全的前提下，尽可能减少乘客等待时间。对于受台风影响严重的区域，适时采取停运或缩线运营措施，避免因乘客滞留车站产生不必要的风险。

4. 优化服务，温暖人心

在应对台风的过程中，上海地铁始终不忘人文关怀。在车站内增设临时避雨设施，为滞留乘客提供热水、食品等应急物资。同时，加强站内广播与导视服务，及时通报列车运行情况，安抚乘客情绪。对于特殊群体，如老人、孕妇、儿童等，提供优先服务和特别关照，在出入口及过街通道等容易积水的区域，放置“小心地滑”的提示牌，提醒乘客注意地面积水，还铺设了防滑垫，并安排保洁员及时清理地面积水，避免乘客因积水而滑倒，通过多重防护，全方位保障乘客的出行安全，让每一位乘客都能感受到地铁的温暖与关怀。

5. 复盘总结，时刻准备

每一次台风过后，上海地铁都会组织专人对整个应对过程进行复盘总结，分析存在的问题与不足，提出改进措施。通过不断优化应急预案、提升设施设备抗灾能力、加强人员培训等方式，持续提高地铁系统的防灾减灾能力，为未来的挑战做好更充分的准备。

在这场与“普拉桑”台风的较量中，上海地铁用实际行动诠释了地铁人的责任与担当：城市轨道交通不仅是城市交通的动脉，更是千万市民心中的避风港，它们匠心守护、暖心服务、风雨不停，携手奋进，筑梦前行。

知识储备

任务 4.1　城市轨道交通火灾应急处置

在世界城市轨道交通重大事故统计中，火灾事故的比例高达 32%。从城市轨道交通 100 多年的历史教训来看，火灾事故不仅发生次数最多，也是导致伤亡人数最多的一类事故：1987 年，英国伦敦国王十字车站发生重大火灾，此次火灾造成 31 人死亡，100 多人受伤；1995 年 10 月 28 日，阿塞拜疆共和国首都巴库地铁发生火灾，大火燃烧 10 多个 h，造成 558 人死亡，269 人受伤；2003 年 2 月 18 日，韩国大邱地铁站发生人为纵火事件，造成 198 人死亡，146 人受伤，财产损失 47 亿韩元。因此，城市轨道交通的安全越来越引起人们的关注，而在实际工作中，认识火灾危害、原因及特点，根据火灾处置原则，有效地利用消防设施，迅速执行城市轨道交通运营企业火灾应急预案，有效应对火灾突发情况，对提高城市轨道交通运营管理安全也有重要意义。

子任务 4.1.1　城市轨道交通火灾基础知识

子任务 4.1.1 城市轨道交通火灾基础知识

1. 城市轨道交通火灾特点

（1）火情探测和扑救困难。

城市轨道交通车站的出入口数量有限，而且又通常是发生火灾时的出烟口，再加上车站空间限制，以及浓烟、高温、缺氧、有毒物质、视线不清、通信中断等原因，救援人员很难及时、全面了解现场情况。对于火灾发生位置，需要仔细地查询和研究城市轨道交通工程图去获取，这也为消防扑救工作增加了障碍。

（2）燃烧速度快，氧气含量急剧下降。

城市轨道交通火灾发生后，由于地下建筑的相对封闭性，火势扩大迅速，大量的新鲜空气在燃烧中被消耗而难以得到补充，致使空气中氧气含量急剧下降。当空气中的氧含量降至6%～10%时，人会晕倒，失去逃生能力；当空气中的氧含量降至5%以下时，人会立即晕倒或死亡。

（3）产生有毒烟气、排烟排热效果差。

由于乘坐城市轨道交通出行的乘客携带物品种类繁多，大多为可燃物品，一旦燃烧很容易蔓延扩大并产生大量有毒烟气，但城市轨道交通空间狭小，大量烟气集聚在车厢和车站内，短时间内会迅速扩散至整个地下空间，造成车厢和车站内人员吸入有毒烟气而出现伤亡。

（4）人员疏散困难，极易造成群死群伤。

城市轨道交通基本靠人工照明，即使正常电源照明也比地面建筑自然采光差。发生火灾时，正常照明有可能中断，人的视觉完全靠应急照明灯和疏散指示标志才能看得见，此时如果再没有应急照明灯，车站和列车车厢可视度将会变差，使人看不清逃离路线，容易发生人员拥挤、摔倒、踩踏而造成群死群伤。不仅如此，城市轨道交通站厅或隧道里发生火灾时，人只有往上逃到地面或开阔地带才能安全，但人员的逃生方向与烟气的自然扩散方向一致，烟的扩散速度一般比人的行动快，因此人员疏散更加困难。

2. 城市轨道交通火灾原因

城市轨道交通火灾原因众多，具体如表4–1所示。

表4–1　城市轨道交通火灾原因

原因类别	城市轨道交通火灾的具体原因
人员类	（1）施工违章操作。 （2）乘客因抽烟等引发火灾行为。 （3）乘客违禁携带易燃易爆物品。 （4）人为故意纵火等原因
设备类	（1）电气设备或线路存在隐患。 （2）城市轨道交通建筑工程及车辆材料选用不当。 （3）消防设施设置不当。 （4）附属设施及设备没有安全化处理
环境类	（1）没有建立良好的管理体系。 （2）自然环境、极端天气引发。 （3）城市轨道运营环境不良导致
管理类	（1）运营组织不合理。 （2）安全管理制度，操作规范细则不完善。 （3）安全教育、安全技能培训不达标。 （4）相关部门没有落实管理职责

3. 城市轨道交通火灾分类

火灾按等级标准可分为四类，如图 4-2 所示，为一般火灾、较大火灾、重大火灾与特别重大火灾。

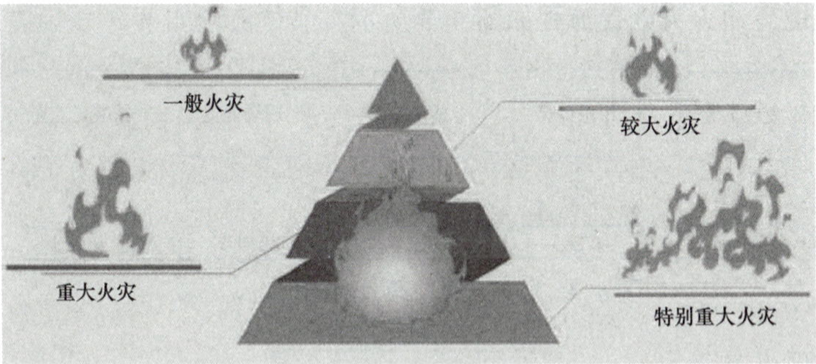

图 4-2　城市轨道交通火灾分类

（1）一般火灾。

一般火灾是指造成 3 人以下死亡，或者 10 人以下重伤，或者 1 000 万元（人民币）以下直接财产损失的火灾。

（2）较大火灾。

较大火灾是指造成 3 人以上 10 人以下死亡，或者 10 人以上 50 人以下重伤，或者 1 000 万元（人民币）以上 5 000 万元（人民币）以下直接财产损失的火灾。

（3）重大火灾。

重大火灾是指造成 10 人以上 30 人以下死亡，或者 50 人以上 100 人以下重伤，或者 5 000 万元（人民币）以上 1 亿元（人民币）以下直接财产损失的火灾。

（4）特别重大火灾。

造成 30 人以上死亡，或者 100 人以上重伤，或者 1 亿元（人民币）以上直接财产损失的火灾，这类火灾称为特别重大火灾。

子任务 4.1.2　城市轨道交通火灾应急处置

子任务 4.1.2
城市轨道交通
火灾应急处置

1. 城市轨道交通火灾处置原则

城市轨道交通火灾处置原则如下。

（1）贯彻救人第一原则。

积极施救，首要任务就是要保障乘客和工作人员的生命安全。

（2）把握关键时间。

火灾发生的 5 min 以内是关键时间，要做好两项工作：一是灭火和疏散，二是汇报和报警。

（3）做好个人防护。

城市轨道交通线路和车站发生火灾时，要做好个人防护，及时穿戴防护面具、荧光服等防护用品。

（4）实时报警和汇报。

城市轨道交通火灾发生后，车站值班员或司机应立即报告行车调度员，通知相关车站值班站长，并视情况分别拨打 119、110 报警电话和 120 急救电话，以及汇报给相关部门领导，汇报时语言应简明扼要。

2. 城市轨道交通火灾处置流程

城市轨道交通火灾处置流程如图 4-3 所示，具体流程如下。

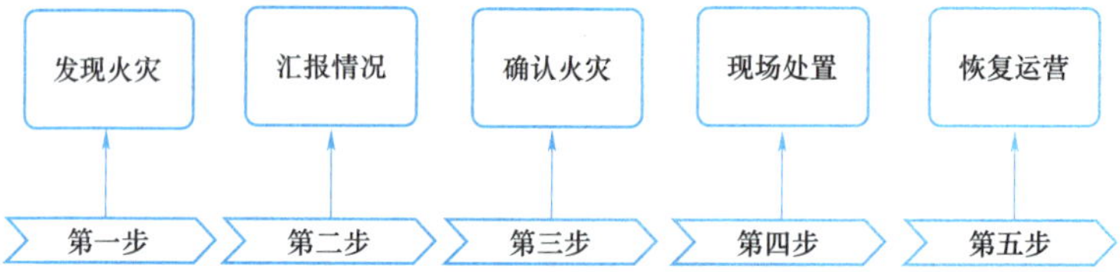

图 4-3　城市轨道交通火灾应急处置流程

（1）发现火灾。

火灾的发现通常有两种情况：车站控制室、OCC 的监控设备发现（如图 4-4 所示），以及现场作业人员和乘客发现（如图 4-5 所示）。

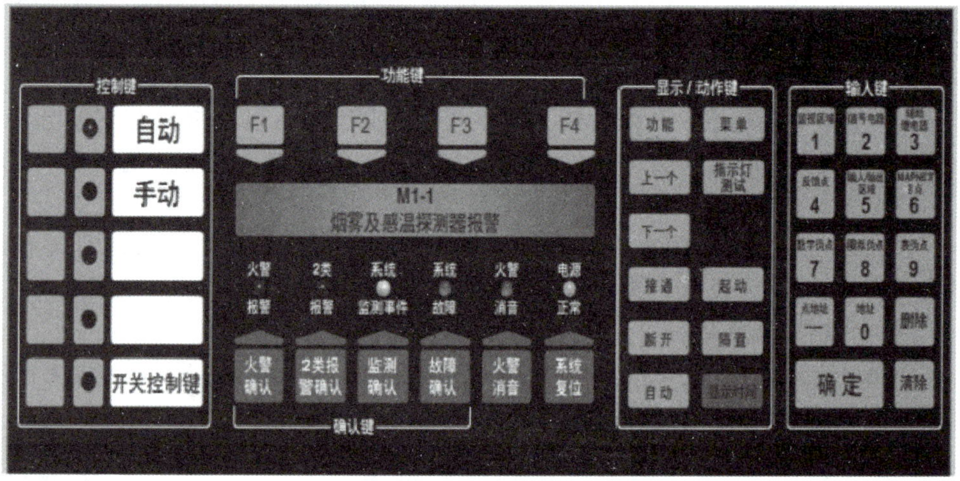

图 4-4　OCC 监控设备发现火灾

图 4-5　乘客发现火灾

（2）汇报情况。

当城市轨道交通车站发生火灾后，行车值班员通过 CCTV 或 FAS 监控发现火灾报警，或者接到火灾报警后，应将情况报告运营控制中心（operations control center，OCC）、值班站长，值班站长接到行车值班员、站务员或者乘客报警后，应安排人员到现场查看情况，如图 4-6 所示。

图 4-6　报告情况

（3）确认火灾。

确认火灾通过以下几种方式（如图 4-7 所示）。

图 4-7　确认火灾

① 警报响起：值班站长通过 FAS 或 BAS 系统确定现场位置并安排人员现场查看。

② 乘客报警：值班站长确定现场位置，并安排人员现场查看。

③ 查看情况：确认是否发生火灾，火势是否可控，是否有人员伤亡。

现场确认火灾的同时应该对火灾进行分析、判断，判断火灾真假，判断火灾的位置和大小。

若确认火灾为真，则开始火灾应急处置；若确认火灾为假，值班站长也应及时通报给行车值班员和站内所有员工。

根据火灾发生位置不同，可以将火灾分为车站火灾和列车火灾两类。车站火灾按位置不同可分为车站站厅（设备区）火灾和车站站台（设备区）火灾两种。列车火灾按列车状态不同可以分为列车在站台火灾和列车行进中火灾两种。其确认火灾流程如图 4-8 所示。

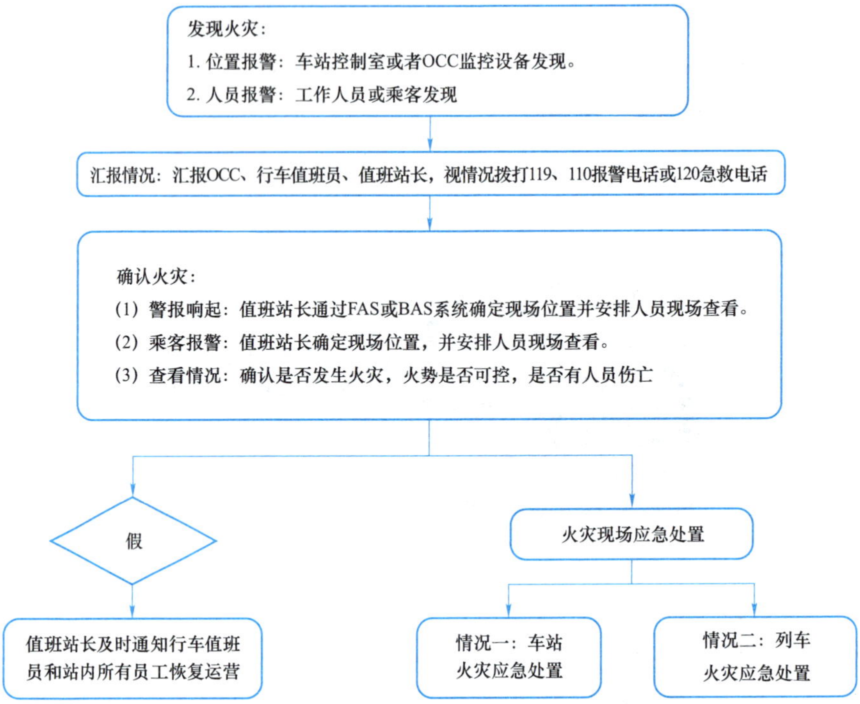

图 4-8　确认火灾流程

当火势可以控制时，启动火灾一级处置预案，允许“先处置、后报告”，现场所有的站务员或行车值班员应警告周围乘客与现场保持安全距离，远离着火点，利用周围消防设施尽快进行初期灭火，并及时向行车调度员和值班站长汇报，并视火势大小初步判断火灾原因及火灾的扑灭成效，决定是否拨打 119、110 报警电话和 120 急救电话。当火势无法控制时，启动火灾二级或三级处置预案，行动顺序原则上为车站紧急疏散—尝试灭火—拨打 119 报警电话，并视情况拨打 120 急救电话。其火灾应急处置预案如表 4-2 所示。

表 4-2　火灾处置预案

事件处置等级	火灾情况	车站火灾应急处理办法	行车火灾应急处理办法
一级处置	局限于火情能被直观确认在小范围内，周边无可燃物品，并可判定火势无法蔓延，现场烟雾较小，火情能被立即扑灭	向车站控制室或者 OCC 报告，初期扑灭火灾，看情况启动站台火灾防排烟模式，无需启动车站紧急疏散程序	正常行车
二级处置	现场火势燃烧猛烈或燃烧产生烟雾较大（燃烧区域不明确，无法现场判断），对乘客造成影响，虽然可能引起乘客恐慌，但可以自行组织疏散	立即启动车站紧急疏散程序，车站临时关闭，疏散乘客，乘客疏散完毕后，根据现场情况执行员工疏散程序，视情况拨打 119、110 报警电话或 120 急救电话	对行车组织进行调整，采取不停站通过

续表

事件处置等级	火灾情况	车站火灾应急处理办法	行车火灾应急处理办法
三级处置	发生纵火或爆炸等袭击事件，火灾已蔓延至轨行区或相邻防火分区	立即启动车站紧急疏散程序，启动站台火灾防排烟模式，车站临时关闭，在乘客疏散完毕后，执行员工疏散程序，拨打 119、110 报警电话或 120 急救电话	事发车站区间停运，组织小交路运行，禁止列车进入事发车站，准备进入区间的列车安排退回；如不能退回，则不停站通过事发车站

（4）现场处置。

城市轨道交通火灾现场处置根据火情不同、火灾发生地点不同，其具体处置流程也不相同，如图 4–9 所示。具体的城市轨道交通火灾现场处置流程将在后面详细介绍，这里不作过多说明。

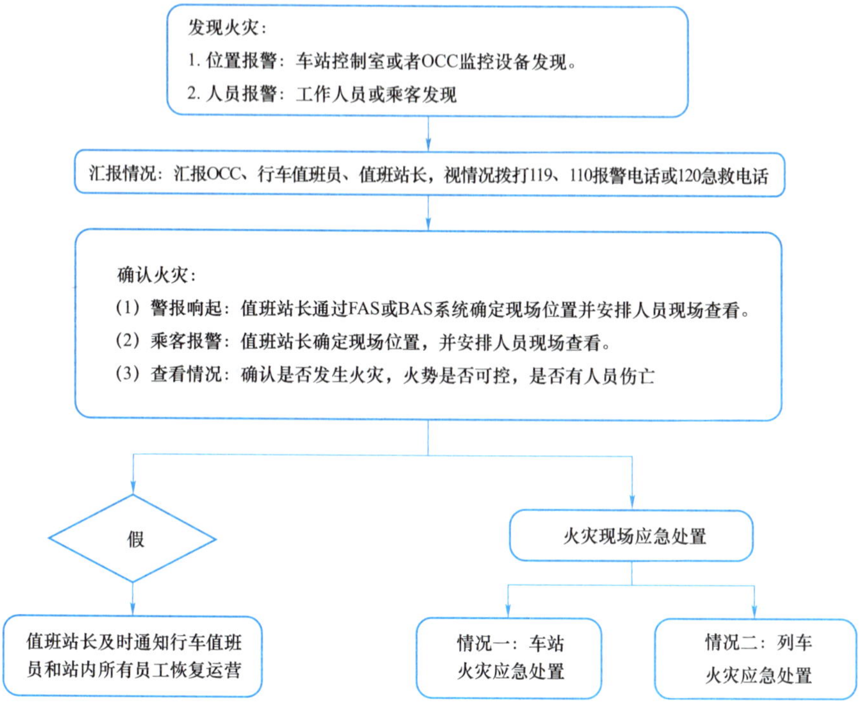

图 4–9　城市轨道交通火灾现场处置流程

（5）恢复运营。

当火灾被扑灭后，城市轨道交通运营人员在接到应急终止的指令后，进行现场清理，确保车站达到运营条件、设备线路正常，从而恢复运营状态，其具体流程如图 4–10 所示。

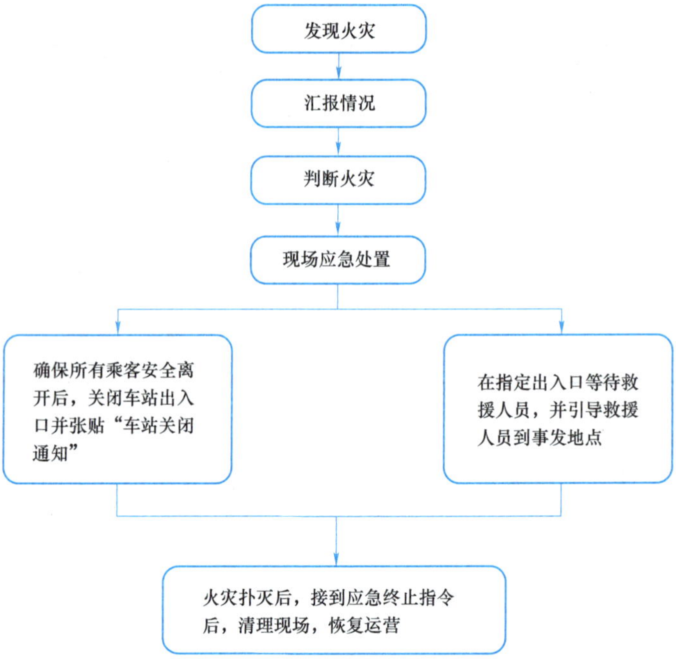

图 4-10　城市轨道交通火灾应急处置全流程

子任务 4.1.2
城市轨道交通火灾应急处置案例

3. 城市轨道交通火灾现场处置

城市轨道交通火灾现场处置一般分为以下两种情况。

1）情况一：车站火灾现场应急处置

车站火灾现场应急处置分为两种情况。

（1）车站站厅（设备区）发生火灾现场应急处置，其流程如图 4-11 所示。

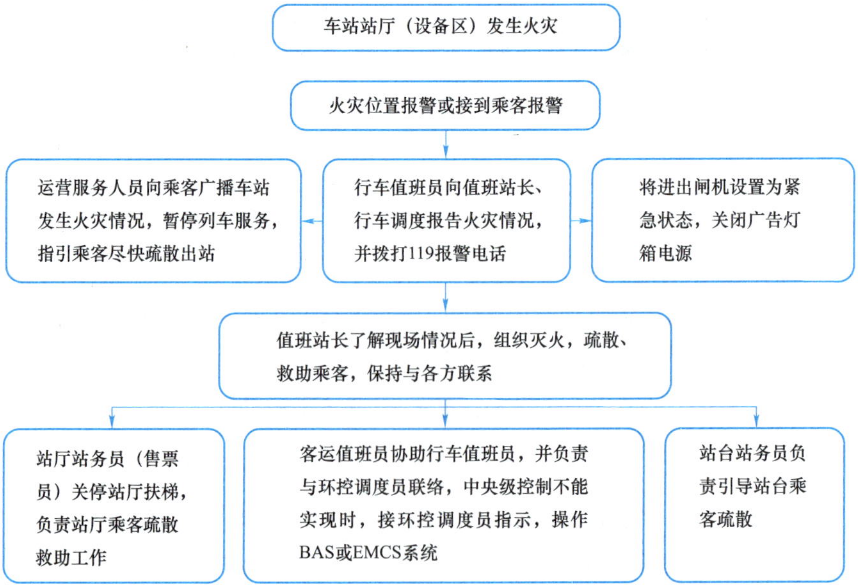

图 4-11　车站站厅（设备区）发生火灾现场应急处置流程

（2）车站站台（设备区）发生火灾现场应急处置流程如图 4-12 所示。

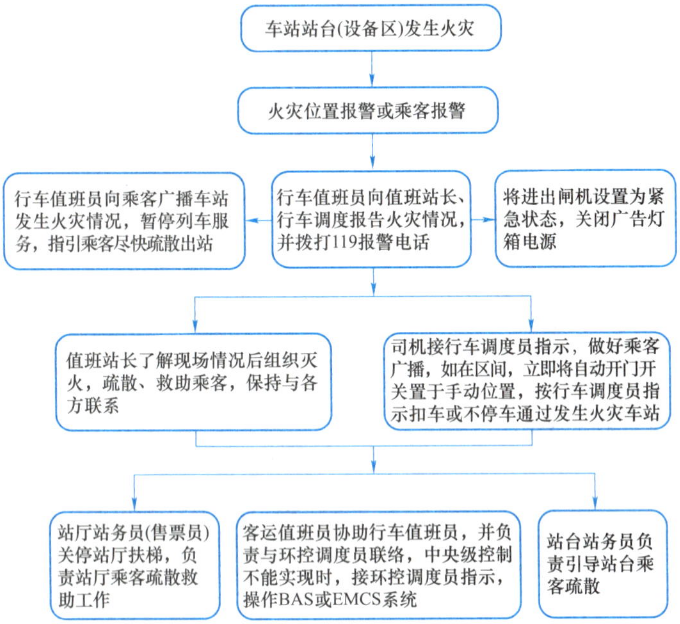

图 4-12　车站站台（设备区）发生火灾现场应急处置流程

（3）车站站台发生火灾时，注意事项如下。

① 车站站台发生火灾时，应首先关闭站台层送风系统和站厅层的排风系统，开启车站层的排风系统将烟雾排至车站外或地面，从而使进出通道和站厅层形成负压和向下气流，保证人员疏散时逆风行走，不受烟雾伤害。

② 列车在隧道内运行会加速周围气体流动，从而加速火势蔓延，如有列车不停站通过时，站台站务员不能打开屏蔽门，应待列车通过车站后才能打开屏蔽门。

③ 在疏散过程中应注意及时安抚乘客情绪，合理分流乘客，在保证乘客从不同出入口以最短路径撤离的原则下，把混乱控制在最低程度。

2）情况二：列车火灾现场应急处置

（1）列车在站台发生火灾现场应急处置。其流程如图 4-13 所示。

（2）列车在行进过程中发生火灾现场应急处置。其流程如图 4-14 所示。

（3）列车火灾现场应急处置时注意事项如下。

① 列车行进途中发生火灾，在通常情况下应尽量驶入前方车站，利用前方车站来疏散乘客；如列车不能驶入前方车站而停在区间隧道，则必须利用列车前后端的两个紧急疏散门紧急疏散乘客。

② 在运行过程中如在隧道发生火灾且车头着火时，乘客应从车尾下车后步行至后方的车站；车尾着火时，乘客应从车头下车后步行至前方车站；列车中部着火时，乘客应从列车两端下车后步行至前、后方车站。

③ 隧道火灾初期阶段，应按照以应急疏散为主、应急疏散和灭火救援协调统一的原则设定安全疏散路线和灭火救援路线。灭火救援应在应急疏散基本完成后展开。

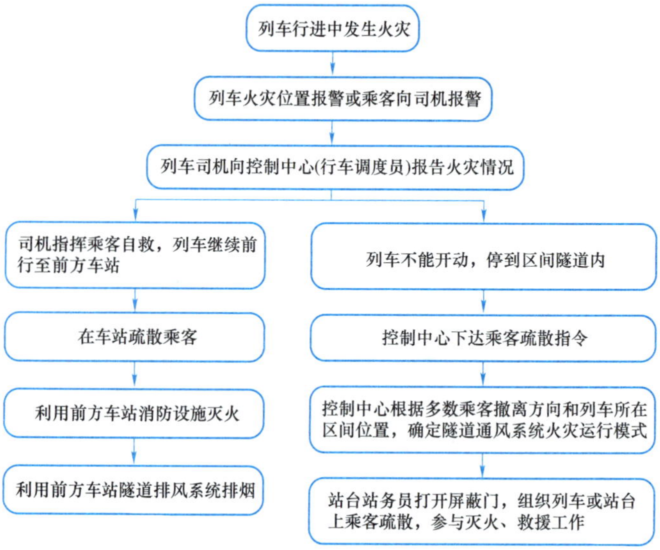

图 4-13　列车在站台发生火灾现场应急处置流程

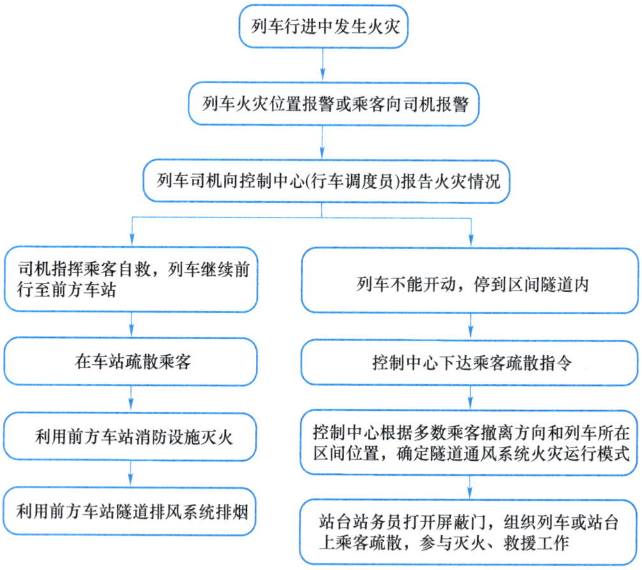

图 4-14　列车在行进过程中发生火灾

④ 灭火救援交通流向应避免与应急疏散交通流向产生交叉，以防止产生新的交通事故或其他灾害。

⑤ 对于发生严重交通堵塞的隧道，消防车不宜靠近交通堵塞区域，灭火救援人员应充分利用隧道内的消防设施实施灭火救援。

子任务 4.1.3　城市轨道交通火灾案例分析

2013 年 1 月 5 日晚，北京地铁 5 号线 T3 机场线三元桥站发生火灾事故，导致 19 人死亡，多人受伤。引起此次火灾的原因是当时正在该站 B、D 出口处修改广告牌的施工人员意外将一根电线切断，并没有立即检测电线是否损坏，便将电线续接起来，当列车经过该站时，电线短路引发了火灾。

1）该案例火灾原因分析

施工人员的疏忽；设备缺陷，技术有限；缺乏应急预案。

2）对该案例的反思总结

对火灾应采取的预防措施如下。

① 强化安全意识。

② 实施技术改造和设备升级。

③ 加强应急处置，完善应急预案。

上述案例中的城市轨道交通火灾给人们带来了惨痛的教训，必须对这起事故深刻反思，不断推进地铁保障机制和安全管理制度；在日常工作中，也应不断加强地铁的安全理念和管理思想，为地铁乘客提供更安全的服务和保障。

任务 4.2　城市轨道交通乘客受伤应急处置

随着城市轨道交通的高速发展，客流增多，乘客受伤害的数量也明显增加，城市轨道交通乘客受伤害的事件呈现“难控制、难处置、难善后”的特点。城市轨道交通乘客受伤害的事件发生的时间段集中，早高峰及晚高峰期间是每天控制城市轨道交通乘客受伤害的事件发生的重点时段；同时，在节日期间，随着客流增大而增多，也是城市轨道交通乘客受伤害的事件发生的高峰时间。

子任务 4.2.1　城市轨道交通乘客受伤基础知识

子任务 4.2.1-2 城市轨道交通乘客受伤基础知识及应急处理

1. 城市轨道交通乘客受伤定义

站厅、站台、轨道交通拥有的产权通道、出入口等范围内或列车运输过程中出现的乘客伤亡事件，即为地铁乘客受伤。

2. 城市轨道交通乘客受伤分类

经过对乘客受伤的类别进行统计发现，乘客在自助扶梯上受伤与被车门、站台门夹伤事件占乘客受伤事件的大多数。乘客受伤事件有很多种分类，按乘客受伤原因分可分为以下几种。

（1）责任客运伤亡事故。

责任客运伤亡事故是指城市轨道交通运营范围内设备故障、人员操作不当、管理不善造成的客运伤亡事故。

（2）乘客自身原因受伤的事故。

在城市轨道交通设备设施正常运行情况下，乘客自身不注意、个人安全防范意识不到位或故意造成意外事故等其他个人因素造成的伤害，即为乘客自身原因受伤的事故。如乘客携带大件行李失去平衡摔倒、乘客抢上抢下导致被车门或屏蔽门夹伤、乘客乘坐扶梯时没有养成抓好扶手的习惯甚至在扶梯上玩耍打闹而受伤、乘客伤害自己的身体行为等，均属此类。

（3）乘客重大过失造成的伤亡事故。

乘客重大过失造成的伤亡事故是指乘客对自己及其他乘客伤亡存在严重的过失造成的事故，如携带危险品、跳车、扒车、强行上下列车、抢行及搭乘自动扶梯时携带大件物品等造成的事故。

（4）乘客自身健康原因造成的事故。

乘客因患病、年老等生理机能的变化导致伤亡，称为乘客自身健康原因造成的事故。

（5）不可抗力造成的事故。

不可抗力造成的事故是指由不可预见、不可避免且不能克服的客观情况造成的事故。不可抗力包括水灾、台风、地震等自然灾害及罢工等情况。

3. 城市轨道交通乘客受伤分级

按乘客受伤程度和影响大小可以把客伤事件分为 6 个等级：轻伤事件、重伤事件、一般伤亡事件、重大伤亡事件、特大伤亡事件、特别重大伤亡事件。

（1）轻伤事件是指只有轻伤而没有重伤和死亡的事件。

（2）重伤事件是指有重伤但没有死亡的事件。

（3）一般伤亡事件是指一次造成死亡 1～2 人的事件。

（4）重大伤亡事件是指一次造成死亡 3～9 人的事件。

（5）特大伤亡事件是指一次造成死亡 10～29 人的事件。

（6）特别重大伤亡事件是指一次造成死亡 30 人以上的事件。

子任务 4.2.2 城市轨道交通乘客受伤应急处置措施

子任务 4.2.2　城市轨道交通乘客受伤应急处置措施

1. 城市轨道交通乘客受伤应急处置原则

城市轨道交通乘客受伤不仅影响城市轨道交通运营秩序和服务形象，同时也会导致一定人员伤亡和财产损失。所以发生地铁乘客受伤的事故后，应遵循以下原则。

（1）优先抢救伤者原则。现场处理应本着以人为本原则，优先抢救伤员，及时将伤员送往医院救治。

（2）避免二次伤害原则。现场处理应该确保伤者、工作人员的人身安全，避免发生二次伤害。

（3）维护运营秩序原则。现场处理应疏散周围乘客，维持好现场秩序。

（4）尽快恢复运营原则。现场处理应当尽快出清线路，尽快恢复列车运行。

（5）尽力获取证据原则。现场处理人员应该尽力收集和保存事故证据，挽留证人，保存证词。

2. 城市轨道交通乘客受伤应急处置流程

城市轨道交通乘客受伤应急处置流程如图 4-15 所示。乘客受伤应急处置具体流程如下。

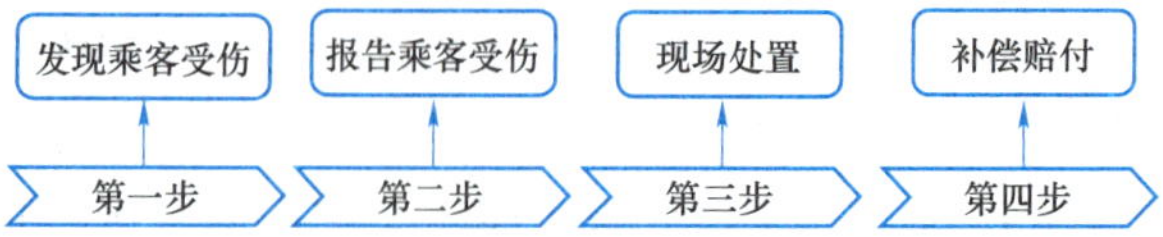

图 4-15　城市轨道交通乘客受伤应急处置流程

（1）发现乘客受伤。发生乘客受伤事故后，应及时赶往乘客受伤事故现场。

（2）报告乘客受伤。行车值班员发现乘客受伤后，汇报给 OCC，汇报值班站长、行车值班员。行车值班员应及时播放引导广播。

（3）现场处置。值班站长应携带药箱到达现场，初步处理伤者伤情，根据伤者情况拨打 120 急救电话；安全员进行宣传疏导，必要时协助医护人员抢救受伤乘客如图 4–16 所示。

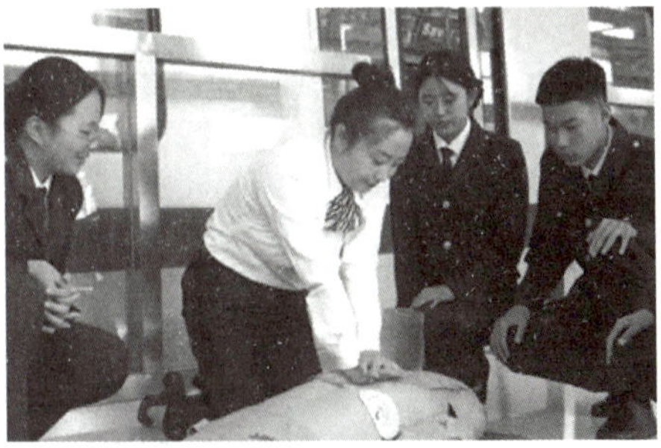

图 4–16　地铁乘客受伤应急培训

（4）补偿赔付。依据相关法律和规定，对伤者进行补偿赔付。

3. 城市轨道交通乘客受伤现场处置

城市轨道交通乘客受伤现场应急处置具体流程如图 4–17 所示。乘客受伤现场处置具体流程如下。

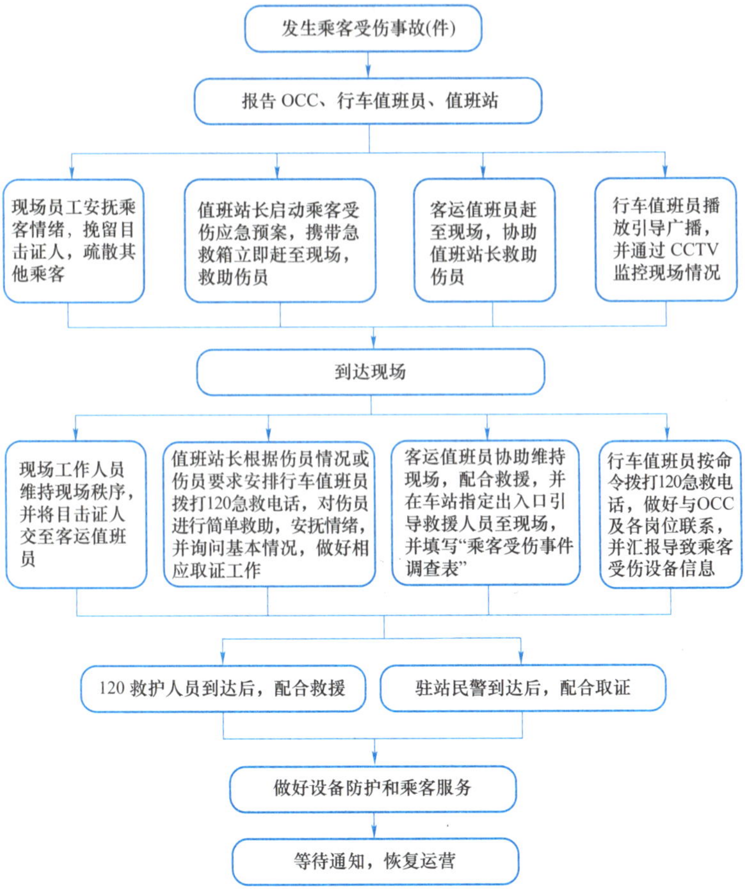

图 4–17　城市轨道交通乘客受伤现场应急处置流程

（1）发生乘客受伤。发生乘客受伤事故后，城市轨道交通客运服务人员应及时赶往乘客受伤事故现场。

（2）报告乘客受伤。行车值班员应将乘客受伤事件立即通知值班站长，并向行车调度员、生产调度室汇报，如图 4–18 所示。

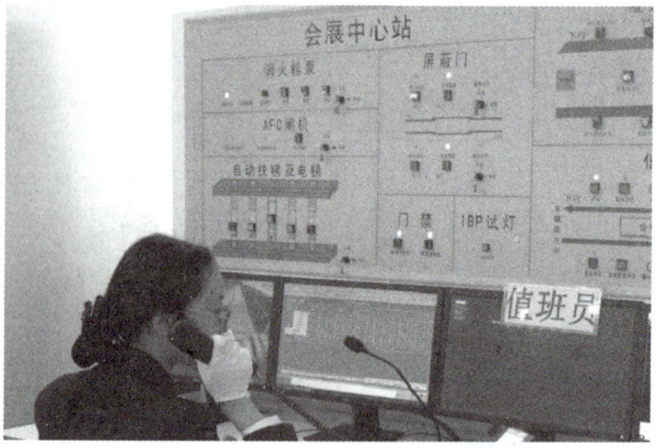

图 4–18　报告乘客受伤

（3）实时监控。行车值班员利用广播进行宣传，严密监视列车运行情况。自动化综合控制员严密检视综合监控设备，如图 4–19 所示。

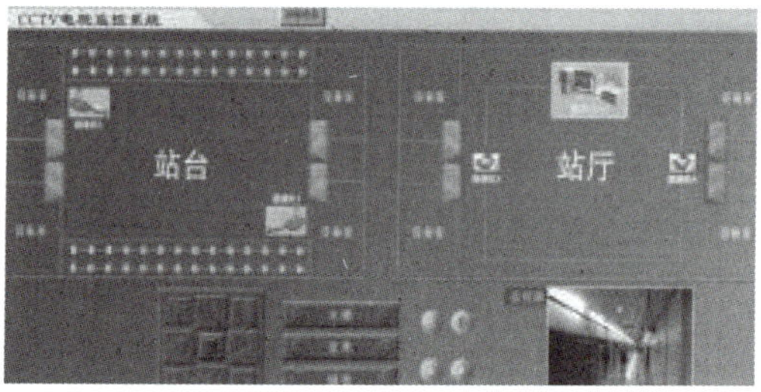

图 4–19　实时监控

（4）到达现场。值班站长携带药箱到达现场，组织维持现场秩序，如图 4–20 所示，留住证人，并组织各岗位做好启动长时间无车预案准备。值班员协助值班站长维护现场秩序，引导乘客，及时与综控员联系并反馈现场情况。

图 4–20　到达现场

（5）恢复运营。待处理好伤员后，值班站长下发通知，准备恢复运营，如图 4–21 所示。

图 4-21　恢复运营

子任务 4.2.3　城市轨道交通（地铁）乘客受伤案例分析

1. 案例简介

2015 年 4 月 20 日上午 8 点 30 分，深圳地铁 5 号线黄贝岭站一名女乘客因没吃早饭导致低血糖，在站台上晕倒。事发时，正是上班高峰期，站台内挤满了人。晕倒的女子周围的乘客因了解情况，比较镇静，但因往后退、让出救援空间而产生“波浪”效应，其他乘客也开始往后退，随后演变成有人开始跑，并且有人开始惊叫，导致越是远处不明真相的乘客越害怕，跑得越慌乱，引起一些乘客恐慌情绪，部分乘客奔逃、踩踏，引发现场混乱，随后引发了踩踏事件，12 名乘客受伤并被送往医院。

事发车站随即启动了广播等应急预案疏导乘客。工作人员随即报警并拨打了 120 急救电话。随后，监控画面显示：混乱的现场迅速恢复了平静，站台内的绝大多数乘客都搭乘到站地铁离开。整个过程起止时间不超过 2 min，但现场却一片狼藉。深圳地铁派了 10 余名工作人员为伤者提供相应的后勤保障服务。

2. 原因分析

该案例中乘客受伤的原因分析如下。

（1）因黄贝岭站是换乘站，本身客流量较大，碰巧正处于早高峰时期，所以人员更为密集。人在意识到危险时，因求生本能会手忙脚乱、慌不择路，极易引发拥挤甚至踩踏事故。

（2）各岗位工作人员未及时采取相应的措施。列车到站时乘客大量涌出，现场工作人员未及时做好引导。工作人员没有及时通知站内情况，没有及时反映出入口情况。

（3）乘客自身素质有待提高。见有人晕倒而选择自保是每个人的第一反应，但是因自保而导致出现混乱说明了乘客在安全教育方面有所欠缺。

3. 对该案例的反思总结

对该案例的反思总结如下。

（1）在城市轨道交通车站等密闭场合，如果遇到意外情况，知情人士应第一时间把真实信息告诉周围的人，避免造成混乱。

（2）作为城市轨道交通运营工作人员，应该及时采取应急措施，快速解决突发状况。

任务 4.3　城市轨道交通车站大面积停电应急处置

城市轨道交通车站大面积停电可能造成停电的车站退出服务，影响乘客正常出行，给城市地面交通带来极大压力，在人员疏散过程中容易产生瞬间大客流，甚至引起乘客恐慌，发生踩踏、挤压等乘客伤害事件；由于供电中断，可能发生通信、信号、机电等系统不能正常使用，从而引发二次故障或灾害，可能导致城市轨道交通正线、车辆段（停车场）线路、接触网、客运服务等重要行车设施设备故障，造成列车救援、行车中断等重大影响。因此，了解城市轨道交通车站大面积停电的相关知识，运用相关应对知识，遵循应急处置原则，积极迅速、有效地完成应急处置流程，以保证乘客安全。

子任务 4.3.1　城市轨道交通车站大面积停电基础知识

子任务 4.3.1 轨道交通地铁大面积停电基础知识

1. 城市轨道交通车站大面积停电定义

城市轨道交通大面积停电如图 4–22 所示，通常是指城市轨道交通系统整体或较大范围内电力供应中断，严重影响城市轨道交通列车运行及乘客的正常出行。

图 4–22　城市轨道交通车站大面积停电

2. 城市轨道交通车站大面积停电原因

城市轨道交通车站大面积停电原因一般有以下几方面。

（1）电力设备故障，包括变压所变压器故障、整流机组故障、断路器故障、传输电缆故障、接触网故障，以及电力监控系统故障等。

（2）受到城市电力网故障的影响，也可能会造成城市轨道交通大面积停电。

（3）路面施工等原因对电力系统造成的人为外力破坏。

（4）自然气象灾害对电力系统造成的破坏。

3. 城市轨道交通车站大面积停电影响

城市轨道交通车站大面积停电影响主要包括以下几个方面。

（1）地面交通压力增大。造成城市交通局部或全线运营中断，影响乘客出行，给地面交通带来极大的压力。

（2）容易发生乘客伤亡事故。在疏散过程中瞬间产生的大客流，容易造成乘客恐慌而引起踩踏、挤压等事故。

（3）容易引发次生事故和灾害。供电的中断可能造成通信、信号、机电等系统无法正常使用，从而引发次生事故和灾害。

4. 城市轨道交通车站大面积停电分级

城市轨道交通车站大面积停电事件主要分为一级停电事件、二级停电事件和三级停电事件三级。

（1）一级停电事件。

一级停电事件是指所有城市轨道交通供电系统主变电所停电，导致城市轨道交通被迫停运的事件。

（2）二级停电事件。

二级停电事件是指城市轨道交通线路的供电系统出现一个以上但不是所有主变电所全所停电，导致较大范围的车站或车辆段全部交流停电、接触网停电而造成局部中断行车的事件。

（3）三级停电事件。

三级停电事件是指局部车站或车辆段出现两路 35 kV 交流电源停电。车辆段出现两路 35 kV 交流电源停电，会导致车辆段接触网停电，影响车辆段运作；局部车站两路 35 kV 交流电源停电会导致局部中断行车。

5. 城市轨道交通供电系统

城市轨道交通供电系统一般包括外部电源、主变电所（或电源开闭所）、牵引供电系统、动力照明供电系统、电力监控系统。其中，牵引供电系统包括牵引变电所和牵引网，动力照明供电系统包括降压变电所和动力照明配电系统。

（1）供电方式。

城市轨道交通系统的外部电源方案根据城市电网构成的不同特点，可采用集中式、分散式、混合式等不同形式的供电方式。究竟采用何种方式，应通过计算确定需要负荷之后，根据城市轨道交通路网规划、城市电网构成特点、工程实际情况综合分析确定。

① 集中式供电。在城市轨道交通沿线，根据用电容量和线路长短，在线路的适当位置，根据总容量要求设主变电所，由城市电网区域变电所以高压（如 110 kV）向主变电所供电，经降压并在沿线结合牵引变电所、降压变电所形成中压环网，向城市轨道交通各系统供电。这种由主变电所构成的供电方案，称为集中式供电。例如，上海、广州、南京城市轨道交通运营公司采用的就是集中式供电方式。南京地铁如图 4-23 所示。

图 4-23 南京地铁

② 分散式供电。不设主变电所，而直接由城市电网区域变电所的 35 kV 或 10 kV 中压输电线直接向城市轨道交通沿线设置的牵引变电所、降压变电所供电并形成环网，称为分散式供电。例如：沈阳地铁、长春轻轨、大连轻轨、北京地铁八通线、北京地铁 5 号线用的就是分散式供电方式。北京地铁 5 号线如图 4-24 所示。

图 4-24 北京地铁 5 号线

③ 混合式供电。混合式供电指一条轨道交通线路，一部分采用集中供电方式，另一部分采用分散供电方式一般以集中式供电为主，个别地段引入城市电网电源作为集中式供电的补充，使供电系统更加完善和可靠。例如北京地铁 1 号线用的就是混合式供电方式，如图 4-25 所示。

图 4-25 北京地铁 1 号线

（2）负荷等级。

城市轨道交通系统是一个重要的用电负荷。按规定应为一级负荷，即应由两路电源供电，当任何一路电源发生故障中断供电时，另一路应能保证城市轨道交通重要负荷的全部用电需要。在城市轨道交通供电系统中牵引用电负荷为一级负荷，而动力照明等用电负荷根据它们的实际情况可分为一级、二级或三级负荷。

① 一级负荷：通信系统、信号系统、牵引供电系统、电力监控系统、防灾报警系统、机电设备监控系统、屏蔽门、防淹门、消防泵、废水泵、雨水泵、事故风机及其风阀、排烟风机及其风阀、站厅和站台照明、事故照明。

② 二级负荷：非事故风机及其风阀、排污泵、自动扶梯、设备区照明和管理区照明、自动售检票、楼梯升降机、民用通信电源、冷冻机组控制器电源、维修电源。

③ 三级负荷：冷水机组、冷冻水泵、冷却水泵、冷却塔风机、广告照明、电开水器等。

6. 城市轨道交通车站安全疏散标识

每个城市轨道交通车站都有本车站的应急疏散线路图，当发生突发情况时，工作人员会引导乘客按照本车站的应急疏散指示标志沿着疏散通道快速出站。但是当发生停电事故时，乘客不容易找到疏散通道，城市轨道交通运营公司为应对这种情况在城市轨道交通车站都配置有可自发光向导标志牌，如图 4-26 所示。这些标志牌密集覆盖了城市轨道交通车站内所有障碍物、台阶及侧墙边沿，当城市轨道交通线路或车站发生停电等事故时，乘客可以按照疏散标志的引导顺利出站。

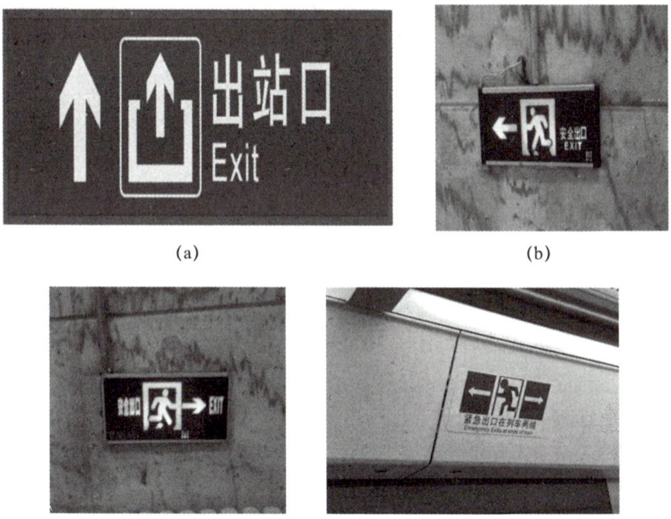

(a)　(b)

(c)　(d)

图 4-26　城市轨道交通车站安全疏散标识

子任务 4.3.2　城市轨道交通车站大面积停电应急处置措施

子任务 4.3.2-1~2
城市轨道交通
（地铁）大面积
停电应急处置

1. 城市轨道交通车站大面积停电应急处置原则

城市轨道交通车站大面积停电应急处置原则如下。

（1）贯彻“先通后复”原则。积极采取各种措施，控制事态发展，迅速抢救、抢修，尽快恢复运营，尽量减少人员伤亡和财产损失。

（2）坚持“统一指挥、迅速反应”原则。地铁发生大面积停电后，OCC 根据停电影响情况，组织抢修、抢险，发布急救、城市轨道交通列车停运和车站关闭等命令，相关部门配合做好客运服务和对乘客的疏导工作。

2. 城市轨道交通车站大面积停电应急处置流程

城市轨道交通车站大面积停电应急处置流程如图 4-27 所示。城市轨道交通车站大面积停电应急处置具体流程如下。

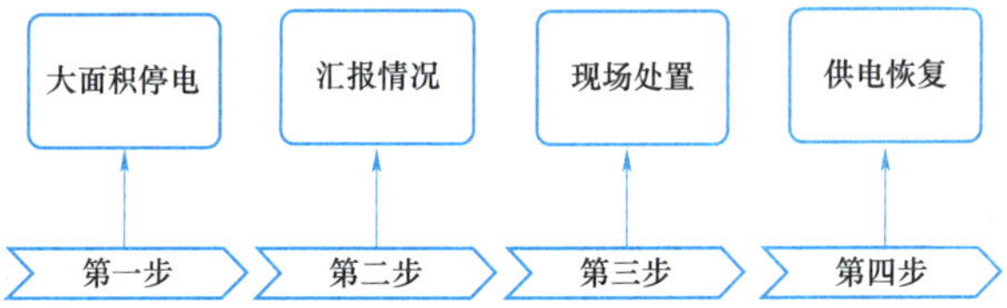

图 4-27　城市轨道交通车站大面积停电应急处置流程

子任务 4.3.2
城市轨道交通（地铁）大面积停电应急处置

（1）城市轨道交通车站发生大面积停电事件。

（2）车站工作人员汇报情况。OCC 根据停电影响情况，组织抢修、抢险，发布急救、城市轨道交通列车停运和车站关闭等命令，并及时将灾情汇报给上级。

（3）现场处置。车站工作人员根据现场情况，加快紧急照明的启动，巡查车站各区域是否有人被困，并根据控制中心命令清站和关站。司机尽可能维持列车进站停靠，组织车上乘客向车站疏散。如果列车在区间隧道内或高架线上停车，司机应利用列车上的广播安抚乘客，要求乘客不要擅自操作车上设备，关好车门，防止乘客私自下车，同时按照行车调度员指令操作。同时，车站值班站长安排人员在车站出入口播放停运告示，做好对乘客的解释工作。

（4）供电恢复。当供电恢复，车站工作人员应第一时间检查车站内设备，待其恢复正常后马上组织人员撤除车站出入口告示，打开出入口，恢复运营。

3. 城市轨道交通车站大面积停电现场应急处置

城市轨道交通车站大面积停电现场应急处置流程如图 4-28 所示。城市轨道交通车站大面积停电现场应急处置具体流程如下。

车站发生大面积停电事故后，OCC 或车站立即进行报告，各部门组织抢修人员到现场做好抢修、救援准备；OCC 加强与现场沟通，迅速确定运营调整方案，通知车站做好人员疏散的准备工作；OCC 发布疏散命令，车站立即打开闸机放行乘客，通知后续列车不停站通过已停电的车站。如停电时间超过 10 min 且预计 30 min 内不能恢复正常供电时，OCC 通知车站组织关站；各车站严格按照 OCC 命令，配合做好行车、客运组织工作；相关车站按照 OCC 命令迅速组织人员疏散，疏散结束后相关车站派人确认人员全部出清，报告 OCC；OCC 根据公交接驳条件启动《公交接驳应急预案》，并对该预案的具体实施进行监督、协调，及时有效地疏散拥堵线路车站乘客。

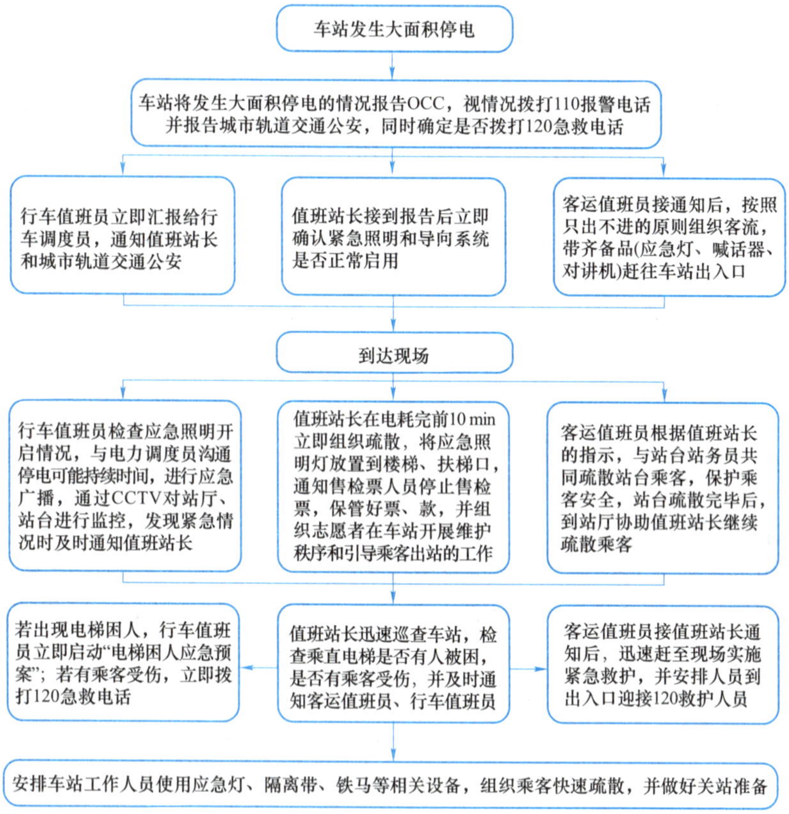

图 4-28　城市轨道交通车站大面积停电现场应急处置流程

（1）在发生大面积停电时，车站工作人员应判明现场情况，启用紧急照明，在 OCC 和站长的指挥下，积极开展疏导乘客的工作；设备值班人员应关闭正在操作的设备，在切断电源开关后设法与外界取得联系，协助站务人员共同开展疏导乘客的工作。

（2）发生接触网停电导致列车停运时，当班的城市轨道交通客运列车司机是组织该列车所载乘客进行疏散的第一责任人。司机应首先通过广播稳定乘客情绪，在有通信条件时，听从 OCC 值班主任或邻站值班站长的指挥；若列车停在隧道里或高架线路上，又与 OCC 失去联系时，司机必须指挥、引导乘客有步骤、有组织地向最近的车站疏散。一旦到达车站，司机应依次服从车站值班员、值班站长、站长的组织指挥，直至将乘客安全引导出车站。

（3）行车调度员、电力调度员、环控调度员和变电所等关键岗位值班人员应坚守岗位，确保本部门工作人员的安全，并采取一切可能措施减少停电带来的损失。同时着手调查、收集管辖范围内停电影响情况，迅速将险情及初步救援方案向有关领导汇报。

（4）各中心应做好停电后设备保护，OCC 负责把各变电所高低压侧开关分开，断开各类负荷开关；来电后按照城市轨道交通主变电所、变电所、一类负荷、二类负荷、三类负荷的顺序逐步恢复供电。

子任务 4.3.3　城市轨道交通车站大面积停电案例分析

子任务 4.3.3
城市轨道交通（地铁）大面积停电应急处置案例

1. 案例简介

2004 年 7 月 21 日中午 11 时 55 分，广州地铁 1 号线 1 列车行驶至长寿路站时，列车受电弓与接触网之间发生故障，导致软性供电接触网断线短路，引起电网跳闸，公园前站至芳村站下行线区间瘫痪。

事故发生时，车厢内出现了明亮的火花和焦味，不少乘客因而惊慌失措。工作人员随即打开列车屏蔽门疏散乘客。随后抢修人员到达现场，更换了电网，牵引机车将故障车辆拉回车辆段维修。当天 13 时 50 分故障被排除，广州地铁 1 号线恢复运营。

事故的发生给乘客造成了极大不便，广州地铁公司发出广播，提醒乘客可到票厅办理退票，截至当天 16 时，共有 3 900 多名乘客退票。

2. 原因分析

该停电事故发生后，经过对停电原因分析，发现停电的罪魁祸首是柔性供电网：柔性供电网质地柔软，容易出现断线。为此，从地铁 2 号线开始，广州的所有城市轨道交通线路均已改成刚性供电网。

3. 对该停电事故的反思总结

为避免类似的事情再度发生，在日常的工作和维护中，工作人员应定期对城市轨道交通线路的各条线路进行检查，发现问题及时修缮。而当真正发生断电事故时，工作人员应立即启动预案，引导乘客有序下车，离开城市轨道交通车站或车辆。乘客应按照工作人员的指引下车或离开车站，不要拥挤，以免造成不必要的伤害。

任务 4.4　城市轨道交通遭遇恶劣天气的应急处置

子任务 4.4.1　城市轨道交通遭遇恶劣天气的基础知识

子任务 4.4.1 城市轨道交通遭遇恶劣天气基础知识

1. 城市轨道交通遭遇恶劣天气的定义

恶劣天气是指不利于人类生产和活动，或具有破坏性的局部天气状况。对于城市轨道交通来说，恶劣天气是指可能会对城市轨道交通运营秩序造成不良影响的天气状况。

2. 城市轨道交通遭遇恶劣天气的预警信号

预警信号，是指由有发布权的气象部门为有效防御和减轻突发气象灾害而向社会公众发布的警报信息图标。

吉林省气象局气象灾害预警信号发布与传播办法规定，预警信号分为台风、暴雨、高温、雷电、冰雹、暴雪、严寒、霜冻、寒潮、大风、沙尘暴、大雾、霾、道路结冰等 14 类。预警信号由名称、图标和含义 3 部分构成。

预警信号总体上分为 4 级（Ⅳ，Ⅲ，Ⅱ，Ⅰ级），按照灾害的严重性和紧急程度，颜色依次为蓝色、黄色、橙色和红色，同时以中英文标识，分别代表一般、较重、严重和特别严重。根据不同的灾种特征、预警能力等，确定不同灾种的预警分级及标准。

根据城市轨道交通实际情况，台风、暴雨、暴雪这三种对城市轨道交通运营秩序的影响较大，以下主要围绕这三种天气进行介绍。

（1）台风预警信号，如表 4–3 所示。

表 4–3 台风预警信号

预警等级	图标	标 准
台风蓝色预警信号		24 h 内可能或者已经受热带气旋影响，陆地平均风力达 6 级以上，或者阵风 8 级以上并可能持续
台风黄色预警信号		24 h 内可能或者已经受热带气旋影响，陆地平均风力达 8 级以上，或者阵风 10 级以上并可能持续
台风橙色预警信号		12 h 内可能或者已经受热带气旋影响，陆地平均风力达 10 级以上，或者阵风 12 级以上并可能持续
台风红色预警信号		6 h 内可能或者已经受热带气旋影响，陆地平均风力达 12 级以上，或者阵风达 14 级以上并可能持续

（2）暴雨预警信号，如表 4–4 所示。

表 4–4 暴雨预警信号

预警等级	图标	标准
暴雨蓝色预警信号		24 h 内降雨量将达 50 mm 以上，或者已达 50 mm 以上且降雨持续（含区域站）
暴雨黄色预警信号		12 h 内降雨量将达 50 mm 以上，或已达 50 mm 以上且降雨持续（含区域站）
暴雨橙色预警信号		3 h 降雨量将达 50 mm 以上，或者已达 50 mm 以上且降雨可能持续（含区域站）
暴雨红色预警信号		3 h 降雨量将达 100 mm 以上，或者已达 100 mm 以上且降雨可能持续（含区域站）

（3）暴雪预警信号，如表 4-5 所示。

表 4-5　暴雪预警信号

预警等级	图标	标准
暴雪蓝色预警信号		24 h 内降雪量将达 10 mm 以上，或者已达 10 mm 以上且降雪持续，可能对交通或者农牧业有影响
暴雪黄色预警信号		12 h 内降雪量将达 10 mm 以上，或者已达 10 mm 以上且降雪持续，可能对交通或者农牧业有影响
暴雪橙色预警信号		12 h 内降雪量将达 20 mm 以上，或者已达 20 mm 以上且降雪持续，可能或者已经对交通或者农牧业有较大影响
暴雪红色预警信号		12 h 内降雪量将达 30 mm 以上，或者已达 30 mm 以上且降雪持续，可能或者已经对交通或者农牧业有较大影响

3. 城市轨道交通遭遇恶劣天气的信息发布

气象灾害预警信号实行统一发布制度，地方气象主管机构负责本行政区域内预警信号发布、解除与传播的管理工作。

城市轨道交通运营公司接到气象主管机构发布的预警信号，即可判定为恶劣天气。地方气象主管机构负责向城市轨道交通运营公司提供气象信息。

地方气象主管机构可以通过互联网发布城市轨道交通运营相关气象信息，其内容包括：运营公司沿线早晨、下午天气预报，本地区 48～72 小时内的天气预报，一周天气趋势预报，气象灾害预警信息。

（1）地方气象主管机构可以通过手机短信方式提示地铁运营公司中央控制室调度值班主任，以发布气象灾害预警信息。

（2）当网络传输出现故障时，地方气象主管机构可以通过普通传真机传输气象信息。同时，致电城市轨道交通运营公司中央控制室调度值班主任并互通姓名，做好相应记录。

（3）当网络传输与传真机同时出现故障时，地方气象主管机构可以电话通知城市轨道交通运营公司控制中心调度值班主任，值班主任接到气象信息后应复诵确认，并互通姓名，做好相应记录。

针对所处城市的实际特点，城市轨道交通运营部门应依照城市特征制定相应的恶劣天气应急处理预案。

子任务 4.4.2　城市轨道交通遭遇恶劣天气的应急处置

子任务 4.4.2 城市轨道交通（地铁）遭遇恶劣天气应急处置

1. 城市轨道交通遭遇恶劣天气的应急处置原则

遭遇恶劣天气的应急处置原则如下。

（1）安全第一，预防为主。坚持预防为主原则，防患于未然，各相关单位要积极响应气象局发布的天气预警，做好恶劣天气突发事件的预防工作，如图 4–29 所示，做好应对突发事件的各项准备工作。

图 4–29　警示牌

（2）以人为本，先救人后救物。把生命安全放在首位，抢险救灾先人后物，落实安全防护，确保应急处置过程中的人身安全和行车安全。

（3）统一指挥，迅速反应。遭遇台风、暴雨、暴雪等恶劣天气，车站应积极响应，OCC 按照各自职责分工，迅速组织相关工作人员开展工作，参与应急处置，尽快恢复正常运营秩序。

2. 城市轨道交通遭遇恶劣天气的应急处置流程

城市轨道交通遭遇恶劣天气的应急处置流程如图 4–30 所示。城市轨道交通遭遇恶劣天气的应急处置具体流程如下。

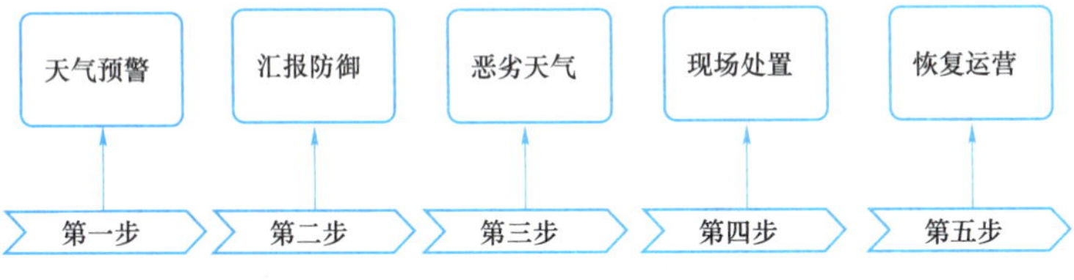

图 4–30　城市轨道交通恶劣天气应急处置流程

（1）天气预警。在城市轨道交通运营管理中心建立完善的天气预警系统，实时监控天气变化，并与气象部门保持联系；利用天气预警系统，及时获取恶劣天气的预警信息。

（2）汇报防御。指挥中心（OCC）接到现场报告或接到恶劣天气的预警信息，根据各类天气的影响程度和相应级别向运营分公司报告。各部门工作人员接到 OCC 报告后，立即赶赴各自岗位。

（3）恶劣天气。遭遇恶劣天气后，根据即时天气信息和实际状况合理组织列车调度，启动应急预案。

（4）现场处置。遇到雾、暴风、沙尘天气，瞭望困难时，城市轨道交通列车司机应及时将情况报告行车调度员或车站行车值班员；必要时开启前照灯，适时鸣笛，适当降低速度。当看不清信号、道岔时，列车司机要停车确认，严禁臆测停车。列车进入车站时，司机要适当降低列车速度，确保对标停车。行车值班员做好与OCC、车站各岗位、救援部门之间的信息传递，播放应急广播，通知驻站民警，并通过CCTV监控车站现场情况。值班站长启动应急处理预案，根据OCC指令组织现场工作人员加强对乘客的引导，做好现场指挥协调。

（5）恢复运营：接到气象部门解除相应恶劣天气预警信号后，城市轨道交通运营现场负责人经过确认，发现恶劣天气现象已明显减弱，对运营安全不会造成影响，向应急指挥中心报告。应急指挥中心接到现场负责人可以终止应急状态的报告后，经上级领导机构同意即可通过OCC向全线发布应急状态终止命令。OCC组织受恶劣天气影响的区域恢复正常运营。

3. 城市轨道交通遭遇恶劣天气的现场应急处置

（1）台风情况下现场应急处置流程如图4–31所示。

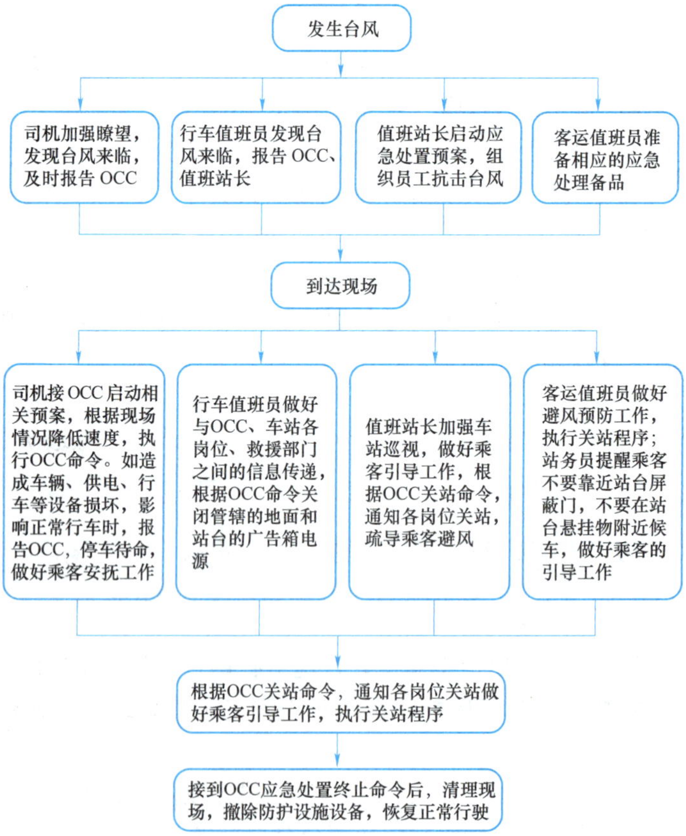

图4–31　台风情况下现场应急处置

（2）暴雨情况下现场应急处置流程如图 4-32 所示。

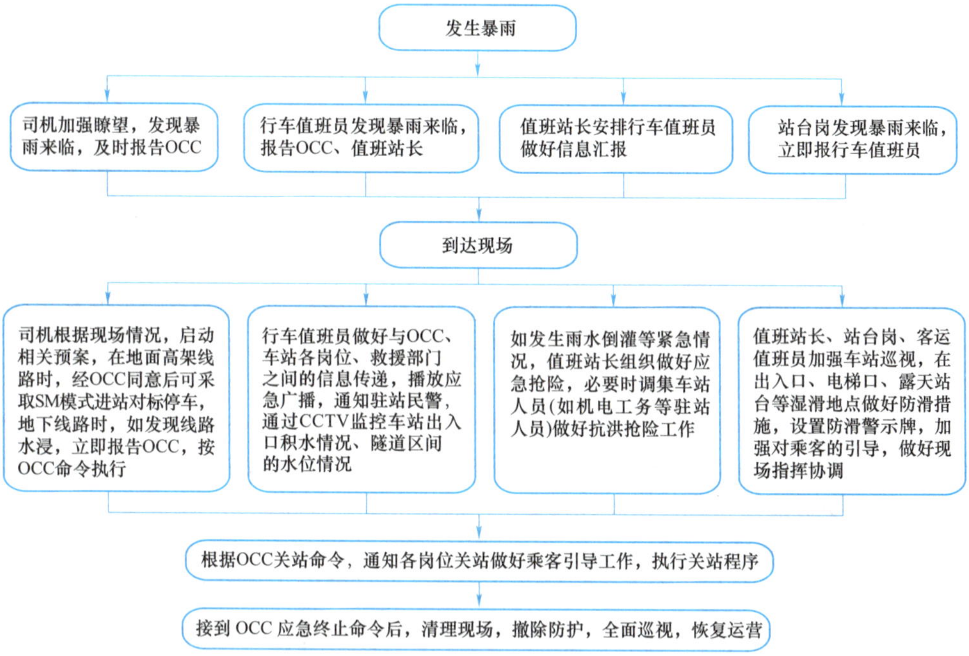

图 4-32　暴雨情况下现场应急处置

（3）暴雪情况下现场应急处置流程如图 4-33 所示。

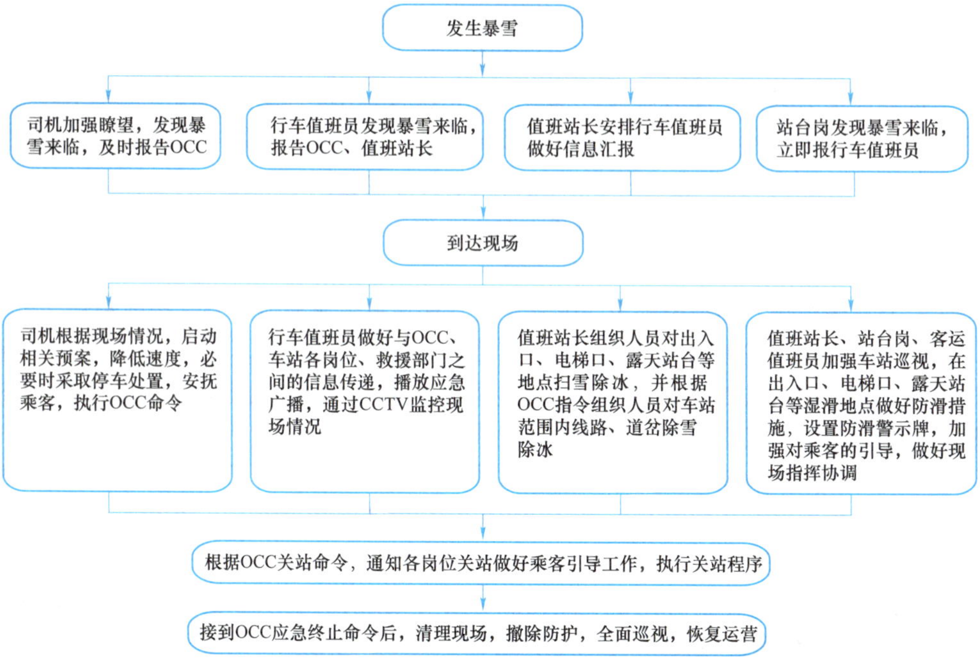

图 4-33　暴雪情况下现场应急处置

任务 4.5　城市轨道交通社会安全应急处置

子任务 4.5.1　城市轨道交通社会安全基础知识

子任务 4.5.1 城市轨道交通（地铁）社会安全基础知识

社会安全是指防范、消除、控制直接威胁社会公共秩序和人民群众生命财产安全的治安、刑事案件，以及规模较大的群体性事件等，涉及打击犯罪、维护稳定、社会治理、公共服务等各个方面，与人民群众切身利益息息相关。

城市轨道交通社会安全事件分城市轨道交通治安事件和公共卫生安全事件两部分。

1. 城市轨道交通治安事件定义

城市轨道交通治安事件是指在城市轨道交通运营中，群体或个人为了满足特殊需要或者达到特殊目的，通过实施违法犯罪或采取不正当手段，公开实施扰乱和破坏城市轨道交通运营秩序，妨碍公共安全，造成严重后果和社会影响的事件。

2. 城市轨道交通治安事件影响

城市轨道交通治安事件的发生，可能会造成人员受伤从而影响城市轨道交通正常的运营，群体性的治安事件不仅可能造成重大的人员伤亡和财产损失，还会对城市轨道交通乃至整个社会产生不良影响。

3. 城市轨道交通治安事件分类

城市轨道交通治安事件有很多种，最常见的治安事件有劫持人质、抢夺票款、打架斗殴等。

4. 城市轨道交通公共卫生安全事件分级

根据突发公共卫生事件性质、危害程度、涉及范围，突发公共卫生事件可划分为特别重大（Ⅰ级）、重大（Ⅱ级）、较大（Ⅲ级）和一般（Ⅳ级）四级。

其中，特别重大（Ⅰ级）突发公共卫生事件主要包括以下几种。

（1）肺鼠疫、肺炭疽在大、中城市发生并有扩散趋势，或肺鼠疫、肺炭疽疫情波及 2 个以上的省份并有进一步扩散趋势。

（2）发生传染性非典型肺炎、人感染高致病性禽流感病例，并有扩散趋势。

（3）涉及多个省份的群体性不明原因疾病，并有扩散趋势。

（4）发生新的传染病或我国尚未发现的传染病发生或传入，并有扩散趋势，或发现了在中国已消灭的传染病重新流行。

（5）发生烈性病菌株、毒株、致病因子等丢失事件。

（6）周边以及与中国通航的国家和地区发生特大传染病疫情，并出现输入性病例，严重危及我国公共卫生安全的事件。

（7）国务院卫生行政部门认定的其他特别重大突发公共卫生事件。

5. 城市轨道交通公共卫生安全事件特点

城市轨道交通公共卫生安全事件主要有以下特点（有关公共卫生安全事件应急措施（疫情下的地铁）可扫右边二维码）。

本书拓展知识

（1）成因的多样性。引起公共卫生事件的因素多种多样，比如生物因素、自然灾害、食品药品安全事件、各种事故灾难等。

（2）分布的差异性。在时间分布差异上，在不同的季节传染病的发病率也会不同，比如非典型肺炎发生在冬、春季节，肠道传染病则多发生在夏季。分布差异性还表现在空间分布差异上，传染病的区域分布不一样，像我国南方和北方发生的传染病就不一样，此外还有人群的分布差异等。

（3）传播的广泛性。当前我们正处在全球化的时代，某一种疾病可以通过现代交通工具进行跨国流动，而一旦造成传播，就会成为全球性的传播。

（4）危害的严重性。重大的卫生事件不仅对人的健康有影响，而且对环境、经济乃至政治都有很大的影响。比如 2003 年的非典型肺炎流行，对我国造成了严重的经济损失。

（5）治理的综合性。公共事件治理不仅需要医学和科技的支持，同时还需要各级政府、各个部门协同配合、综合治理。

6. 城市轨道交通公共卫生安全事件应急措施

交通行业是人流的最主要场所之一，因此，在公共卫生安全事件应急处置时期，各地城市轨道交通运营企业要制定科学、严谨的防控措施，确保乘客的出行安全。如图 4–34 所示。以“防输入、防扩散、防感染”为核心目标，以“站区拥挤度、列车满载率”为关键控制指标，以“时间分段、人员分类、区域分级”为主要手段，严防公共卫生安全事件通过城市轨道交通扩散。

图 4–34　城市轨道交通公共卫生安全事件应急措施

（1）强化体温监测做好消毒通风。

（2）采取进站测量体温、禁止未佩戴口罩乘客进站等措施，着力强化源头防范。城市轨道交通全路网车站分阶段配备固定式测温仪、手持测温仪等装备。对体温高于相应标准的乘客进行劝阻，引导其至隔离区域暂时隔离，并由值班站长及时通知防疫部门按规定程序进行处置。

（3）各城市轨道交通运营单位将加强车站、列车、办公区域消毒通风。所有车站按最大通风量保持通风；按区域划分风险等级，以不低于卫生健康部门指导标准定时进行消毒，并在显著位置张贴标识。各城市轨道交通车站保持 24 h 通风，在线运营列车保持最大风量持续通风。

（4）控制客流密度以保障出行服务。

（5）通过“增疏导人员、控进站速度、控站内人员密度、控车辆满载率”等措施，避免发生过度拥挤现象。

（6）各车站制定专项客流控制方案，对常态限流车站每站增加 5 至 10 名疏导力量。安检点候检人员大于 50 人时，采取站外分批进站。高峰时段，大客流城市轨道交通线路保持最小发车间隔，控制列车满载率，适当增加排队间距，降低站台上候车及停留人员密度。适时通过安排备车、增发临客、大站快车等方式，增加运力、缓解断面压力。重点做好枢纽场站客流组织，加强与相关部门的信息互通，及时调整运力安排，满足乘客需求。

（7）加强员工防护做好宣传引导。

（8）站务、司乘、安检人员、测温等工作人员，将加强个人体温监测，佩戴口罩上岗，作业时戴口罩、手套；每日上岗前、下班前，各测 1 次体温。在各城市轨道交通车站安检点附近设置隔离区，在安检基地设置隔离房间。

在乘客信息系统、车站广播、企业新媒体平台等广泛宣传公共卫生和个人防护知识、进站乘车秩序，提醒乘客乘用城市轨道交通工具时需全程佩戴口罩。

子任务 4.5.2
城市轨道交通（地铁）
社会安全应急处置

子任务 4.5.2　城市轨道交通社会安全应急处置

1. 城市轨道交通社会安全处置原则

（1）预防为主，防控结合。在城市轨道交通运营过程中，应注重预防工作，通过安全隐患排查等手段，提前发现潜在的社会安全隐患，并及时采取措施进行整改。同时，要将防控相结合，既要防范可能发生的安全事故，也要控制事故的影响范围和程度。

（2）快速响应，科学处置。城市轨道交通社会安全事件一旦发生，必须立即启动应急预案，迅速组织人员到达现场进行救援和处置，掌握情况，采取有效措施，防止事态扩大。

（3）统一指挥，协调合作。城市轨道交通社会安全事件的处置需多方协作，统一领导是确保有效处置的关键。在处置过程中，应明确指挥部和指挥人员，建立有效的沟通协作机制，确保各部门协调作战，形成合力，提高处置效率。

（4）乘客至上，确保安全。在事故处置过程中，要始终将乘客的生命安全放在首位，尽快组织疏散和转移乘客，确保乘客的生命安全。同时，要对乘客进行必要的安抚和心理疏导，减轻乘客的心理压力。

（5）信息透明，舆论引导。事故发生后，应主动向公众发布事故相关信息，保持信息透明，避免谣言传播。同时，要积极与媒体沟通，正确引导舆论，树立良好的社会形象。

（6）总结经验，不断完善安全管理制度和应急预案。在事故处置结束后，应对事故原因进行深入分析，总结经验教训，进一步完善安全管理制度和应急预案，提高城市轨道交通安全管理水平。

2. 城市轨道交通治安事件应急处置

城市轨道交通治安事件应急处置流程如图 4–35 所示。城市轨道交通治安事件应急处置的具体流程如下。

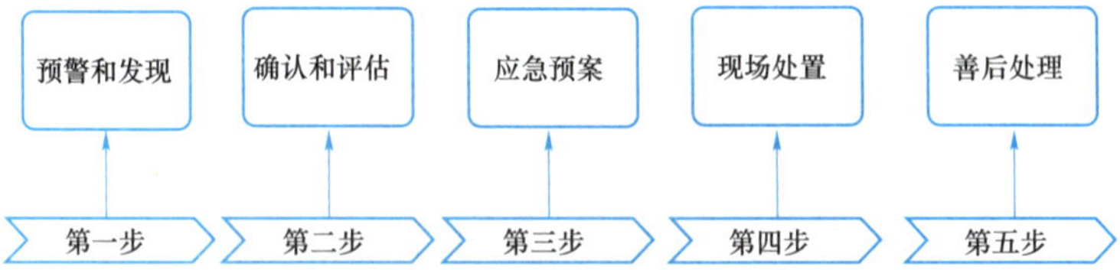

图 4–35　城市轨道交通治安事件应急处置流程

（1）预警和发现。乘客或工作人员一旦发现异常情况或潜在的治安事件，应立即通过紧急按钮、通话设备或其他通信工具向城市轨道交通控制中心（OCC）报告。

（2）确认和评估。OCC 接到报告后，应迅速评估事件的性质和紧急程度，确定是否需要启动应急预案。城市轨道交通公安部门应根据报警信息进行初步判断，并决定是否派遣警力到现场核实。

（3）应急预案。如事件超出常规处理范围，OCC 会启动应急预案，如人员疏散计划、列车调整运行、现场安全控制等；并通知相关部门，如消防、医疗、交通管制部门等。

（4）现场处置。城市轨道交通公安人员或保安人员应赶往现场，进行初步的调查和处理。根据现场情况采取相应的措施，如保护现场、救治伤员、疏散人群、控制嫌疑人等。

（5）善后处理。现场处置完毕，确认事件平息，发布应急终止命令，恢复运营。运营机构会根据事件的严重性和影响，向公众发布相关信息，并对受到事件影响的人员进行善后处理，如提供医疗援助、心理辅导等。

3. 城市轨道交通治安事件现场应急处置

城市轨道交通治安事件现场应急处置主要分为以下几种。

1）劫持人质事件

一旦发生劫持人质犯罪事件，不仅人质生命安全受到威胁，而且会在社会上造成难以消除的不良影响，严重危害社会治安。所以，当城市轨道交通车站或列车内发现劫持人质后，应立即通知车站控制室或运营控制中心的值班人员及时拨打 110 报警电话，在公安人员到来之前要控制好现场，首先稳定歹徒和被劫者的情绪，防止歹徒出现过激行为；有组织地疏散周围的乘客，防止其他乘客受伤；在公安人员到达后配合公安人员的处理，并做好有关区域的围蔽工作。

城市轨道交通劫持人质事件的现场应急处置流程如图 4–36 所示。具体流程如下。

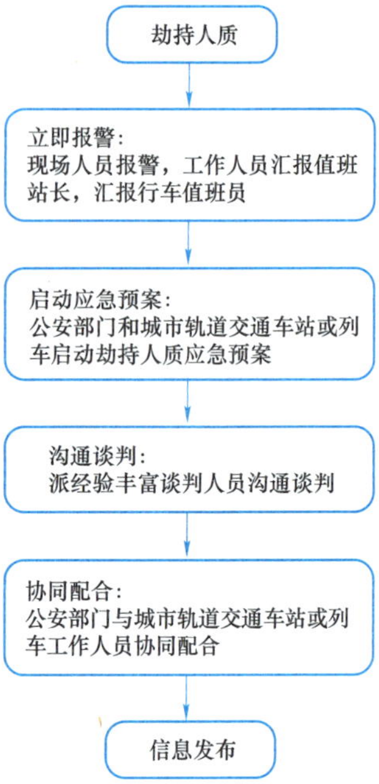

图 4-36　城市轨道交通劫持人质事件的现场应急处置流程

（1）立即报警。现场人员发现歹徒劫持人质，立即报告行车值班员，简单说明歹徒和人质数量、事发地点及劫持原因等信息，行车值班员立即上报。

（2）启动应急预案。城市轨道交通运营公司和公安部门立即启动应急预案。到达现场后指派相关人员组成应急指挥部，负责指挥和协调处置工作。

（3）封锁现场，疏散人群。现场工作人员做好分工，疏导周围乘客，封锁周边区域，阻止无关人员进入，确保现场乘客和工作人员安全。

（4）沟通谈判。派遣经验丰富的谈判人员与劫持者进行沟通，了解其诉求，稳定劫持者情绪，争取和平解决事件。

（5）协同配合。行车值班员与控制中心（OCC）保持联系，执行控制中心（OCC）指令。现场工作人员协同公安人员实施救援。

（6）信息发布，总结经验。根据实际情况，对外发布事件相关信息，回应社会关切，正确引导舆论，并对事件进行总结，分析原因，查找不足，制定改进措施。

注意：处置人员的任何攻击行动都可能导致劫持者激烈的对抗，从而伤害人质，所以谈判是解救人质的必要手段，而掌握劫持者的心理特征变化是取得谈判成功的关键因素。通常劫持者的心理会经过 3 个阶段的变化，即紧张敏感阶段、理智清醒阶段和寻求解决阶段。另外，警察的集结、警察的封锁行为、车站内人声嘈杂、相关人员上下跑动等，这些因素都有可能激怒劫持者，进而危及人质的安全。因此，应尽可能采取隐蔽包围和封锁现场的方式，暂不采取任何容易引起激烈对抗的攻击行动，给劫持者一个缓和的氛围。

2）票款被劫事件

城市轨道交通票款被劫事件是指在城市轨道交通运营过程中，售票处、自动售票机或其他票款收取设施遭到不法分子抢劫，导致大量票款损失的事件。这类事件不仅给城市轨道交通运营方带来经济损失，还可能对乘客的出行造成不便，甚至影响社会治安稳定。

城市轨道交通票款被劫事件现场应急处置流程如图 4–37 所示。具体流程如下。

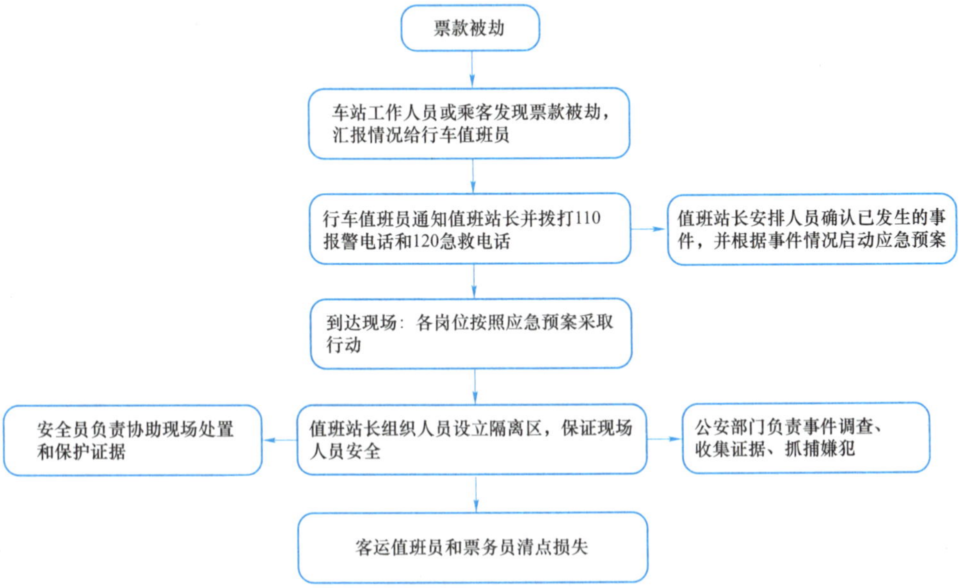

图 4–37　城市轨道交通票款被劫事件现场应急处置流程

（1）事件发现与汇报。车站工作人员或乘客发现车票款被劫，立即向行车调度员报告事件情况。如果是发生在区间列车上，司机在接到乘客报告后，应立即向行车调度员报告。

（2）确认事件与评估。立即安排人员与车站清查，确认事件的真实性，并评估事件的严重性。根据事件的性质和影响，决定是否启动应急预案。如果事情严重，应通知相关部门（如公安、安检和医疗急救等）。

（3）现场处置。各部门到达现场后，根据预案和各自职责迅速采取行动。值班站长组织工作人员设置隔离区，防止物证丢失或被破坏，同时保证现场人员安全。公安负责追踪嫌疑人；安检负责协助现场处置和保护证据；医疗急救负责准备救助受伤人员。

（4）调查取证。公安部门负责对事件进行调查，收集证据，包括目击者证词、监控录像等；同时对嫌疑人进行追踪和抓捕。

（5）损失清点与记录。对于票款的损失，应由客运值班员和票务员进行清点和记录，为后续的赔偿和追究责任提供依据。

3）打架斗殴事件

城市轨道交通运营过程中发生的打架斗殴事件是指在城市轨道交通列车车厢或站内发生的乘客之间的肢体冲突。这类事件可能由多种原因引发，如拥挤、误会、口角等。打架斗殴不仅对参与者本人造成伤害，还可能威胁到其他乘客城市轨道交通运营工作人员的安全，扰乱城市轨道交通的正常运营秩序。

为应对城市轨道交通运营过程中发生的打架斗殴事件，我国政府和相关部门采取了一系列措施，如加强城市轨道交通安保力量、完善监控系统、提高乘客文明素质等。此外，城市轨道交通乘客也应自觉遵守乘车规定，遇到冲突时保持冷静，尽量避免发生争执；在遇到打架斗殴事件时，应及时报警，并向城市轨道交通工作人员求助。

城市轨道交通运营过程中的打架斗殴事件的现场应急处置流程如图 4-38 所示。具体流程如下。

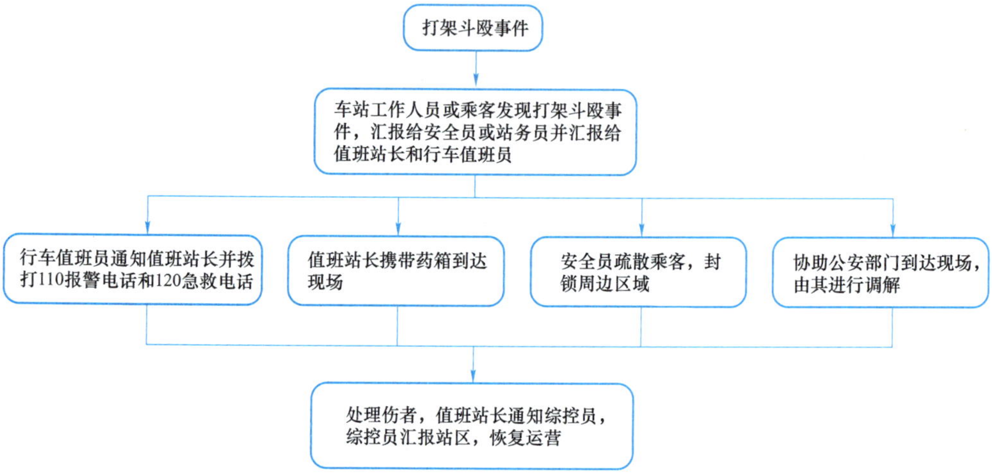

图 4-38　城市轨道交通运营过程中的打架斗殴事件的现场应急处置流程

（1）发现险情。站厅出现斗殴有人受伤，乘客或安全员发现险情。

（2）通知汇报。安全员通知值班站长，通知综控室。行车值班员根据事件的性质和影响，决定是否拨打 110 报警电话或 120 急救电话。

（3）到达现场。值班站长携带药箱到达现场，及时处理伤者；安全员到达现场，疏散引导乘客，封锁周边区域；车站工作人员协助公安部门到达现场，由公安部门对双方进行劝解，并带走打架斗殴的双方人员。

（4）恢复运营。待处理完伤者，警方带走殴斗人员后，值班站长通知自动化综合控制员，自动化综合控制员汇报站区，列车和车站可恢复运营。

（5）信息发布。根据实际情况，对外发布事件相关信息，回应社会关切，正确引导舆论。

实训演练

实训演练 4.1
故意纵火应急
处置实训

实训演练 4.1　故意纵火应急处置实训

实训演练 4.1.1　故意纵火应急处置实训任务书

实训名称	故意纵火应急处置实训	组　　别	
班　　级		学生姓名	
学习情景	轨道实训中心		
任务场景			
情景	地点：地铁理想站。 人物：站务员、值班站长、客运值班员、行车值班员。 背景：××××年×月×日，地铁列车在理想站停靠，第四节车厢里一名中年男子，从黑色手提包里取出装满易燃物的塑料瓶，并拿出打火机试图点燃。车内多名乘客立即上前阻止，但这名男子摆脱阻拦，将塑料罐中的助燃剂洒到列车座椅上，点着火后跑出车站。顿时整节车厢燃起大火，并冒出浓烟，火势转眼之间就扩大到了整节车厢，700 多名乘客随即陷入极大恐慌……		
演练	（1）一个点起火，行车值班员、客运值班员发现险情。 行车值班员报告 OCC，通知值班站长、站务员。 OCC 启动火灾报警系统。值班站长到达现场，了解情况，组织各岗人员启动临时封站预案，搜集目击证人及相关线索。行车值班员通过广播疏导乘客，引导乘客撤离。站务员使用灭火器灭火。 （2）多点起火，值班站长宣传疏导，下达清站命令。行车值班员拨打 119、110 报警电话，拨打 120 急救电话。站务员利用灭火器、消防栓等设备进行火灾扑救，同时等待专业人员进入现场灭火。 行车值班员关闭自动售检票机，启动消防泵，打开排风烟机。 喷淋启动，客运值班员开启应急通道，关闭扶梯，客运值班员分发湿毛巾，宣传、疏导，禁止乘客进站。 人员出清，火情熄灭，站务员关闭大门。 值班站长配合公安人员控制故意纵火嫌疑人		
完成本次任务后，归纳总结应掌握的接车作业技巧。			

	得分
完成本次任务后，你对自己的评分（满分 10 分）	
小组互评：（小组讨论后给出最终得分）（满分 10 分）	
评分标准（满分 40 分）如下。 1. 参与小组讨论情况良好（满分 10 分）。 2. 实训演练过程标准规范（满分 10 分）。 3. 设备操作、功能、原理掌握良好（满分 10 分）。 4. 任务完成良好（满分 10 分）	
教师评价——评分标准（满分 40 分）如下。 1. 出勤（满分 8 分）。 2. 安全（满分 8 分）。 3. 纪律（满分 8 分）。 4. 职业素养（满分 8 分）。 5. 任务完成情况（满分 4 分）。 6. 归纳总结（满分 4 分）	

自评	小组互评	教师评价	总分

实训演练 4.1.2　故意纵火应急处置实训评分细目表

班级：　　　　　　　　　　　　组别：　　　　　　　　　　　　姓名：

序号	评分项目	评分标准	分值	扣分标准	实际扣分
1	立即报告	（1）行车值班员报告OCC。 （2）行车值班员通知值班站长。 （3）行车值班员通知站务员	15	（1）未向OCC报告，扣5分。 （2）未通知值班站长，扣5分。 （3）未通知站务员，扣5分	
2	启动预案	（1）值班站长启动临时封站预案。 （2）值班站长搜集目击证人。 （3）行车值班员广播疏导乘客	15	（1）未启动封站预案，扣5分。 （2）未搜集目击证人，扣5分。 （3）未通过广播疏导乘客，扣5分	
3	现场处置	（1）值班站长宣传、疏导。 （2）行车值班员拨打119、110报警电话，拨打120急救电话。 （3）站务员利用灭火设备灭火。 （4）行车值班员关闭自动售检票机，启动消防泵，打开排风烟机。 （5）客运值班员关闭扶梯，打开应急通道，发放湿毛巾，禁止乘客进站	60	（1）未宣传、疏导，扣5分。 （2）未拨打119报警电话，扣5分。 （3）未拨打110报警电话，扣5分。 （4）未拨打120急救电话，扣5分。 （5）未使用灭火设备，扣10分。 （6）未关闭自动售检票机，扣5分。 （7）未打开排风烟机，扣5分。 （8）未关闭扶梯，扣10分。 （9）未打开应急通道，扣5分。 （10）未发放湿毛巾，扣5分	
4	火情熄灭	（1）站务员关闭大门。 （2）值班站长配合公安人员控制故意纵火嫌疑人	10	（1）未关闭大门，扣5分。 （2）未配合公安人员控制故意纵火嫌疑人，扣5分	
总分			100		
最后得分					

实训演练 4.2　雨水倒灌（防汛）应急处置实训

实训演练 4.2
雨水倒灌（防汛）
应急处置实训

实训演练 4.2.1　雨水倒灌（防汛）应急处置实训任务书

实训名称	雨水倒灌应急处置实训	组　　别	
班　　级		学生姓名	
学习情景	轨道实训中心		

任务场景	
情景	地点：地铁理想站。 人物：站务员、值班站长、客运值班员、行车值班员。 背景：2024 年 3 月 18 日下午 3 时突降罕见暴雨，造成地铁 2 号线理想站停车场及其周边区域发生积水现象，16 时许，雨水倒灌，地铁公司马上启动紧急预案。随后，地铁 2 号线理想站各个入口均已被封闭，在该站南侧两个入口处，多辆工程抢险车正在待命。随后，多辆消防车赶到现场，架起数条水龙带，从站台内往外抽水。当天晚 9 点 45 分左右，消防员结束抽水，数十名工人继续用水桶往外清理积水。当天晚上 9 点 50 分左右，通道内积水基本被清理干净
演练	（1）上级下达暴雨预防通知，值班站长接收上级指令。 （2）值班站长通知行车值班员、客运值班员及站务员，立即启动防雨预案。值班站长进行巡视。行车值班员检视综合监控，汇报站区，拨打 119 报警电话。站务员在车站内铺设防滑垫。 （3）暴雨来临，站厅聚集大量乘客。值班站长携带雨具、站务员携带便携式喇叭到达现场。值班站长宣传、疏导，向乘客发放雨具。站务员利用喇叭宣传并疏导乘客。客运值班员悬挂指示牌。行车值班员广播疏导。出口聚集人员开始减少。 （4）雨水倒灌。工程抢险车在入口处待命。消防车赶到，从站内往外抽水。值班站长通知站长情况。 （5）雨水倒灌事故得到控制后，值班站长和站务员统计损失，开始修复受损的设施，汇报给行车值班员，汇报给 OCC，并宣布恢复地铁运营

完成本次任务后，归纳总结应掌握的接车作业技巧。

	得分
完成本次任务后，你对自己的评分（满分 10 分）	
小组互评：（小组讨论后给出最终得分）（满分 10 分）	
评分标准（满分 40 分）如下。 1. 参与小组讨论情况良好（满分 10 分）。 2. 实训演练过程标准规范（满分 10 分）。 3. 设备操作、功能、原理掌握良好（满分 10 分）。 4. 任务完成良好（满分 10 分）	
教师评价——评分标准（满分 40 分）如下。 1. 出勤（满分 8 分）。 2. 安全（满分 8 分）。 3. 纪律（满分 8 分）。 4. 职业素养（满分 8 分）。 5. 任务完成情况（满分 4 分）。 6. 归纳总结（满分 4 分）	

自评	小组互评	教师评价	总分

实训演练 4.2.2　雨水倒灌应急处置实训评分细目表

班级：　　　　　　　　　　　　组别：　　　　　　　　　　　　姓名：

序号	评分项目	评分标准	分值	扣分标准	实际扣分
1	通知汇报	（1）值班站长接受上级指令。 （2）值班站长通知行车值班员、客运值班员及站务员。 （3）行车值班员检视综合监控。 （4）行车值班员汇报站区，拨打 119 报警电话	20	（1）值班站长未接受上级指令，扣 5 分。 （2）未通知行车值班员、客运值班员及站务员，扣 5 分。 （3）行车值班员未检视综合监控，扣 5 分。 （4）行车值班员未汇报站区及拨打 119 报警电话，扣 5 分	
2	启动预案	（1）值班站长进行巡视。 （2）站务员铺设防滑垫。 （3）值班站长携带雨具。 （4）站务员携带便携式喇叭	20	（1）值班站长未进行巡视，扣 5 分。 （2）未携带雨具，扣 5 分。 （3）未铺设防滑垫，扣 5 分。 （4）未携带喇叭，扣 5 分	
3	现场处置	（1）值班站长宣传、疏导。 （2）值班站长向乘客发放雨具。 （3）站务员利用喇叭宣传、疏导。 （4）客运值班员悬挂指示牌。 （5）行车值班员通过广播进行疏导	40	（1）值班站长未宣传、疏导，扣 5 分。 （2）未发放雨具，扣 10 分。 （3）未利用喇叭宣传、疏导，扣 10 分。 （4）客运值班员未悬挂指示牌，扣 5 分。 （5）行车值班员未通过广播进行疏导，扣 10 分	
4	处理完毕	（1）值班站长和站务员统计损失。 （2）值班站长向 OCC 汇报情况	20	（1）未统计损失，扣 10 分。 （2）未报告 OCC，扣 10 分	
总分			100		
最后得分					

实训演练 4.3　道岔设备故障应急处置实训

实训演练 4.3
道岔设备故障
应急处置实训

实训演练 4.3.1　道岔设备故障应急处置实训任务书

<table>
<tr><td>实训名称</td><td>道岔设备故障应急处置实训</td><td>组　　别</td><td></td></tr>
<tr><td>班　　级</td><td></td><td>学生姓名</td><td></td></tr>
<tr><td>学习情景</td><td colspan="3">轨道实训中心</td></tr>
<tr><td colspan="4">任务场景</td></tr>
<tr><td>情景</td><td colspan="3">地点：地铁理想站。
人物：站务员、值班站长、客运值班员、行车值班员。
背景：2024 年 3 月 20 日早高峰期间，地铁 2 号线突发线路道岔设备故障，列车经过该处道岔时迫停岔区，无法继续运营。7 时 05 分经抢修人员应急抢修后，列车限速通过故障区段；7 时 30 分起道岔故障排除，全线运营逐步恢复正常交路；8 时 05 分起故障区段取消限速，地铁 2 号线全线运营逐步恢复正常。此次道岔设备故障导致 1 个多 h 的运营延误，对上班族出行造成不便</td></tr>
<tr><td>演练</td><td colspan="3">（1）客运值班员发现道岔设备故障，及时汇报行车值班员：“地铁 2 号线××进路突发线路道岔设备故障，列车经过该处道岔时迫停岔区，无法继续运营。”
（2）行车值班员：“站控室明白。”立即记录故障的时间和地点，并通知相关抢修负责人、值班站长及站务员：“地铁 2 号线××进路突发线路道岔设备故障，列车经过该处道岔时迫停岔区，无法继续运营。请立即到达现场。”
（3）值班站长复诵：“地铁 2 号线××进路突发线路道岔设备故障，列车经过该处道岔时迫停岔区，无法继续运营。马上赶往现场。”找到相应的道岔后重点检查道岔外观有无异状，滑床板有无异物卡顿、道岔是否密贴等情况，并及时报告行车值班员。
（4）抢修人员到达现场后，根据道岔的具体故障采取相应措施。如道岔卡滞，可尝试手动推移道岔；如道岔无表示，应检查控制电路和表示电路。
（5）在处理故障的同时，站务员应确保现场安全，设置防护标志。值班站长将现场的情况汇报给行车值班员。行车值班员根据故障情况调整列车运行计划，通知列车限速通过故障区段。
（6）经过紧急处理后，道岔故障得以解决，并进行现场试验，确保道岔恢复正常工作状态。值班站长利用对讲机向行车值班员汇报：“××进路已准备妥当，所有道岔尖轨密贴、进路无障碍物。”
（7）行车值班员回复：“××进路已准备妥当，所有道岔尖轨密贴、进路无障碍物。站控室明白。”行车值班员下发通知，故障区段取消限速。全线运营逐步恢复正常</td></tr>
</table>

完成本次任务后，归纳总结应掌握的接车作业技巧。

<table>
<tr><td rowspan="2">完成本次任务后，你对自己的评分（满分 10 分）</td><td>得分</td></tr>
<tr><td></td></tr>
<tr><td>小组互评：（小组讨论后给出最终得分）（满分 10 分）</td><td></td></tr>
<tr><td>评分标准（满分 40 分）如下。
1. 参与小组讨论情况良好（满分 10 分）。
2. 实训演练过程标准规范（满分 10 分）。
3. 设备操作、功能、原理掌握良好（满分 10 分）。
4. 任务完成良好（满分 10 分）</td><td></td></tr>
<tr><td>教师评价——评分标准（满分 40 分）如下。
1. 出勤（满分 8 分）。
2. 安全（满分 8 分）。
3. 纪律（满分 8 分）。
4. 职业素养（满分 8 分）。
5. 任务完成情况（满分 4 分）。
6. 归纳总结（满分 4 分）</td><td></td></tr>
</table>

自评	小组互评	教师评价	总分

实训演练 4.3.2　道岔设备故障应急处置实训评分细目表

班级：　　　　　　　　　　　　　组别：　　　　　　　　　　　　　姓名：

序号	评分项目	评分标准	分值	扣分标准	实际扣分
1	故障报告	（1）客运值班员向行车值班员汇报。 （2）行车值班员记录故障的时间、地点。 （3）行车值班员通知值班站长、站务员、维修人员。 （4）客运值班员、行车值班员语言规范	20	（1）客运值班员未向行车值班员汇报，扣 4 分。 （2)客运值班员语言不规范，扣 4 分。 （3）行车值班员未记录故障时间和地点，扣 4 分。 （4）行车值班员未通知值班站长和站务员，扣 4 分。 （5)行车值班员语言不规范，扣 4 分	
2	故障确认	（1）值班站长回复。 （2）值班站长到达现场检查道岔。 （3）值班站长向行车值班员汇报	20	（1）值班站长未回复，扣 5 分。 （2）值班站长未到达现场检查道岔，扣 10 分。 （3）值班站长未向行车值班员汇报，扣 5 分	
3	现场处置	（1)站务员设置防护标志。 （2）值班站长向行车值班员汇报现场情况。 （3）行车值班员调整列车运行计划	30	（1)站务员未设置防护标志，扣 10 分。 （2）值班站长未汇报，扣 10 分。 （3）行车值班员未调整列车运行计划，扣 10 分	
4	故障解除	（1）值班站长利用对讲机向行车值班员汇报。 （2）行车值班员回复。 （3）行车值班员通知故障区段取消限速。 （4）值班站长、行车值班员语言规范	30	（1）值班站长未用对讲机，扣 5 分。 （2）值班站长未向行车值班员汇报，扣 5 分。 （3）行车值班员未回复，扣 5 分。 （4）行车值班员未通知故障区段取消限速，扣 10 分。 （5）值班站长、行车值班员语言不规范，扣 5 分	
总分			100		
最后得分					

实训演练 4.4　屏蔽门故障应急处置实训

实训演练 4.4.1　屏蔽门故障应急处置实训任务书

实训演练 4.4
屏蔽门故障
应急处置实训

实训名称	屏蔽门故障应急处置实训	组　　别	
班　　级		学生姓名	
学习情景	轨道实训中心		
任务场景			
情景	地点：地铁理想站。 人物：站务员、值班站长、客运值班员、行车值班员。 背景：2024 年 3 月 22 日早高峰，地铁 2 号线列车在长春职业技术学校站停靠，5 号屏蔽门出现关门故障，导致列车无法驶离。站务人员接到通知赶往现场处置，配合操作屏蔽门开关，完成乘客乘降作业。列车的滞留使站台变得拥挤。其中一位女乘客因为没吃早餐导致低血糖晕倒，晕倒的女子周围的乘客因了解情况比较镇静，自觉后退以留出救援空间，稍远些的乘客不知道情况就开始恐慌，有人惊叫，有人奔跑。车站随即启动了广播等应急预案疏导乘客，混乱的现场迅速恢复平静。站内绝大多数乘客都搭乘到站地铁安全离开		
演练	（1）客运值班员用对讲机将情况向行车值班员汇报：“地铁 2 号线 5 号屏蔽门关门故障，列车无法驶离出站；一名乘客晕倒，现场混乱。” （2）行车值班员：“站控室明白，立即安排人员前往现场处理。”并通知值班站长和站务员。 （3）客运值班员：“客运值班员明白。” （4）值班站长携带药箱、站务员携带便携式喇叭到达现场后，发现有一名女乘客晕倒。值班站长迅速救治晕倒女乘客；站务员宣传、疏导，引导其他乘客保持冷静。 （5）行车值班员利用车站广播疏导现场乘客。混乱的现场得以恢复平静。 （6）值班站长待现场平静后，检查屏蔽门附近有无异物。如有异物，及时清除。经检查发现无异物后，向行车值班员申请关闭屏蔽门操作。 （7）行车值班员：“收到。确保乘客安全后，请进行操作手动关门，操作完毕后看护现场。” （8）站务员将列车内乘客出清，确保乘客安全后，值班站长使用 LCB 钥匙插入 LCB 盒中，并将 LCB 钥匙转至关门位。 （9）列车恢复运行。 （10）值班站长向行车值班员申请：“请将 LCB 由手动关门位转至自动位。” （11）行车值班员：“收到，可以操作 LCB 转回自动位。” （12）值班站长将 LCB 钥匙转至自动位		

完成本次任务后，归纳总结应掌握的接车作业技巧。	
完成本次任务后，你对自己的评分（满分 10 分）	得分
小组互评：（小组讨论后给出最终得分）（满分 10 分）	
评分标准（满分 40 分）如下。 1. 参与小组讨论情况良好（满分 10 分）。 2. 实训演练过程标准规范（满分 10 分）。 3. 设备操作、功能、原理掌握良好（满分 10 分）。 4. 任务完成良好（满分 10 分）	
教师评价——评分标准（满分 40 分）如下。 1. 出勤（满分 8 分）。 2. 安全（满分 8 分）。 3. 纪律（满分 8 分）。 4. 职业素养（满分 8 分）。 5. 任务完成情况（满分 4 分）。 6. 归纳总结（满分 4 分）	

自评	小组互评	教师评价	总分

实训演练 4.4.2　屏蔽门故障应急处置实训评分细目表

班级：　　　　　　　　　　　　组别：　　　　　　　　　　　　姓名：

序号	评分项目	评分标准	分值	扣分标准	实际扣分
1	发现险情通知汇报	（1）客运值班员用对讲机汇报。 （2）行车值班员通知值班站长和站务员。 （3）客运值班员、行车值班员语言规范	20	（1）客运值班员未用对讲机，扣 5 分。 （2）客运值班员语言不规范，扣 5 分。 （3）行车值班员未通知值班站长和站务员，扣 5 分。 （4）行车值班员语言不规范，扣 5 分	
2	疏散乘客	（1）值班站长携带药箱到达现场，迅速救治晕倒乘客。 （2）站务员携带便携式喇叭到达现场，疏导其他乘客。 （3）行车值班员运用广播疏导其他乘客	30	（1）值班站长未携带药箱，扣 5 分。 （2）值班站长未迅速救治晕倒乘客，扣 10 分。 （3）站务员未携带便携式喇叭，扣 5 分。 （4）行车值班员未运用广播疏导乘客，扣 10 分	
3	处置屏蔽门	（1）值班站长检查屏蔽门有无异物。如有异物，清除异物。 （2）若无异物，向行车值班员申请屏蔽门关门操作。 （3）值班站长利用 LCB 钥匙手动关门操作	30	（1）未检查屏蔽门是否有异物，扣 5 分。 （2）未清除异物，扣 5 分。 （3）未向行车值班员申请，扣 5 分。 （4）LCB 钥匙使用错误，扣 15 分	
4	恢复运营	（1）列车运行后向行车值班员申请将 LCB 钥匙转至自动位。 （2）行车值班员回复。 （3）值班长将 LCB 钥匙转至自动位。 （4）恢复运营	20	（1）未等列车运行即申请将 LCB 钥匙转至自动位，扣 5 分。 （2）值班站长未向行车值班员申请将 LCB 钥匙转至自动位，扣 5 分。 （3）行车值班员未回复，扣 5 分。 （4）LCB 钥匙使用错误，扣 5 分	
总分			100		
最后得分					

项目自测

一、单选题

1. 城市轨道交通火灾处置贯彻（　　）为第一原则。

A. 汇报　　B. 救人　　C. 逃跑　　D. 灭火

2. （　　）是指在轨道交通运营中，群体或个人为了满足特殊需要或者达到特殊目的，通过实施违法犯罪或采取不正当手段，公开实施扰乱和破坏城市轨道交通运营秩序，妨碍公共安全，造成严重后果和社会影响的事件。

A. 城市轨道交通治安事件　　B. 城市轨道交通公共卫生事件

C. 城市轨道交通遭遇恶劣天气事件　　D. 城市轨道交通大客流事件

二、多选题

1. 以下哪些是城市轨道交通地铁乘客受伤的应急处置原则？

A. 优先抢救伤者原则　　B. 避免二次伤害原则

C. 维护运营秩序原则　　D. 尽快恢复运营原则

E. 尽力获取证据原则

2. 城市轨道交通遭遇恶劣天气的应急处置原则包括（　　）。

A. 安全第一，预防为主　　B. 以人为本，先救人后救物

C. 统一指挥，迅速反应　　D. 保护自己，逃离现场

三、填空题

1. ________是指不利于人类生产和活动，或具有破坏性的局部天气状况。

2. 城市轨道交通系统具有速度快、________、污染小、________的特点。

3. 火灾等级标准可分为四类，为______、______、______与______。

四、名词解释

1. 城市轨道交通大面积停电定义。

2. 城市轨道交通公共卫生安全事件定义。

五、简答题

城市轨道交通车站大面积停电的原因。